10대들의
사생활

WHY DO THEY ACT THAT WAY :
A Survival Guide to the Adolescent Brain for You and Your Teen by David Walsh

Copyright © 2004 by David Walsh, PH, D.
All rights reserved.
Korean edition copyright © 2011 by Sigongsa Co., Ltd., Seoul, Republic of Korea.
Korean translation rights arranged with Marly Russoff & Associates, Inc. through Danny Hong Agency.

이 한국어판의 저작권은 대니홍 에이전시를 통하여 저작권사와 독점 계약한 시공사(주)에 있습니다.
신 저작권법에 의하여 한국 내에서 보호를 받는 저작물이므로 무단 전재와 무단 복제를 금합니다.

Why do they act that way?

부모가 놓치고 있는 사춘기 자녀의 비밀

10대들의 사생활

데이비드 월시 지음 | **곽윤정** 옮김 | **문용린** 추천

시공사

일러두기

본문의 '깊숙이 들여다보기'는 독자들의 이해를 돕기 위해 옮긴이가 추가로 설명을 더한 내용입니다.

추천의 글

우리의 10대들
도대체 왜 그럴까?

　10대 청소년기는 여전히 미스터리이다. 과학이 이처럼 발달했음에도 불구하고 공자와 소크라테스 시대나 지금이나 청소년들은 여전히 골치 아프고 이해하기 힘든 존재다. 조그만 GPS 하나로 인공위성의 도움을 실시간으로 받아 손금을 보듯이 초행길을 찾아갈 수 있는 시대에 왜 우리는 아직도 그토록 사랑하고 아끼는 10대 자녀들을 캄캄하게 모르고 있는 것일까?
　어디 모르기만 한가? 그들이 내뱉는 말투나 행동거지, 변덕스러운 감정, 게으른 태도 등에 화가 치밀어 탄식도 하고 큰소리를 친다. 그럼에도 문제가 해결되는 경우는 거의 없다. 단지 냉전만 계속될 뿐이다. 그러다가 한참 시간이 흘러 자녀가 고등학교를 졸업하게 될 때쯤이면 많은 문제들이 거의 자동으로 풀린다. 언제 그랬느냐는 듯이 우리의 대다수 자녀들은 다시금 순하고 착한 모습으로 돌아와 있다. 부모들이 잘 참고 잘 기다려주면 즉, 사춘기가 시작되어 사춘기가 끝날 때까지의 비교적 긴 시간을 이해와 사랑으로 견뎌주면, 우리의 자녀들은 연극을 막 마치고 현실로 되돌아온 배우처럼 든든하고 자랑스럽게 보일 것이다.

이 책은 10대 청소년들의 이러한 미스터리를 해부했다. 도대체 그들은 왜 그럴까? 이 책은 10대 청소년들의 고민에 대해서 쓴 책이라기보다 그들 때문에 엄청난 마음고생을 하고 있는 부모들의 고민에 대해서 쓴 책이다. 또 10대들이 마주치게 된 힘든 상황을 담은 책이라기보다는 그들 때문에 당황하고 잔뜩 겁을 집어먹은 채 어찌할 바를 몰라 우왕좌왕하는 부모들을 위한 책이다.

저자는 심리학을 전공한 상담전문가로서 현재 미국 미네소타 주의 미니애폴리스에서 가족치료 연구소를 운영하고 있다. 20여년이 넘는 동안 10대 청소년과 그 부모들을 상담한 풍부한 경험을 바탕으로 많은 부모들에게 10대 자녀를 이해하고 다루는 노하우를 명쾌하게 제시한다. 읽어갈수록 청소년과 부모 사이에 벌어지는 삶의 오케스트라가 흥미진진하게 펼쳐진다.

책을 통해서 저자가 제시하는 메시지는 아주 간단하다. 부모들이 청소년 자녀에 대한 의사소통의 기술을 익혀야 한다는 것. 그리고 이 기술을 수단으로 부모는 청소년 자녀에게 세 가지 중요한 양육의 실제를 펼쳐가야 하는데 첫째는 그들과 친밀감을 형성하는 것이고, 둘째는 자녀의 삶에 길잡이 역할을 제대로 해주는 것이며, 셋째는 부모의 사랑을 그들이 믿고, 느끼고 체험하게 해주어야 한다는 것이다.

그러나 저자는 심각한 우려를 표시한다. 이러한 의사소통과 양육의 실제를 펼쳐나가려면 청소년에 대한 이해가 필수적인데 많은 부모들이 이 부분 즉, 청소년 자녀를 이해하는 것부터 실패하고 있다는 것이다. 부모들은 이야기한다.

"우리는 아이와 대화할 준비가 되어 있어요. 친밀하게 충고하고 사랑을 베풀 자세도 갖췄죠. 그런데 아이는 이런 생각을 몰라주고 화만 내며 심통만 부리는 걸요."

그래서 저자는 이 책을 독특하게 꾸몄다. 부모들이 도대체 우리 애가 왜 그런지를 보다 쉽게 이해할 수 있도록 실제 사례들을 모은 것이다. 그는 최근 주목을 받고 있는 두뇌 생리학의 연구 결과를 청소년 이해에 초점을 맞추어 배열했다. 그래서 "아! 그래서 그랬구나!"라는 감탄과 탄성이 절로 나온다.

예컨대 그는 부모들이 이해하기 힘든 것 중의 하나가 청소년들의 충동성과 정서의 폭발성이라고 이야기하면서, 이러한 충동과 폭발성에 종종 부모들이 실망하고 좌절을 느끼는데 그런 정서적 특징은 10대의 미완성된 뇌 발달 때문이지 청소년의 성격적 결함 때문이 아니라고 분명하게 말한다. 청소년의 뇌는 완성품이 아니라 발달 중에 있다는 것이다. 10대들의 뇌 중 정서를 다루는 대뇌 변연계는 특히 청소년기에 발달하는데, 이 발달이 완성되는 성인 초기가 되면 부모가 우려하는 충동성과 폭발성은 거의 자연히 가라앉게 되는 것이다.

이렇게 10대들의 행동 특징을 그들의 뇌 발달 궤적과 연관 지어서 이처럼 명쾌하게 설명한 책을 나는 여태껏 본 적이 없다. 흥미진진하게 펼쳐지는 청소년의 뇌 발달에 관한 설명에 나는 매료되고 말았다.

　이 책은 부모들뿐 아니라 10대들과 늘 함께하는 많은 전문가들에게 꼭 필요한 책이다. 그들을 올바르게 이해하기 위해서도 그렇고, 그들과 진지한 의사소통을 하기 위해서도 그렇다. 그리고 더 나아가 그들과 친밀감을 형성하고 그들에게 삶의 길잡이가 되어주며 사랑을 전달하고 싶다면, 이 책을 반드시 읽어야 한다. 일독을 권한다.

문용린(서울대 교육학 교수, 전 교육부장관)

옮긴이의 글

문제는
그들의 뇌에 있었다!

2004년 신문 기사를 통해 처음 월시 박사를 알게 되었다. 당시 나는 미네소타 대학교에서 박사 후 과정으로 공부를 하고 있었다. 그의 저서 『10대들의 사생활 Why do they act that way?』이라는 책이 신문에 소개되었는데 10대 청소년에 관한 새로운 시각을 제공함으로써 부모와 자녀 간의 의사소통의 통로를 넓힐 수 있게 만들었다는 기사가 눈에 띄었다. 그때만 해도 상담 기법의 일종을 소개하는 사례 보고서 정도일 거라고 생각했다. 그런데 막상 기사를 자세히 읽다 보니 예상은 빗나갔고 전혀 다른 방향으로 내용이 흘러갔다. 책의 주제는 '뇌를 통한 10대 청소년에 대한 이해'였는데 '뇌'라는 무거운 소재로 청소년이라는 난해한 대상을 분석했다는 것이 굉장히 신선했다. 그러던 중 월시 박사가 미네소타 대학교의 겸임 교수로 재직 중이라는 사실을 알게 되었고 우연인지 필연인지 공식 석상에서 그와 마주치는 기회가 생겼다. 모임에서 10대 자녀를 둔 많은 부모들이 월시 박사에게 수많은 질문을 쏟아냈는데 그는 그 어떤 질문에도 막힘없이 대답을 했다. 10대 자녀의 문제로 몸도 마음도 지친 많은 부모들의 투정과 온갖 호소에도 그는 귀찮은 내색 없이 큰 위로와 격려를 아끼지 않았다. 더욱 놀라운 것은 그 답변과 격려가 10대들의 뇌와 관련해 매우 과학적이고 논리적이어서 듣는 사람들로 하여금 저절로 '아, 그래서 우리 애가 그런 행동을 했구나'라는 생각을 하게 만들었다는 것이다.

그때 내 머릿속에는 하나의 생각이 스쳐 지나갔다. '우리나라 학부모들도 이러한 지식과 정보를 알게 되면 얼마나 좋을까?'라는 생각이었다. 청소년 관련 교육이나 상담 서적을 집필하는 저자나 관련된 책을 번역하는 역자들이라면 모두들 자신들의 책이 청소년과 그 부모들에게 도움이 될 거라는 확신을 가질 것이다. 나도 그런 마음이었다. 하루라도 빨리 이 책을 번역해서 10대들 때문에 고민하는 많은 부모들이나 청소년 관련 직종 종사자에게 제공한다면 그들에게 큰 위안이 되는 것은 물론 많은 도움이 될 거라는 생각을 한 것이다.

월시 박사와 몇 번의 소통 끝에 바로 번역작업에 돌입했다. 매일의 번역작업이 내겐 큰 기쁨이었다. 이전에 몰랐던 뇌 과학 분야의 지식이나 이론을 알게 되면서 희열을 느꼈을 뿐 아니라 우리의 10대들에 대해 새로운 관점을 갖게 되었다. 스스로 사춘기를 돌아보면서 그 당시의 일들을 성찰해볼 기회도 가졌다. 나 또한 사춘기 때 내가 왜 그랬는지 지금까지도 이해할 수 없던 몇 가지 행동들이 떠올랐다. 불과 얼마 전까지만 해도 곰살맞게 대했던 부모님께 갑자기 쌀쌀맞고 버릇없이 대했던 일, 아무것도 아닌 일에 좌절하고 징징거리며 괴로워했던 일, 밤만 되면 정신이 맑아지고 아침에는 일어나기가 너무 고통스러웠던 일들을 떠올리면서 그 의문을 풀어갔다. 그 원인을 명쾌하게 짚어준 글을 보며 나의 사춘기 시절을 뒤늦게 이해할 수 있었다.

  이 책을 읽은 부모님들 역시 나와 같은 경험을 하게 될 것이다. 우리의 전 생애 중 사춘기가 포함된 10대 시절만큼 변화무쌍한 시기도 없을 것이다. 그러한 굴곡 많은 시기에 우리는 그저 시간이 해결해줄 것이라고 막연히 기대하면서 꾸역꾸역 힘들게 그날들을 버텨낸다. 우리 아이가 하루아침에 전혀 다른 인격체가 되고 부모나 선생님에게 반항하며 돌이킬 수 없는 위험천만한 행동을 저지르는 것을 지켜보며 빨리 시간이 지나가길 바라는 것이다. 이때 어른들이 잊고 있는 것이 있다. 바로 그들 자신도 그러한 시간을 지내왔다는 것이다. 윌시 박사는 어느 대중 강연에서 이렇게 말했다.

  "부모 자신이 지나온 10대 시절을 새롭게 이해하고 그 이해를 바탕으로 자녀를 받아들이며 함께 대화하기를 바랍니다."

  부모만큼이나 10대들 자신도 괴롭고 힘들 것이다. 그들에게 필요한 것은 바로 부모들의 이해이다. 자녀와 대화하기 위해서 부모는 먼저 "네 기분을 이해한다" 혹은 "네 마음은 이해가 간다"는 말로 시작해야 한다. 이처럼 말하기 위해서는 정말 그들이 왜 그렇게 행동하는지에 대해서 알아야 한다. 10대 자녀의 수수께끼 같은 수많은 행동들이 의지와 관계없이 뇌의 지배와 발달적 특성에 의해 일어난다는 점을 알게 된 부모는 10대 자녀를 바라보는 시선 자체가 변하게 될 것이다. 이 점이야말로 내가 이 책에 기대를 거는 부분이다.

    과학이 발달하면서 미지의 세계였던 뇌의 신비가 하나둘씩 밝혀지고 있다. 이로 인해 뇌의 기능과 작용을 발달시키고 향상시키는 데 초점을 둔 뇌 교육학이라는 새로운 학문도 등장한 것이다. 이 책이 대중들에게 뇌를 중심으로 한 교육이나 학습의 중요성을 알릴 수 있는 좋은 기회가 되었으면 하는 바람이다.

곽윤정

차례

추천의 글_우리의 10대들 도대체 왜 그럴까? 5
옮긴이의 글_문제는 그들의 뇌에 있었다! 9

1장 10대들에게 일어나는 일 17
부모 체크 포인트_10대 이해하기
10대들의 뇌에 관한 새로운 정보 • 10대는 아이도, 어른도 아니다
10대들의 뇌 속에서 일어나는 일들 • 부모로서 균형감 유지하기
당신은 어떻게 자녀를 양육하는가? • 해야 할 일과 하지 말아야 할 일

2장 10대들의 뇌 속 탐험 53
10대들의 뇌 이야기 : 기초편 • 10대들의 뇌 이야기 : 심화편
뇌 발달의 다섯 가지 처리과정
부모 체크 포인트_10대들의 뇌에 대한 기본 지식
깊숙이 들어다보기_뉴런의 구조와 역할

3장 10대들의 충동적인 생활 77
부모 체크 포인트_제한선과 결과
피니어스 게이지 증후군 • 극단적인 사례 •
해야 할 일과 하지 말아야 할 일

4장 10대들의 뇌에 브레이크를 걸어라 103
즉각적으로 분노를 폭발시키는 뇌 • 10대를 변신시키는 호르몬
변신의 묘약, 신경전달물질 • **부모 체크 포인트**_브레이크 걸기
10대 자녀에게 효과적인 양육 방식 • 해야 할 일과 하지 말아야 할 일

13

5장 결국 문제는 의사소통 133

부모 체크 포인트_의사소통 기술 • 10대들의 뇌는 잘못 해석한다
효과적인 의사소통 방법 • 해야 할 일과 하지 말아야 할 일
깊숙이 들여다보기_표정을 해석하는 10대의 뇌

6장 소년과 소녀의 뇌 163

부모 체크 포인트_10대들의 성 정체성
소년의 뇌와 소녀의 뇌 • 테스토스테론과 소년
에스트로겐, 프로게스테론 그리고 소녀들 • 성 정체성 이해하기
해야 할 일과 하지 말아야 할 일

7장 사랑과 섹스 그리고 10대의 뇌 197

부모 체크 포인트_섹스와 성 그리고 가치 • 연애하는 뇌
사랑에 빠지는 것과 사랑을 유지하는 것 • 열렬한 사랑의 함정
10대들의 위험한 성생활 • 섹스에 대하여 10대와 대화하기
해야 할 일과 하지 말아야 할 일

8장 10대 뇌의 적, 술과 담배 그리고 마약 227

부모 체크 포인트_알코올, 니코틴, 약물 • 손상 입기 쉬운 10대의 뇌
술과 10대들의 뇌 • 담배와 10대들의 뇌 • 마약과 10대들의 뇌
적극적인 부모와 자녀의 관계 • 해야 할 일과 하지 말아야 할 일

9장 대중 매체가 바꾼 10대들 253

부모 체크 포인트_매체 사용 • 10대들의 삶 속에서의 매체

10대에게 미치는 매체의 악영향 • 효과적인 매체 통제법
해야 할 일과 하지 말아야 할 일

10장 피곤한 10대들 275
부모 체크 포인트_10대와 수면 패턴 • 수면과 10대의 뇌 이야기
해야 할 일과 하지 말아야 할 일

11장 10대에게 일어나는 정신질환 291
부모 체크 포인트_정신질환 • 정상적인 행동과 비정상적인 행동 구분하기
산만한 주의력 결핍 장애 • 숨어 있는 청소년 우울증
위험천만한 섭식 장애 • 뇌 기능의 오류, 강박 장애
해야 할 일과 하지 말아야 할 일

12장 멀어지는 10대들 321
부모 체크 포인트_10대들의 심리적·사회적 차원 • 네 가지의 중요한 변화
외모에 몰두하는 10대 • 10대들의 두 마음 • 부모보다는 친구
내가 누구인지, 무엇을 좋아하는지 • 해야 할 일과 하지 말아야 할 일

13장 10대들과 가까워지는 법 351
부모 체크 포인트_관계 맺기와 지도하기 • 10대와 친밀한 관계 맺기
똑똑하게 지도하기 • 해야 할 일과 하지 말아야 할 일

맺음말_사랑이 답이다 372

1장

10대들에게 일어나는 일

Why do they act that way?

"젊은이들은 지금 당장 눈앞에 보이는 쾌락에 쉽게 빠져든다.
그들은 버릇없이 굴고 종종 기득권의 권위에 도전한다.
자신보다 나이 많은 이에게 예의를 갖추지 않을 뿐만 아니라
심지어 부모에게 대들고 선생님을 괴롭힌다.
예배시간이나 엄숙한 자리에서도
끊임없이 수다를 떨거나 킥킥거리며 음식을 게걸스럽게 먹는다."

― 소크라테스 Socrates

　10대 청소년기를 가장 명확하게 표현하라고 한다면 '사춘기로 시작해서 사춘기로 끝나는 시기'라고 말하고 싶다. 이 표현이 비과학적이고 비논리적으로 들릴지 모르겠지만 적어도 나는 이 표현이 내가 알고 있는 10대들의 청소년기를 가장 정확하게 묘사한 것이라고 자부한다. 청소년기는 '무엇이다'라는 표현보다는 '무엇이 아니다'라는 표현으로 정의할 수 있는 중간적 단계다. 다시 말해 청소년기는 아동기가 아니며 성인기도 아닌, 두 단계 사이에 끼어 있는 시기다. 또한 옛날 아이들에 비해 요즘 아이들은 훨씬 빠른 속도로 아동기를 지나기 때문에 성인기에 이르기까지 과거보다 훨씬 긴 청소년기를 보낸다.
　10대와 어른들 사이의 단절 또한 점점 심각해지고 있다. 얼마 전 10대 세 명과 이야기를 나눴는데 그들은 자기들이 버스에 올라타면 어른들이 멀리 물러선다고 말했다. 내가 물었다.

"그들이 왜 그렇게 행동할까?"

"우리가 두렵기 때문이겠죠!"

한 소년이 공격적으로 대답했다. 그러나 그의 친구는 이에 반대했다.

"아냐, 내가 생각하기엔 어른들이 우리를 좋아하지 않아서 그런 것 같아."

우리가 쉽게 말하는 이 세대차는 점점 더 빨리 깊은 수렁으로 빠져들고 있다. 아동기를 지나 성인이 되기 전 청소년기를 거치는 것은 결코 쉬운 일이 아니다. 그렇다면 10대들이 청소년기에 맞닥뜨리게 되는 일들은 무엇일까?

- 10대들은 강한 충동을 느끼고 성(性)에 눈을 뜨게 되지만, 자기 신체를 함부로 다뤄서는 안 된다.
- 10대들은 심리적으로 매우 불안정하며 자기 정체성에 강한 혼란을 느끼게 되지만, 이때 자신의 정서를 이해하고 조절하려고 노력해야 한다.
- 10대들은 복잡한 사회적 관계를 형성하며, 그들과 조화를 이루어야 한다.
- 10대들은 무서우리만큼 거친 또래들의 압박을 이겨내야 한다.
- 10대들은 극과 극으로 돌변하는 감정과 기분을 잘 다스려야 한다.
- 10대들은 술과 담배, 마약 등의 유혹에 현명하게 대처해야 한다.
- 10대들은 올바른 자기 가치관을 정립해야 한다.
- 10대들은 부모와의 관계를 재정비해야 한다.
- 10대들은 교육과정을 이수하고 학교를 졸업해야 한다.
- 10대들은 충분한 수면을 취해야 한다.

• 10대들은 미래에 대한 계획을 세우기 시작해야 한다.

이밖에도 목록은 더 길어질 수 있다. 그럼에도 10대들이 거칠게 드러내는 욕구불만이나 이해할 수 없는 어리석은 행동 때문에 주변 사람들, 특히 부모와 충돌하는 일도 잦아진다. 연구를 하면서 나는 부모와 자녀에게 있어 가장 힘들고 어려운 시기가 바로 자녀의 청소년기라는 것을 절감했다.

2년 전 어느 날, 친구 스티브에게서 전화가 걸려왔다.
"차 한잔할 시간 있어?"
"물론이지. 언제쯤 볼까?"
"지금 어때?"
30분 후 우리는 가까운 찻집에서 만났다. 스티브는 눈물을 글썽이며 열네 살 된 아들 케빈에 대한 이야기를 털어놓았다. 아들에 대한 걱정과 슬픔, 분노가 느껴졌다. 얼마 전 통금시간을 두고 아들과 심하게 다툰 후 며칠 동안 폭발할 것 같은 충돌이 이어졌다고 했다.
"난 말이야, 정말 어찌할지 몰라서 자네에게 전화를 한 거야. 도무지 이 일을 이해할 수 없을 뿐만 아니라 앞으로 나와 내 아들에게 닥칠 일들을 감당해낼 자신도 없어!"
나는 케빈이 태어나서 성장해온 과정을 죽 지켜봐왔다. 케빈은 부모와 함께하는 일들을 좋아하는 밝고 활기찬 성격의 아이였다. 친절하고 주위 사람들과 협력도 잘 하며 이야기도 곧잘 하는, 게다가 새로운 일에 도전하고 모험도 즐길 줄 아는 건강한 아이가 바로 케빈이었다. 커피 잔을 만지작거리며 스티브는 그동안 케빈의 성격이 많이 변했다고 말했다. 하루아침에 케빈은 행복한 아이에서 우울한 아이로, 말하기 좋아하는 아이에서 말 없는 아이로, 낙천적인 아이에서 적개심이 가득한 아이로 변해버렸다고 했다.

"요새 케빈과 나는 모든 일에서 부딪치고 있어. 시비를 거는 일이 한도 끝도 없다니까."

반쯤 빈 커피 잔 속으로 그의 눈물이 떨어졌다. 가라앉은 목소리로 스티브는 말했다.

"이젠 너무 힘들고 지쳤어. 어떻게 해야 할지 정말 모르겠어."

소크라테스부터 나의 친구 스티브에 이르기까지 어른들은 수천 년 동안 청소년들로 인해 놀라고 그들의 도전에 곤혹스러워했다. 착하고 온순한 아이들조차도 10대가 되면 밥을 안 먹거나 음식 투정을 하고 아침에 아무리 깨워도 일어나지 않는 등 부모들의 속을 썩인다. 불안정한 여정을 겪고 있는 그들과 상담을 하면서 나는 머리카락이 쭈뼛 서는 아슬아슬한 사고부터 음주, 약물 복용, 경찰 폭행에 이르기까지 여러 상황과 마주했다. 때로는 분노를 주체할 수 없었고 때로는 머리가 멍해질 정도로 당혹했다. 어른들은 이러한 10대들을 보며 말한다.

"말세다, 말세가 오고 있어!"

그런데 가만히 생각해보자. 어른들이 10대들을 이해하지 못하고 그들과 불화하는 것이 이상하지 않은가? 그들 역시 청소년기를 거쳐오지 않았는가 말이다. 자신의 청소년기를 회상해보면 그 시기의 전형적인 특성, 이를테면 또래의 압박이나 사춘기 신체 변화, 자아 정체감 혼란, 불확실한 미래에 대한 걱정으로 얼마나 힘들었는지 이해할 수 있을 것이다. 그 시기를 지난 어른이라면 누구나 자신에 대한 새로운 발견에 놀라고 흥분과 좌절, 행복과 비탄이 뒤섞였던 10대 시절의 혼란을 짐작할 수 있는 것이다. 그럼에도 여전히 어른들은 10대들을 이해할 수 없다고 말한다. 요즘 10대들은 자기들이 젊었을 때보다 너무 게으르고 화를 잘 내며, 자신의 행동이 어떤 결과를 가져올지 전혀 생각지도 않는데다 그저 자기들의 삶속에서 어른들을 몰아내고 싶어 한다고만 생각한다.

"나는 그 나이에 그렇게 행동해본 적이 단 한 번도 없어!"

부모들은 늘 이렇게 말한다. 당신은 그렇게 행동한 적이 없을지 몰라도 당신의 친구들 중 누군가는 아마 그렇게 행동한 적이 있을 것이다. 건방진 말투로 대화를 이어가거나 화가 났다고 문을 쾅 닫고 들어가는 행동들이 비단 최근에 새롭게 등장한 것은 아니다. 물론 세상이 점점 나빠지고 있는 것도 아니다. 그때나 지금이나 똑같다. 그저 어른과 청소년이 함께 지내고 소통하는 것이 어려울 뿐이다.

10대들은 모순 덩어리이다. 따라서 어른들의 방식으로 그들을 대하면 문제가 발생한다. 그들은 재미있으며, 이상주의적이고, 활기가 넘치며, 이타적이고, 열정적이다. 새로운 일에 쉽게 흥분하고 새로운 활동에 도전하고자 하는 의욕도 넘친다. 세상에 대한 호기심이 왕성한데다 새로운 사람들과의 상호작용도 거리낌 없다. 물론 10대들도 어른들 못지않게 진지하고 박식한 대화를 할 수 있지만 분노를 표출하고 반항적인 행동으로 어리석은 위험을 무릅쓰는 일 등을 즐긴다. 어쩌다 어른들이 헤어스타일에 대해 지적이라도 하면 10대들은 눈 깜짝할 사이에 불을 내뿜는 용으로 변하기도 하고 부모에게 말도 안 하고 밤늦게까지 밖을 돌아다니거나 어딜 갔다 왔는지에 대해서 거짓말하기도 한다. 당신이 이제는 10대 자녀와 소통이 되어 편안하다고 느끼는 바로 다음 순간, 악마처럼 변해버린 아이의 모습에 기겁할 수도 있다. 혹은 당신의 10대 자녀가 너무 소심하다거나 너무 공격적이라 생각할 때, 아니면 우리 아이는 건전하다고 못 박아 생각하는 바로 그 다음 순간, 당신이 틀렸다는 것을 자녀가 입증해줄 것이다. 10대들이 다음에 어떤 행동을 할지 안다고? 차라리 한 손으로 박수를 쳐서 소리를 낼 수 있다고 하라. 즉 불가능한 일이다. 많은 부모들과 교사들은 10대들의 공격적이고 도전적인 언행 때문에 이들이 무조건 나쁘다고 생각한다.

― ― ―

아들 브라이언이 고등학교에 다니던 어느 날, 그는 친구 마크의 집 뒤 골목길에서 다른 친구들과 야구를 하면서 평소처럼 즐거운 시간을 보내고 있었다. 노는 모습이 조금 거칠어 보여도 모두 좋은 아이들이었다. 동네 사람들도 이들이 떠드는 소리에 누가 골목길에서 놀고 있는지 알 수 있었다. 그런데 그 시간 이웃인 앨리스가 지갑을 잃어버리는 사건이 일어났다. 그녀가 누구를 의심하고 비난했을지 불 보듯 빤하지 않은가?

마크의 아버지 제리가 퇴근 후 집에서 신문을 읽고 있을 때 전화벨이 울렸다. 앨리스였다.

"당신 아들과 걔 친구들이 제 지갑을 훔쳤어요!"

"아이들이 당신 지갑을 훔쳤다고요? 그게 무슨 말이죠, 앨리스?"

"장을 봐온 물건들을 안고 뒷문으로 들어와서 잠깐 위층에 갔어요. 다시 내려와서야 뒷문을 잠그지 않았다는 것을 알았죠. 그런데 내 지갑이 없어졌더군요. 분명히 지갑을 부엌 식탁 위에 놓아두었는데 말이에요. 걔들 중 한 명이 제 지갑을 훔친 것 같아요!"

제리는 깜짝 놀랐다. 마크와 친구들은 큰 문제를 일으킨 적이 없는 아이들이었다. 아이들 중 한 명이 지갑을 훔치는 것을 보았는지 물었다. 앨리스는 아니라고 했다. 그렇지만 당시 골목길에서 놀던 아이들이 지갑이 없어지고 난 후 사라졌다고 말했다. 제리 역시 여러 정황상 아이들이 지갑을 훔쳐간 것 같았다. 설상가상으로 그녀는 경찰관인 이웃의 필에게 전화해서 이 일에 대해 말했고, 곧 필이 조사를 시작할 거라고 말하고는 전화를 끊었다.

제리는 마당으로 나가 아들 마크와 아이들을 불렀다. 그리곤 앨리스의 이야기를 전하며 솔직히 말하라고 했다. 아이들은 그 아줌마가 미친 것 아니냐며 격분했다. 그들은 내내 야구를 하고 있었으며 자신들 중 어느 누구도 지갑을 훔치지 않았다고 했다. 자기들이 지갑을 훔친 도둑으로 의심받았다는 것 자체만으로도 화가 나며 제리가 그 이야기를 믿었다는 것에 실망했다고 말했다. 제리는 여기에 있는 아이들 중 어느 누구도 그런 일을 했을 거라고 생각하지 않는다고 분명히 말한 후, 집으로 들어와 경찰관 필에게 전화를 했다.

"아이들은 절대로 앨리스의 지갑을 훔치지 않았다고 하네요, 필. 저는 그 애들을 믿어요."

"네, 알겠습니다. 앨리스와 다시 이야기해볼게요. 그녀가 뭔가 빼먹고 이야기하지 않은 것이 있는 것 같아요."

필이 대답했다. 전화를 끊고서 제리는 다시 신문을 읽으려고 노력했지만 좀처럼 흥분이 가라앉지 않았다. 집안을 서성거리며 창밖으로 아이들을 지켜볼 뿐이었다. 몇 분 후 다시 전화벨이 울렸다. 필이었다. 앨리스에게 식료품 가게로부터 전화가 걸려왔는데 그녀가 계산대에 지갑을 두고 갔다는 내용이었다고 했다. 제리는 밖으로 뛰어나가 아이들의 무고함이 밝혀졌다고 말했지만 그들은 지갑을 찾았다는 이야기에 안심하면서도 자신들이 도둑으로 의심받았다는 것에 여전히 분노를 느끼고 있었다.

앨리스가 브라이언과 마크를 비롯한 10대 아이들에 대해 섣불리 결론을 내린 건 분명 잘못됐다. 그러나 난폭한 10대 집단을 의심한 그녀를 무조건적으로 비난할 수는 없다. 어른들이 10대들에게 가지는 우려가 아무 근거 없이 나온 것은 아니기 때문이다. 뉴스와 각종 언론매체는 청소년들의 비행, 절도와 강도, 10대 임신, 음주와 마약 복용 등에 대한 온갖 불미스러운 사건 사고를 보도하고 있다. 나 역시 밤길을 혼자 걷고 있는데 10대들 무리가 나를 향해 다가온다면 무섭고 불안할 것이다. 착하고 괜찮은 10대들이라고 해도 다소 불량스럽게 보이는 걸음걸이가 우리를 섬뜩하게 만드는 것은 분명하다.

유아기의 아이들도 불안정하고 충동적이며 예측 불가능한 행동을 하므로 다루기 쉽지 않다. 그러나 10대 청소년들이 그 몇 배로 힘들다는 것을 모두 알 것이다. 물론 몇 가지 큰 차이가 있다. 첫째, 청소년들은 두 살짜리보다 몸이 더 크고 힘이 세며, 똑똑하다. 이 점만으로도 아기보다 청소년들을 더 다루기 힘들다. 둘째, 일으키는 문제 역시 더 심각하다. 아동들이 소파에서 떨어지거나 식당에서 소리 지르며 뛰어다니는 문제보다 훨씬 심각한 것이다. 따라서 욕설을 내뱉고 자주 짜증과 분노를 표출하는 10대들과 함께 생활하는 사람은 연령과 상관없이 신경이 날카로워지게 마련이며 온화한 성품을 가진 어른조차도 이들에 대해 부정적인 생각을 갖게 된다.

나는 이처럼 어른들이 10대들에게 갖는 부정적인 생각을 변화시키고 그들의 고민을 덜어주기 위해, 또 독자들이 10대를 보다 명확하게 이해할 수 있도록 돕기 위해 이 책을 집필했다. 중요한 것은 10대들의 이해할 수 없는 행동들은 그들의 뇌에서 일어나는 커다란 변화와 관련 있다는 것이다. 이를 제대로 알게 된다면 당신은 10대 자녀의 정서와 행동의 대변동에 직면하더라도 이성과 평정심을 유지할 수 있다. 나아가 앞으로 닥칠 변화에 혼란스러워하고 어려워할 자녀들이 이를 극복하고 헤쳐나갈 수 있도록 당신이 큰 도움을 줄 수도 있을 것이다.

부모 체크 포인트

10대 이해하기

10대 자녀를 둔 부모들을 위해 이 책의 많은 장에 '부모 체크 포인트'를 마련했다. 10대 자녀를 훌륭하게 키워나가기 위해 필요한 지식, 태도, 기술 등에 대해 다루고자 한다. 체크 항목 중에 '예'라는 대답이 많다면 10대 자녀에 관한 준비가 잘 되고 있음을 의미한다. 제대로 준비하면 앞으로 일어나게 될 10대 자녀와의 충돌에서 부모로서 뛰어난 통찰력을 발휘하고 균형감을 잃지 않으며 마음의 평화를 유지할 수 있다.

부모 체크 포인트는 특정 범주 안에서 당신이 얼마나 준비되었는지를 평가할 수 있는 질문으로 구성된다. 혹 '아니오'라는 대답이 많다고 하더라도 걱정할 필요 없다. 이로써 '예'의 대답을 참고하면서 준비하면 된다.

자, 그럼 첫 번째 범주인 '10대 이해하기'에 관한 질문부터 시작해보자.

예 아니오

- ☐ ☐ 1. 나는 10대 청소년을 만나는 것이 좋고 함께 이야기 나누고 싶다.
- ☐ ☐ 2. 나는 내 아이들과 함께 시간을 보내고 싶다.
- ☐ ☐ 3. 나는 10대들이 종종 혼란스러워하는 것이 정상이라고 생각한다.

☐ ☐ 4. 자녀가 청소년기를 보내는 동안 내게 융통성과 인내심이 필요하다는 것을 알고 있다.

☐ ☐ 5. 나는 10대들이 많은 도전에 직면해 있다는 것을 충분히 이해하고 있다.

☐ ☐ 6. 요즘 같은 세상에 10대로 살아가는 게 힘들다는 것을 이해한다.

☐ ☐ 7. 나는 10대 자녀들에게 좋은 부모가 될 수 있다고 자신 있게 말할 수 있다.

위의 체크 포인트에서 '예'라는 대답이 많다면 당신이 10대 자녀를 기르기 위해 꼭 필요한 공감 능력을 이미 가지고 있다고 볼 수 있다. 혹 '아니오'라는 대답이 많다고 해도 이 책을 모두 읽고 난 후에는 당신의 대답이 많이 바뀔 것이니 벌써부터 조바심을 낼 필요가 없다. 이어지는 다음 장에서 10대들이 우리가 이해하지 못할 행동을 하는 이유가 무엇인지에 대한 설명만 읽어도 위의 질문의 답이 '예'로 많이 바뀔 것이다. 또 당신은 10대들을 이해하고 평가하는 데 있어서 발전된 관점을 갖게 될 것이며, 자녀들의 반응에 보다 융통성 있고 참을성 있게 대처하게 될 것이다.

나는 10대들을 좋아한다. 아마도 수천 명의 10대들과 시간을 함께 보낼 수 있는 행운을 가진 덕분에 자연스럽게 그렇게 된 것 같다. 고등학교 교사로 10년간 지냈고 20년 넘게 소년과 소녀들의 스포츠 코치를 해왔다. 주로 고등학생들의 농구, 크로스 컨트리 cross-country, 자연 지형을 이용한 코스에서 행해지는 장거리 경주, 트랙 경기, 축구, 소프트볼 경기의 코치였다. 내가 코치했던 아이들은 하나같이 힘과 원기,

희망과 패기로 가득 차 있었다. 그들은 매우 열심히 운동했고 팀원들끼리 서로 돕고 격려하면서 잘 지냈다.

박사 학위를 받은 후에는 고등학교 상담 교사로 일했고, 미니애폴리스의 페어뷰 건강 서비스 센터Fairview Health Services에서 청소년과 아동을 대상으로 정신 건강과 약물 의존에 관한 업무를 담당했다. 몇 년 전에는 국제 매체 가족 연구기구The National Institute on Media and Family를 설립해 기관장과 강연자로서 수많은 아이들과 교사와 부모를 만났다.

그리고 현재는 청소년기를 거쳐 성인기에 접어든 세 아이들의 아빠다. 아이들이 청소년기를 거치는 동안 나는 수많은 실패를 거듭하면서 많은 교훈을 얻었다. 바라는 게 있다면 부모들이 자녀와의 관계에서 실수하거나 실패할 것을 두려워하지 말고 때로는 실수로 많은 것을 배울 수 있다는 것을 알았으면 하는 것이다. 때로는 자녀를 사랑하기 때문에 혹독한 치료도 필요하다.

나는 거의 모든 유형의 청소년들을 접해보았다. 올 A 성적으로 최고 명문대학 입학이 결정된 상태에서 투철한 봉사정신으로 선행 활동을 열심히 하고 있는 10대도 있었고, 마약 복용과 폭력, 각종 범죄를 저지르다가 법정에서 봉사시간 이수 명령을 받고 상담하게 된 아이도 있었다. 그리고 두 부류의 중간 범주에 속하는 수많은 아이들을 만났다.

― ― ―

거칠었던 10대 중 메리라는 소녀가 기억에 남는다. 그 아이는 무단결석과 학교 댄스파티에서의 음주, 교사 폭행, 폭언 등을 포함해 온갖 위반 행동과 범죄를 저질러서 퇴학 위기에 놓여 있었다. 고등학교 3

학년이 된 메리는 4월부터 매주 학교 상담교사와 상담하게 되어 있었다. 나는 학교 상담교사로서 메리와 매주 만나게 되었는데, 두 달 동안은 별다른 변화가 없었다. 엄청난 노력에도 불구하고 그녀는 내 질문에 바위처럼 입을 다물고 있거나 마지못해 건성으로 대답할 뿐이었다. 상담이 거의 끝나갈 6월 무렵, 나는 그녀의 입을 열겠다는 의지를 버리고 그저 그녀에 대해 내가 느끼는 심정을 말해야겠다고 생각했다. 위험한 시도였다.

"메리야, 내가 너를 어떻게 생각하는지 아니?"

"어떻게 생각하는데요?"

그녀는 퉁명스럽게 말했다.

"난 너의 거친 성격 밑바닥에는 아픔과 두려움이 있다고 생각해. 어느 누구도 너에게 관심을 두지 않는 것을 두려워하고 있어. 그래서 거칠게 행동해서 아무도 너에게 가까이 오지 못하게 하지. 애초에 가깝게 지내지 않으면 상처받을 일이 없으니까 말이야."

그러고 나서 나는 이처럼 강해 보이고 거친 메리가 가장 상처를 쉽게 받는 아이였다는 것을 알게 되었다. 그녀가 훌쩍이기 시작한 것이다. 상담시간이 끝나자마자 메리는 뒤도 한 번 안 돌아보고 상담실을 나가버렸다.

'소중한 아이를 잃었네.'

나는 의기소침해졌다. 학기가 끝나고 여름방학도 지나 새로운 학기가 시작되었지만 더 이상 메리와의 상담시간을 잡지 않았다. 그러다 우연히 복도에서 그녀를 만나 인사를 건넸는데 의외로 메리도 나를 반가워하는 것 같았다. 메리가 상담실을 다시 찾은 것은 10월이었다.

그녀는 문앞에 잠시 서 있었다. 그녀는 마음속으로 무엇인가를 결심한 듯 굳은 표정으로 들어와 문을 닫았다. 그리고 어렵게 말을 꺼냈다.

"선생님이 지난 학기 나에 대해 말씀하신 것을 생각해봤어요. 선생님 생각이 맞는 것 같아요."

드디어 우리의 첫 번째 대화가 시작됐다. 그 다음부터 매주 그녀는 나를 찾아와 자신의 이야기를 털어놓았다. 메리의 엄마는 그녀가 여덟 살 때 돌아가셨다고 했다. 제일 문제가 되는 것은 그녀가 자기 아버지는 자기에 대해 전혀 관심이 없다고 확신하고 있다는 것이었다. 나는 학부모 회의에서 메리의 아버지를 만난 적이 있었는데 그는 매우 성공한 사업가인데다 친절하고 상냥했다. 메리가 아버지와 함께 상담을 받는 것이 그녀에게 큰 도움이 될 거라는 생각이 들었다. 메리는 썩 내키지 않은 듯했지만 이윽고 동의를 받아냈다. 그날 밤 메리의 아버지에게 전화를 걸었다. 그는 관대하고 친절한 목소리로 물론 상담시간에 참석하겠다고 했다.

"우리 메리에게 무슨 문제가 있는 것은 아니죠, 그렇죠?"

나는 이번엔 그런 문제가 아니라고 확실하게 말했다. 우리는 주중의 오후에 만나기로 약속했다. 방과시간이 끝난 오후라 아버지가 나를 만나는 것을 다른 사람이 보게 될 일은 없다며 메리의 걱정도 덜어주었다.

약속 시간 5분 전 상담실에 도착한 메리는 고양이처럼 신경을 곤두세우고 있었다. 시간이 되자 그녀는 머리를 흔들며 큰소리로 말했다.

"아빠는 오지 않을 거예요! 약속을 지키지 않을 게 틀림없어요."

"아니야, 이번에는 아버지가 오겠다고 말씀하셨으니 분명히 약속을 지키실 거란다."

"아네요, 난 아빠를 알아요. 보세요, 절대로 나타나지 않을 걸요?"

슬프게도 그녀가 옳았다. 메리의 아버지는 나타나지 않았다. 그렇게 시간이 흐르면서 메리에게서 예전의 거친 언행이 다시 나타나기 시작했다. 지난 몇 주 동안 함께 대화했던 이 상처투성이 소녀가 다시 지난 봄 침묵 속에 앉아 있던 냉담한 소녀로 되돌아온 것이다. 나는 다시 메리의 아버지와 통화했다. 그는 굉장히 정중하게 사과했다.

"정말 죄송합니다. 중요한 회의가 있었는데 제가 깜빡 잊어버렸습니다. 다음 상담시간을 다시 잡아주시면 꼭 참석하겠습니다."

나는 그에게 메리가 얼마나 실망했는지 자세히 말해주었다. 그는 대화를 진지하게 받아들이고 메리와 이야기도 나누고 상담시간에 함께 가겠다고 약속했다. 전화를 끊기 전에 다시 한 번 메리가 아버지와 함께 상담을 받는 것이 얼마나 중요한지 강조했다. 이러한 반복된 요청에도 불구하고 그는 다음 상담시간에도 나타나지 않았다.

아버지에 대한 메리의 생각은 정확했고 그녀에 대한 나의 생각도 옳았다. 아버지의 무신경한 행동 때문에 아무도 자신에게 관심이 없고 보호해주지도 않는다며 마음을 닫아버렸던 것이다. 메리의 아버지는 자신이 딸에게 얼마나 상처를 주는지 그리고 딸에게 관심을 갖지 않는 자신 때문에 딸의 문제 행동이 일어났다는 것을 알지 못했다. 그녀가 마지막 학기를 보내는 동안 우리는 가끔씩 만나서 많은 대화를 나누며 상담했지만 그녀의 아버지와 중요한 대화를 나눌 수 있는 기회는 한 번도 찾아오지 않았다. 만약 메리가 아버지와 친밀하게만 잘 지냈더라도 청소년기를 좀 더 마음 편하고 수월하게 보냈을 것이 틀림없다.

10대들의 뇌에 관한 새로운 정보

이 책에는 10대들을 다루는 데 도움이 되는 방법, 특히 그들의 말에 귀를 기울이고 원활하게 의사소통을 할 수 있는 유용한 정보들이 제시되어 있다. 강조하고 싶은 것은 부모 양육의 세 가지 원리이다. 즉, 친밀감 형성, 길잡이의 역할 감당 그리고 사랑이다. 메리와 그의 아버지의 이야기만 봐도 대충 짐작이 되겠지만 부모 양육의 세 가지 원리를 지키며 자녀를 이해하는 것이 그렇게 쉬운 것은 아니다. 나 역시 10대들이 왜 그렇게 행동하는지 도저히 알 수 없어서 당황할 때가 종종 있다. 여전히 완벽하게 이해해서 설명할 수는 없지만 최근의 신경생리학 분야의 연구 결과 덕분에 이전보다 이들을 잘 이해하게 됐다. 10대들의 뇌에 관한 연구가 그들의 행동을 이해하는 데 많은 도움이 될 것이다. 늦게까지 잠을 자거나 밖으로 겉도는 행동, 이유 없이 눈물을 터뜨리거나 위험천만한 일을 하는 행동 등이 사실상 그들의 뇌에서 일어나는 여러 작용과 어떻게 관련 있는지 알게 된다면 10대를 향한 시선부터 달라질 것이다.

나는 지난 3년 동안 이러한 놀라운 연구 결과들을 부모나 교사들과의 세미나를 통해 공유했다. 10대들의 뇌에 관해 설명을 들은 교사들은 이전보다 학생들을 보다 잘 이해하게 되었고, 부모들은 위안을 얻고 희망을 갖게 되었다. 무엇보다 그들이 10대들에 대한 새로운 이해와 공감을 갖게 되었다는 사실이 가장 기쁘다.

각자가 자기 자녀를 돌보면서 얻은 부모만의 노하우에 덧붙여 내 제안이 도움이 되기를 바란다. 그리고 한 가지, 다른 아이에게는 도움이 되는 방법이라 해도 내 자녀에게는 큰 도움이 되지 않을 수도 있다는 것을 명심하자.

어느 날, 양육과 관련한 내 의사결정에 대하여 큰아들이 불평을 터뜨렸다. 그때 나는 농담처럼 이렇게 말했다.

"미안하구나, 그렇지만 너는 첫째잖니. 아빠는 여전히 아이 키우는 일을 배우고 있단다."

그런데 큰아들을 키우면서 터득한 경험과 노하우가 둘째 아들을 키울 때는 별 도움이 되지 않았다. 왜냐하면 이 두 아이의 성격과 기질이 서로 달랐기 때문이었다. 그리고 세 번째로 딸이 태어났는데, 역시 달랐다. 아이들 하나하나를 키우는 일은 그야말로 진기한 경험이다. 직접 아이를 키우며 얻는 경험 중 대부분은 재미있지만 어떤 경험은 좌절감을 느끼게도 하고 무섭기도 하다. 책의 제안을 통해 많은 어른들이 양육의 즐거움을 느끼고 좌절이나 두려움을 떨쳤으면 좋겠다. 즐기는 마음으로 10대들의 뇌 발달이 행동에 어떤 영향을 미치는지를 배워간다면 자녀에게 도움이 되는 좋은 전략들을 짤 수 있을 것이다.

10대들의 뇌에 관한 정보를 공유한 첫 번째 사람이 바로 친구 스티브이다. 그는 이 이야기를 듣고 지난 6개월 동안 보인 케빈의 행동들이 바로 그의 뇌가 매달 약 2.5센티미터씩 성장하고 있는 증거라는 사실을 알게 되었다. 그에게 케빈의 뇌 속에서 일어나는 극적인 변화가 그의 행동을 극적으로 바꿨음을 설명해줬다.

"케빈의 뇌 속의 어떤 부분은 지금 요동을 치고 있어. 그 애는 자신이 누구인지 자신이 어떤 사람인지 매우 혼란스러워하고 있는 상태야. 그러니 케빈을 몰아붙이거나 방 안에 가두려고 하지 말고, 한 발자국 물러나 무슨 일이 일어나고 있는지 관망하는 것이 좋지 않을까?"

스티브와 나는 대처 전략을 짰다. 며칠 지난 뒤 스티브에게 케빈과 어떻게 지내고 있는지 물었다. 그는 웃으면서 말했다.

"뭐, 여전히 험악한 시간을 보내고 있지만 많이 좋아졌어. 자네 말대로 모든 부모들이 10대 자녀들의 뇌 속에서 무슨 일이 일어나고 있는지 꼭 알아야 할 것 같아. 아직은 케빈과 예전처럼 소통하며 재미있게 지내고 있진 않지만, 우리 아들이 왜 그렇게 행동하는지 알게 된 것만으로도 큰 위로와 도움이 되니까 말이야."

10대는 아이도, 어른도 아니다

스티브의 사례에서 보듯이 부모에게 있어 자녀의 청소년기는 매우 힘든 시기이다. 무엇보다 많은 것들이 정신없이 바뀌기 때문이다. 어린 소녀의 초등학교 시절 사진과 고등학교 졸업 이후 사진을 비교해보자. 정말 두 사진 속의 사람이 똑같은 아이라고 느껴지는가? 눈에 보이는 헤어스타일이나 패션 트렌드의 변화 외에도 외형상 극적인 변화가 이 짧은 청소년기에 일어난다. 일단 키가 자라고 살이 빠지면서 신체적으로 소녀에서 여인으로 바뀔 것이다. 때로는 콧날이나 콧구멍의 모양이 변하기도 한다. 성인의 경우엔 시간이 지날수록 단순히 나이가 들어 보이는 정도의 변화지만, 10대의 경우 완전히 새로운 사람으로 바뀐 것처럼 변화가 크다.

사춘기의 급격한 성장과 변화를 한 마디로 말하자면, '아이에서 성인으로 탈바꿈되는 명백한 외형적 변이'라고 할 수 있다. 소녀 또는 소년의 모습으로 청소년기에 접어들지만 청소년기가 끝날 때는 그저 성인이 되어 나온다. 유충이 누에고치 속에서 잠시 몸을 움츠리고 있다가 나비로 변하는 것같이 아이도 힘든 청소년기를 거쳐 완전한 성인으로 변하는 것이다.

앞서 말했지만 청소년기는 중간 단계이므로 10대를 다루는 것은 꽤 까다롭고 어려운 일이다. 10대는 더 이상 아이도 아니지만 그렇다고 성인인 것도 아니다. 많은 10대들이 이러한 이유로 문제를 겪는 것이다. 그들에게 기대되는 규칙과 역할, 삶의 여정이 모두 불분명하고 너무 다양해서 생각하기도 힘든 것이다.

오늘날 청소년기를 보내는 것이 과거보다 훨씬 힘들 수도 있다. 청소년기가 길어졌다는 연구가 속속 등장한다. 청소년기는 사춘기라는 생리적인 사건과 함께 시작되는데 이 시작이 전보다 점차 빨라지고 있는 것이다. 19세기에는 사춘기라는 1차 신호가 평균 17세에 나타났는데 오늘날에는 평균 연령 12세에 그 신호가 나타난다. 왜 과거보다 일찍 사춘기가 시작되는 것일까? 다양한 이론들이 있는데 그중 하나는 현재 아동들이 과거보다 훨씬 좋은 영양 상태를 갖추게 되었기 때문이라는 것이다. 즉 잘 먹어 좋은 영양 상태를 갖춘 몸이 사춘기를 앞당긴다는 것이다. 과거에 비해 아이들의 영양 상태가 좋아졌다는 것은 감사할 일이지만 많은 아동들이 과거에 비해 훨씬 과체중이라는 것도 생각해봐야 할 문제다. 과체중인 아동에게 사춘기가 일찍 시작된다는 연구 결과도 있다. 또 다른 이론은 우리가 식용으로 먹는 동물들 사료 속의 음식 첨가물, 가공 처리된 음식, 성장 호르몬 등이 성장을 가속시킨다는 것이다. 게다가 아동들이 쉽게 접하는 TV나 영화에 등장하는 많은 성적인 이미지들이 성 호르몬 생성을 촉진하고 분비된 성 호르몬이 아이에서 어른으로 변화될 성장 발달 시기임을 알려준다. 물론 한 가지 이론만으로 결론을 낼 수 없으므로 사춘기가 앞당겨진 이유를 정확히 말할 순 없다.

사춘기가 청소년기의 시작을 알려주는 생리적인 지표인 반면, 정확하게 청소년기의 끝을 알려주는 지표는 없어 애매한 면이 있다. 생리적으로는 분명히 말하기 어렵지만 사회 속에서 어른의 역할을 담당하게 된다는 점에서 사회적으로는 정의를 내릴 수 있다. 그래서 청소년기의 끝이 나중에 올 수도 있다.

과거엔 졸업이 형식적인 교육의 끝을 의미했다. 그 시절 학교를 졸업한 젊은이들은 가족을 부양하거나 자신의 가정을 꾸리기 위해 직업을 찾았다. 그러나 기술 발달로 복잡한 사회를 살아가는 대부분의 젊은이들은 고등학교를 졸업하고서도 대학이나 대학원에 진학하거나 직업교육을 받는 등 학업에 매진한다. 그 결과 많은 젊은이들이 취업을 하기 전까지는 어른으로서의 역할을 감당하거나 진정한 책임감을 갖기 힘들어진 것이다.

과거에는 청소년기가 대략 13세에 시작해서 17세에 끝난다고 봤다. 그러나 오늘날 청소년기는 25세까지 지속되기도 한다. 4년이라는 청소년기도 힘든데, 10년 이상 청소년기를 보내야 한다면 얼마나 힘들겠는가.

10대들의 뇌 속에서 일어나는 일들

앞서 언급했던 이야기를 다시 떠올려보자. 10대 초반부터 고등학교를 졸업하는 10대 후반 사이의 청소년들은 내부의 생물학적 변화 특히, 뇌의 변화와 맞아떨어지는 외형적인 변화를 경험하게 된다. 사실 오랫동안 10대들의 뇌는 성인의 뇌와 매우 유사하다고 알려져 있었다. 즉 더 이상의 변화가 없는 상태라고 본 것이다. 신체는 청소년기를 거치면서 계속 변화하지만 뇌는 이미 완전히 성장한 것이라고 생각했다. 왜냐하면 실제로 10대의 뇌와 성인의 뇌의 크기가 같기 때문이었다.

스위스의 심리학자로서 발달심리학의 창시자인 장 피아제Jean Piaget는 10대들의 뇌와 관련한 연구에 많은 영향을 미쳤다. 피아제는 인지발달의 단계를 규명하고 발달 마지막 단계를 '형식적 조작의 사고단계'라고 명명했는데, 이 단계는 11세에서 16세까지이며 아동이 추상적으로 사고하는 것을 학습하게 된다. 이 사고를 통해 대수와 같은 복잡한 상징체계를 사용하고 도덕성이나 정의와 같은 개념을 이해하게 되는 것이다. 따라서 심리학자들은 10대가 성인으로 성장하기 위해 남은 것은 어른들이 가진 경험을 쌓는 것뿐이라고 가정했다.

15세 정도의 청소년과 언쟁을 벌여본 사람들은 그들이 논리적이고 추상적으로 생각할 수 있다는 것을 알 것이다. 10대들은 밤 10시에 친구 집에 있는 자신을 부모가 왜 데리러 와야 하는지에 대해서도 다소 복잡하고 논리적인 이유를 얼마든지 댈 수 있다.

그러나 10대들의 뇌 능력에 대한 피아제의 설명이 틀린 것은 아니지만 완성된 것도 아니었다. 피아제가 단지 추론 능력에만 초점을 맞췄기 때문이다. 복잡한 추론이 성인의 뇌에서 가장 중요한 기능이긴 해도 뇌가 하는 여러 가지 일 중 하나의 기능에 불과하다.

현재 과학자들은 10대의 뇌가 완전히 발달한 것은 아니지만 그 과정 중에 있다고 판단한다. 크기나 모양에 있어 큰 변화가 일어나지 않는다고 해도 진정 놀라운 성장이 일어나고 있다. 최근 몇십 년 동안 새로운 과학기술의 발달로 MRI$^{\text{Magnetic Resonance Imaging}}$, PET$^{\text{Positron Emission Tomography}}$ 스캔, fMRI$^{\text{function Magnetic Resonance Imaging}}$, SPECT$^{\text{Single Photon Emission Computerized Tomography}}$ 등을 사용하여 과학자들이 뇌의 손상 없이 살아 움직이고 작동하는 뇌를 자세히 들여다볼 수 있게 되었다. 기계를 이용하여 활동하고 있는 특정 뇌세포를 관찰할 수 있게 된 것이다. 따라서 이 책을 읽는 독자들은 지금으로부터 10년 전의 전문가보다도 정확하게 10대들을 알게 될 것이다.

단지 그들의 분노, 반항심, 무례한 행동의 원인을 아는 것뿐 아니라 10대의 도전적인 행동에 현명하게 대처하고 때로는 이를 변화시키기 위해 필요한 전략들을 알려주고자 한다.

- - -

고등학교 상담 교사로 일하던 시절, 학생들과 일상을 함께하면서 그들과 매우 가깝게 지냈다. 어떤 학생들은 단지 수다를 떨기 위해 상담실을 찾았고, 때로는 싸우고 난 후, 때로는 이혼한 부모나 알코올 중독인 부모에 대한 고민으로, 때로는 가정 폭력이나 성적 학대와 같은 심각한 문제를 안고 상담실을 찾아왔다.

그중에서 팀은 정기적으로 상담실을 찾는 학생이었다. 나에 대한 신뢰감이 쌓이면서 그는 스포츠나 수업 등에 관한 가벼운 대화에서 보다 심도 깊은 이야기를 털어놓게 되었고, 자신이 경험하고 느끼고 있는 감정 즉, 어떤 날은 행복하고 자신감이 넘치지만 또 어떤 날은 신경질적으로 바뀌고 감정의 혼돈이 일어난다는 등의 솔직한 이야기를 했다. 그러던 어느 날, 좀 예민해져 있던 팀은 자신에게 치근덕거리는 친구로 인해 몹시 화가 났다. 기분 나쁜 농담으로 자신을 괴롭혔다고 고자질하지는 않았지만 친구들의 표적이 된 후, 그의 기분은 매우 가라앉은 상태가 되었다. 어떤 때는 아주 사소한 일에도 크게 화가 나고 별 이유 없이 기분이 매우 좋았다가 다시 가라앉는 등 감정이 요동쳤다.

그는 부모와의 관계에서도 혼란을 겪고 있었다. 어릴 때부터 부모님과 매우 가깝게 지냈기 때문에 다른 친구들처럼 힘든 가정사를 겪지 않은 것을 감사하게 생각한 그였다. 그런데 이제는 모든 것이 변해 버렸다고 했다. 부모가 하는 말 모두가 짜증나고 심지어 아버지의 아침인사에도 분노가 치밀었다. 때론 악의에 차서 자신도 모르게 잔인하고 모욕적인 언행을 부모에게 퍼붓기도 했고 그러고 나서는 심한 죄책감으로 괴로워했다. 친구들이 자신에게 그런 좋은 부모님이 계신 것이 얼마나 행운인지에 대해서 말할 때는 자랑스러운 동시에 창피하기도 했다.

어느 수업 토론시간에 나는 학생들에게 다음과 같은 질문을 던졌다.

"만약 누군가가 너희에게 100만 달러를 준다면 그것으로 무엇을 가장 먼저 하고 싶니?"

팀이 맨 처음으로 대답했다.

"부모님에게 새 집을 사드리고 그분들이 원하는 곳으로 휴가를 보내드리고 싶어요. 우리 부모님들은 그동안 너무 열심히 일을 하시느라 자신들을 위해서는 돈을 써보지도 못하셨거든요."

수업이 끝나고 나는 팀에게 그의 대답을 듣고 내가 얼마나 놀랐는지 말해줬다. 그도 자신의 대답 때문에 놀랐다고 했다. 일주일 후 부모 간담회 날, 나는 팀의 부모인 젠과 찰리를 만나 수업시간에 보이는 팀의 호전된 행동들에 대해 이야기해주었다. 그들은 최근 아들과의 대화가 너무 힘들었으며 팀이 학교 이야기는 거의 하지 않기 때문에 걱정만 앞섰는데 이야기를 듣고 나니 매우 안심이 된다고 했다. 그들이 돌아가기 전, 나는 수업시간에 던진 질문에 팀이 대답했던 내용을 말해주었다. 부모님에게 집을 사드리고 그들이 쉴 수 있도록 휴가를 보내주고 싶다는 팀의 대답을 듣고 팀의 어머니 눈에는 눈물이 가득해졌다. 젠이 물었다.

"정말 그 애가 그렇게 말했나요?"

"그랬다니까요. 팀이 진심으로 부모님을 사랑하고 있다는 것을 잊지 마세요."

"정말 듣고 싶은 말이에요. 우린 그 애와 우리의 관계가 완전히 깨져버렸다고 느꼈거든요. 그동안 우리는 너무 많이 다퉜고 팀은 언제나 우리에게 화가 나 있는 것처럼 보였어요."

아버지 찰리가 대답했다. 나는 젠과 찰리를 바라보며 분명한 어조로 말했다.

"청소년기의 10대들은 때때로 부모님을 잠시 밀어내기도 한답니다. 그리고 자신이 누구인지를 인식하게 되지요. 그러나 머지않아 다시 관계가 좋아질 겁니다. 기억하셔야 할 것은 이러한 모든 것이 부모님들에게 그러하듯이 팀에게도 혼란스러운 일이라는 것입니다."

다루기 어려운 청소년기에도 당신의 자녀는 여전히 당신의 자녀로 있다는 것을 기억해야 한다. 너무도 사랑스러운 아이였던 팀이었기에 갑작스럽게 변한 그의 무례한 행동들에 부모들은 마음의 상처를 받았던 것이다. 이러한 일들은 많은 가정에서 일어난다. 자녀들이 어릴 때는 매우 행복한 시간을 보내지만 아이들이 10대가 되어서 거칠어지면 부모들은 어리둥절해 이렇게 질문하곤 한다.

"어쩌다 우리 아이가 이렇게 버릇없어지고, 불같이 화내며 반항하게 되었을까요?"

"우리 아이와 정말 친밀하게 잘 지낸다고 생각했는데 착각이었나 봐요. 도대체 무엇을 잘못한 걸까요?"

불안정한 10대 자녀를 기르면서 이러한 생각을 하는 것은 너무나 당연하다. 특히 자녀의 변화를 전혀 예측할 수 없거나 그 변화가 너무 극적일 때는 더욱 그렇다. 그러나 자녀와의 사이가 나빠졌다고 해서 부모의 역할을 그만둘 수는 없으니 포기하지 말자. 계속해서 자녀에게 적당한 관심을 가지고 필요한 지도와 사랑을 유지한다면 결국 극복될 것이다. 며칠, 몇 달, 또는 몇 년이 걸릴 수도 있겠지만 노력의 효과가 나타날 날은 반드시 온다. 자녀와 친밀하고 서로 사랑하는 관계가 다시 정립될 수 있으니 다만 메시지와 행동에 일관성을 갖추고 인내하자.

환멸감은 부모에게 있어서 단지 정신적인 함정만이 아니다. 많은 부모들이 그들의 두려움이 자성적 예언 현상 self-fulfilling prophecy이 될지도 모른다며 걱정하고 있다. 10대를 기르는 일이 힘든 일일 수 있지만 자녀가 아이에서 어른이 되는 과정이 모두 고역스러운 것만은 아니다. 어쩌면 아이가 청소년기를 보내는 동안 부모의 삶에 최대의 보상을 받을 수 있고 흥미진진한 순간을 경험할 수도 있다. 따라서 자녀가 사춘기에 접어들자마자 괴물이 되고 말 것이라고 걱정하는 것도 바람직하지 않다.

아이는 과거의 그들과 같은 사람이고 부모가 자신들을 최고라고 생각해주기를 여전히 원한다. 10대들이 자신의 모습에 괴리감을 느끼게 되는 순간 그들이 가장 필요로 하는 것 역시도 무조건적인 부모의 지지이다. 즉 부모가 자신을 외계인 취급하지 않고 여전히 믿고 고무해주길 바란다는 것이다.

10대 자녀를 둔 부모로서의 길이 험할지라도 당황하지 말자. 모든 고비마다 문제가 생길 것이라고도 생각하지 말자. 대개의 일들이 그렇듯이 10대 자녀를 기르는 일은 조화의 문제다.

부모로서 균형감 유지하기

다음 장부터 일반적인 이론과 관점에서 10대를 살펴보고자 한다. 10대 자녀나 그보다 어린 자녀는 각자의 기질과 배경을 지닌 독특한 존재들로서 자신만의 방식대로 성장하고 변화할 것이다. 그러나 이 책을 통해 많은 사례를 보고 과학적인 이론을 알아두면 당신이 알고 있는 10대들에게 이러한 지식을 적용할 수 있고 보다 나은 결정을 할 수 있다.

심한 감정 기복과 잦은 갈등, 의사소통의 문제 등은 청소년기에 일반적으로 일어나는 일이지만 그렇다고 이러한 갈등과 변화에 대해 '애가 크면 다 해결될 거야'라는 식으로 대응하는 것은 바람직하지 않다. 많은 10대들이 청소년기의 어려움을 극복하고 정상적인 시기를 보내게 될 게 분명하지만 극단적인 문제가 일어날 경우에 대해서도 생각해볼 필요가 있다. 책의 중간 중간에 정신건강과 관련한 부분을 상세하게 다뤘다. 극심한 우울증, 약물 또는 알코올 중독, 섭식 장애 등과 같은 문제는 심각하다. 이러한 문제들을 간과해선 안 된다. 어떤 10대들의 행동은 심각한 정도가 아니라고 해도 부모의 능력으로는 감당하거나 극복하기 어려울 수 있다. 반항심과 분노 표출이 10대들의 특성이긴 하지만 그것이 폭력으로 발전되거나 형제나 자매에게 잔인하게 표출되거나 극도로 무례해지고 공격적이고 도전적인 태도로 차츰 심각해진다면 자녀를 위해 전문가의 도움을 받아야 한다. 훌륭한 상담가는 10대 자녀의 심각한 상태와 정상 상태를 구별할 수 있고, 보다 나은 의사소통의 방법과 정상 궤도로 돌아오게 만드는 데 필요한 실질적인 전략을 제시한다. 처음에는 자녀의 학교에 도움을 구하는 것이 좋다. 교사와 상담가, 학교 사회사업가 등이 10대를 이해하는 폭이 넓고, 부모로서 자녀를 아는 것보다 객관적으로 당신의 자녀에 대해 잘 알고 있기 때문이다. 따라서 보다 훌륭한 식견을 가지고 있을 수 있다. 상담가에게 도움을 받고 싶다면 당신과 자녀의 성격에 잘 맞는 사람을 찾자. 이것이 정말 중요하다. 상담가와 면담하기를 주저하지 말기 바란다.

당신은 어떻게 자녀를 양육하는가?

우리 모두에게는 저마다의 양육 방식이 있다. 거기엔 개인의 다양한 신념과 태도, 전략, 전술이 포함된다. 아이들이 자신에게 꼭 맞는 양육 지침서를 가지고 태어나는 것은 아니므로 우리는 다양한 상황과 수많은 문제에 직면하게 될 때 어떻게 반응할지 신속히 결정해야 한다. 또 자녀들이 성장해감에 따라 우리는 저마다의 자녀 양육 방식을 환경에 적합하고 융통성 있게 변경할 필요가 있다. 예를 들어 아이가 잘못된 행동을 할 때 '10분 동안의 타임아웃'이라는 벌칙을 주는 양육법을 가지고 있었다면, 이는 5세 아동에게는 효과가 있을지 몰라도 10대에게는 적합하지 않으므로 바꿔야 한다. 부모의 양육 방식은 어떻게 형성되는 것일까? 여러 가지 요인이 있지만 무엇보다 부모 자신이 아이였을 때 접한 경험이 가장 큰 영향을 미친다.

나는 열다섯 살의 빌이라는 아들을 둔 어머니 코니와 상담을 한 적이 있다. 빌의 결점에 관해 이야기를 하던 코니는 의자에 기대고 앉아 한숨을 내쉬며 말했다.

"빌에게 매를 들었는데도 그 애는 전혀 달라지지 않았어요!"

처음에는 그녀가 농담을 하는 것으로 생각했지만 표정을 보고 코니의 말이 농담이 아니라는 것을 알았다. 빌이 잘못을 저지를 때마다 어떻게 아이를 다루는지 좀 더 자세히 말해달라고 하자 코니는 체벌이 훈육의 주된 방법이라고 분명하게 말했다. 문제는 체벌로 양육하기에는 빌이 이제 너무 컸으며 이 방법은 정말 많은 이유에서 잘못된 것이라는 점이었다. 나는 코니에게 빌을 때려서 교육하는 것이 효과가 있는지 물었다.

"아니요, 그렇지는 않아요. 빌이 어릴 때는 때리면 어느 정도 통했는데 이젠 그 이상 아프게 때릴 수도 없고 효과도 없어요."

체벌이라는 훈육 방법을 어쩌다 사용하게 됐는지 묻자 그녀는 망설임 없이 대답했다.

"그건 우리 아버지가 저를 양육한 방식이에요. 어렸을 때 말을 안 들으면 아버지께 호되게 맞았지요. 제 남편은 빌이 한 살이 되기도 전에 우릴 떠났고 그때부터 아이의 양육은 모두 제 책임이라는 걸 깨달았어요. 체벌이 얼마나 좋은 선생님인지 설명해주셨던 아버지 말씀을 떠올리며 빌을 때려서 키웠죠. 그동안은 빌이 제대로 말을 들었고요. 근데 이제는 애가 도통 말을 듣지 않고 점점 문제를 일으킵니다!"

대부분의 부모들처럼 코니는 자신이 양육 받은 방식대로 아이를 키웠다. 본인이 아이였을 때는 그러한 양육 방식을 좋아하지 않았다 해도 매우 익숙한 방식이기 때문에 의지하는 경향이 있는 것이다. 특히 스트레스를 받는 상황에서는 더욱 그렇다. 나 역시 종종 우리 부모님께서 하셨던 행동이나 말을 아이들에게 반복하는 나를 보고 깜짝 놀라곤 한다.

4장에서는 여러 양육 방식에 대해 자세히 알아보고 각각의 양육 방식이 10대에게 어떤 영향을 미치는지에 대해 살펴보고자 한다. 그러기 전에 먼저 지금 자신의 양육 방식에 대해 인식하고 그 방식이 어디에서 영향 받은 것인지 생각해볼 필요가 있다. 이를 위해 몇 가지 질문을 하고자 한다. 10대 시절 부모님과의 관계를 떠올리며 대답해보자.

- 10대 시절, 당신의 부모님은 당신이 당신의 형제, 자매 또는 친구들과 함께 있는 것을 좋아했다고 생각하는가?
- 당신은 당신의 부모님과 어느 정도의 시간을 함께 보냈는가?
- 당신의 부모님은 당신이 학교에서나 학교 밖에서 무엇을 하는지에 대해 관심이 있었는가?
- 당신은 부모님과의 의사소통이 원활했는가?
- 당신은 부모님과의 관계에 대하여 어떻게 묘사할 수 있는가? 예를 들면 따뜻하다거나 차가웠다거나 등으로 묘사할 수 있는가?
- 당신의 부모님은 당신만의 공간을 제공해주거나 독립심을 심어주었는가?
- 당신의 부모님은 규칙을 세우고 어길 때 벌을 주는 등의 규율을 세웠는가?

- 당신의 부모님은 양육의 책임을 공유하였는가?
- 당신의 부모님은 잘못을 저질렀을 때 어떤 벌을 주곤 했는가?
- 당신의 부모님이 신체적 체벌을 사용했는가?
- 당신의 부모님은 엄격하였는가, 그렇지 않았는가?
- 당신이 10대였을 때 당신의 부모님은 규칙을 분명히 했는가?
- 당신과 부모님 사이의 의견충돌은 어떻게 해결했는가?
- 당신이 10대였을 때 취침시간은 몇 시였는가?
- 당신의 부모님은 당신의 별명을 부르거나 속을 상하게 한 적이 있었는가?
- 당신의 부모님은 당신의 이야기에 경청했는가?
- 당신이 10대였을 때 부모님과 언쟁을 많이 한 이유는 다음 중 무엇 때문이었는가?
  ─성적, 용돈, 용돈, 야간 외출 금지 시간, 옷, 친구, 알코올이나 약물, 심부름, 종교, 무례한 태도와 행동, 음악

이제 앞의 질문에 대해 당신이 당신의 아들이나 딸이라고 생각하면서 대답해보자. 그리고 처음의 답변과 두 번째 답변을 비교해보자. 당신은 무엇을 깨닫게 되었는가?

- 당신의 자녀 양육 방식과 당신 부모님의 양육 방식은 어떤 점이 비슷한가?
- 당신의 자녀 양육 방식과 당신 부모님의 양육 방식은 어떤 점이 다른가?
- 당신 부모님의 자녀 양육 방식 중 당신이 계속 유지하고 싶은 것은 무엇인가?
- 당신 부모님의 자녀 양육 방식 중 바꾸고 싶은 것은 무엇인가?

이 질문은 자신만의 양육 방식을 알아보는 데 활용할 수 있다. 아마 당신은 계속해서 유지하고 싶은 부분과 고쳤으면 좋겠다고 생각하는 부분, 또 완전히 폐기하고 싶은 부분들을 발견하게 될 것이다. 변하기 위해서는 다음과 같은 일을 해야 한다.

1. 당신이 변해야 하는 부분이 무엇인지 곰곰이 생각해보라
2. 변해야 하는 행동 중 당신이 하고 싶은 행동을 선택하라
3. 선택한 행동이 익숙하게 느껴질 때까지 반복하라

이제 잠깐 멈추고 다음 두 가지 질문에 대해 생각해보자. 이 질문들은 앞으로 나올 모든 장에서 결론으로 이끌 질문들이다.

- 자신의 양육 방식 중 계속해서 유지하고 싶은 것은 무엇인가?
- 바꾸고 싶은 것은 무엇인가?

해야 할 일과 하지 말아야 할 일

이제 해야 할 일과 하지 말아야 할 일에 대해 제안하고자 한다. 이는 청소년을 키우면서 효과적인 양육 방식을 개발하는 데 좋은 출발점이 될 것이다.

해야 할 일

- 자녀들의 선생님과 계속해서 연락을 취하라.
- 의사소통을 위해서 부모 간담회나 학교 행사에 참여하라.
- 자녀에 관해 주목할 만한 일들을 다른 부모들과 비교해보라.
- 자녀의 친구들이나 그들의 부모와 친분을 쌓아두라.
- 자녀에 대한 기억을 되살려라.^{기억을 되살리는 일은 자녀를 이해하는 데 신통한 효과가 있다.}

하지 말아야 할 일

- 자녀들과 함께 지내는 일이 힘들다고 해도 고통스러워하지 말라.^{자녀들에게 문제가 있다고 인생 전체에 실패한 것은 아니다. 자세히 보면 상황이 어느 정도 심각한지 가늠할 수 있다.}
- 자녀에 대해서는 인내심과 참을성이 필수지만 무례한 행동까지 봐주지는 말라.
- 자녀의 우울증, 약물 중독, 알코올 중독, 섭식 장애, 또는 극단적이고 지속적인 분노 표출이나 심각한 문제가 될 수 있는 잠재적인 징후에 대하여 무심하게 넘기지 말라.

자신의 양육 방식 중 계속해서 유지하고 싶은 것은 무엇인가?

바꾸고 싶은 것은 무엇인가?

2장
10대들의 뇌 속 탐험

Why do they act that way?

"자식을 기르는 부모야말로
미래를 돌보는 사람이라는 것을 가슴속 깊이 새겨야 한다.
자식들이 조금씩 나아짐으로써
인류와 이 세계의 미래는 조금씩 진보하기 때문이다."

―칸트 Immanuel Kant

　매섭게 추운 1월의 저녁, 교외의 한 고등학교에서 '10대 자녀 이해하기'라는 제목으로 부모 대상 워크숍이 예정되어 있었다. 엄청난 추위 탓에 많은 학부모가 참석하리라는 기대 없이 그저 토론할 수 있을 정도의 인원이었으면 좋겠다는 생각으로 참석했다. 그런데 워크숍 시간 20분 전, 벌써 워크숍 장소인 카페테리아엔 300명 이상의 부모들이 모여 좌석을 가득 메우고 있었다. 서로의 의견을 나누며 진행하기 위해 나는 다음과 같은 질문으로 시작했다.

　"날씨도 추운 이 겨울밤에 여러분은 무엇을 얻기 위해 이렇게 모이셨나요? 무엇을 배우고 싶으신 거죠?"

　이 모임에서는 학부모들을 구슬리고 달래가며 진행할 필요가 없었다. 첫 번째 대답이 뒤쪽에서 들렸다.

　"우리 아이들 틈에서 어떻게 하면 살아남을 수 있을지 알고 싶어요!"

　한 어머니가 큰 목소리로 말했다. 웃음소리가 방안 가득 넘쳐났고 많은 사람들이 고개를 끄덕였다.

"10대 애들은 왜 그렇게 뚱하죠?"

또 다른 어머니가 질문했다. 앞쪽에 앉아 있던 한 아버지도 물었다.

"아이들 머릿속에서 미쳐 날뛰는 사나운 호르몬을 어떻게 다루어야 하죠?"

같은 테이블의 반대쪽에 앉아 있던 다른 아버지가 물었다.

"도대체 그 호르몬의 정체는 뭔가요?"

나는 그 자리에서 그날의 워크숍 주제를 바꾸기로 했다. 즉 심리적인 문제를 다루려고 했던 내용에서 청소년의 뇌를 설명하는 내용으로 바꾼 것이다. 청소년의 뇌가 아동이나 성인의 뇌와 어떻게 다른지 그 성장이나 발달이 청소년의 기분과 행동에 어떤 영향을 미치는지 등에 대해 강의를 시작했다.

10대들의 뇌 이야기 : 기초편

이 책의 목적은 청소년 뇌가 발달하는 과정을 설명하는 데 있으므로 우선 뇌의 영역별 역할과 기능에 대하여 알아보자.

뇌는 전기 시스템으로 작동되는데 뇌의 뉴런은 특히 전기 신호를 생성하는 데 적합하다. 모든 뉴런은 일반적인 구조를 가지고 있으며 각각은 뉴런에서 뻗어나온 긴 줄 또는 축색으로 구성되어 있는 세포체이다. 전기의 힘은 축색에서 가지 또는 수상돌기로 전달되며 수상돌기를 통해서 세포 밖으로 빠져나가고 세포 사이의 작은 틈새를 건너뛰어서 옆의 뉴런으로 들어간다. 당신의 뇌 속에는 언제나 25와트 정도의 전류가 흐르고 있는데 이는 전구를 킬 수 있을 정도의 전류이다.

인간은 약 1,000억 개 정도의 뉴런을 가지고 태어나며 각 뉴런에는 평균 1만 개의 수상돌기가 있다. 1만 개의 수상돌기를 가진 1,000억 개의 뉴런은 약 1,000조라는 조합의 연결을 만들어낸다. 따라서 1,000조의 연결이 배열되는 방법을 계산해보는 것은 불가능하다. 88개의 피아노 건반의 조합과 다양한 순서를 배열하여 작곡할 수 있는 노래의 수를 계산하는 것도 힘들지 않겠는가?

갓 태어난 아기는 뉴런의 17퍼센트만 연결되어 있다. 몇 주, 몇 달, 몇 년 그리고 몇 십 년 안에 1,000억 개 중 나머지 뉴런들의 연결이 이루어지는 것이다. 뇌의 연결을 촉진하는 두 개의 힘은 유전과 경험이다. 유전자는 인간이 성장하는 데 필요한 재료와 대략의 청사진을 제공한다. DNA는 뉴런들 간의 연결 시기, 연결될 뉴런의 종류 등을 결정한다. 유전에 따라 연결되는 과정은 인생에서 겪게 되는 경험에 의해 더욱 견고해진다.

예를 들어 언어 배우기를 생각해보자. 아기들은 소리를 생성하는 유전자를 갖고 태어난다. 신생아가 내는 소리는 아기가 세상에 무사히 태어나서 폐가 제대로 작동하고 있다는 것을 알려주는 증거이다. 소리를 낼 수 있는 아기의 능력은 하드웨어적인 연결이라고 볼 수 있지만, 아기가 배우는 세상의 3,000개 언어는 앞으로 겪게 될 경험 즉, 소프트적인 연결에 의해 뇌 속에 형성되는 것이다.

지난 20세기 동안 과학자들은 유전과 경험 중 무엇이 기술과 언어 습득이나 인생 성공에 더 많은 영향을 미치는지에 대해 논쟁해 왔다. 최근까지의 논쟁에 따르면, 세상과 상호작용하고 세상에 반응하도록 만드는 뇌의 능력에 천성과 양육 모두 중요한 영향을 미친다고 한다.

신경과학자들은 뇌에서 경험이 갖는 역할에 대해서는 "함께 발화하여 함께 연결되는 뉴런"이라는 말로 요약한다. 뉴런들이 함께 발화를 많이 할수록, 즉 한 세포에서 다른 세포로 전기의 힘이 전달될수록 뉴런 사이의 연결은 더욱 강력해진다. 이러한 과정은 우리가 살아가는 동안 계속되며 청소년의 모든 삶에서도 마찬가지로 작용한다. 고등학생이 새로운 언어, 예를 들어 스페인어를 배울 때를 생각해보자. 그들은 스페인어를 직접 글로 써보고, 입 밖으로 크게 말하고, 친구들과 대화할 때 사용해보며 서서히 터득하게 된다. 그러다 결국 학생은 스페인어를 터득하게 될 것이다. 반복적으로 발화함으로써 그 단어에 대하여 사고하는 작용을 이끄는 뉴런이 단어를 수용하기에 충분히 강력한 연결을 만들어내는 것이다. 즉 이 학생의 뇌 속에 새로운 스페인 단어가 연결되었다고 볼 수 있다.

각 뉴런에는 약 10개의 신경교 세포가 있다. 뉴런은 신경교 세포 없이 제대로 작용하지 않으며 신경교 세포는 세 가지의 중요한 역할을 한다. 즉 필요한 영양분을 뉴런으로 운반하고, 죽은 뉴런을 폐기처분하며, 뉴런의 주성분인 미엘린^{myelin}에 원재료를 제공하는 것이다. 미엘린은 우리가 배우게 될 중요한 다섯 가지 과정 중 하나이므로 다음 장에서 자세하게 살펴보자.

10대들의 뇌 이야기 : 심화편

뇌 구조의 발달은 10대의 행동 변화의 주요 원인이다. 신경생리학자인 폴 맥클린$^{Paul\ MacLean}$은 인간의 뇌를 세 개의 개별적인 뇌로 구성되어 있으면서 함께 연결되어 한 가지 기능을 한다는 삼위일체 개념으로 설명한다.

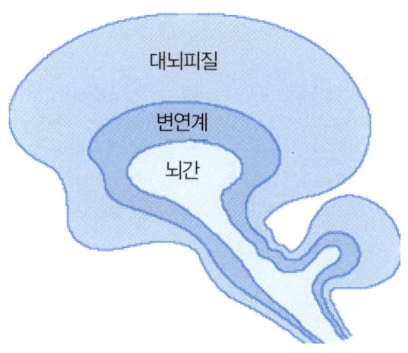

세 개의 뇌 중 첫 번째는 뇌간$^{brain\ stem}$으로, 뇌의 가장 깊숙한 부분에 있으며 때로는 파충류의 뇌와 우리의 뇌를 비교할 때 종종 언급되는 영역이다. 이 영역은 호흡이나 심장박동은 물론, 불수의적(의지나 의도에 따르지 않거나 혹은 통제가 되지 않는) 반응과 같이 무의식적인 생리 기능을 담당한다. 뜨거운 프라이팬에 손이 닿았을 때 빠르게 팔을 치우는 행동은 뇌간이 작동하고 있다는 증거다. 요약하자면 뇌간은 삶을 유지하는 데 필요한 기능을 담당한다.

두 번째 뇌의 체제는 대뇌 변연계$^{limbic\ system}$이다. 이 용어는 반지를 의미하는 라틴어인 'limbus'에서 유래하였다. 대뇌 변연계는 뇌간을 둥글게 둘러싸고 있으며 정서를 담당한다. 이 영역은 10대의 뇌에 대해 설명할 때 주로 설명하게 될 것이다. 10대들의 강한 충동과 분노는 이 대뇌 변연계와 관련 있다. 대뇌 변연계 체제 내의 관련된 몇 가지 구조는 다음과 같다.

- 편도체^{amygdala}는 작은 아몬드 모양의 기관으로 그리스어의 'almond'에서 나온 말로서 이 작은 땅콩 모양의 뇌세포 덩어리는 공포와 분노를 담당하며, 특히 청소년의 행동에 영향을 미친다. 누군가 구석에 숨어 있다가 갑자기 튀어나와 놀라게 했을 때 느끼는 공포나 부모가 10대 자녀에게 외출금지를 내렸을 때 치밀어 오르는 분노를 자녀가 느끼게 만드는 것도 편도체이다.
- 해마^{hippocampus}는 새로운 기억을 부호화하는 데 있어서 핵심적인 역할을 한다. 해마에 심각한 손상을 입으면 역사 책 속 전쟁의 격전지와 날짜는 정확하게 말할 수 있어도 5분 전에 일어난 일에 대해서는 기억해낼 수 없다. 또 10대의 해마는 성인에 비해 약물이나 음주에 보다 쉽게 손상을 입는다.
- 시상하부^{hypothalamus}는 신체 내분비와 호르몬 체계를 관장한다. 특히 청소년 하면 떠오르는 호르몬 생성을 촉발하는 데 있어서 주요 역할을 담당한다. 또 이 구조는 성적 취향, 성적 충동, 성적 행동 등을 담당한다.
- 복부 선$^{ventral\ striatal\ :\ VS}$ 회로는 동기와 관련 있다. 최근 연구에 따르면 청소년기에는 비교적 활동이 적은 뇌의 복부 선 때문에 10대들이 동기가 부족한 것으로 보이게 만드는 것으로 알려졌다. 10대의 게으름의 원인도 뇌의 복부 선과 관련된 것이다.

세 번째 뇌 체제는 대뇌 피질cortex로 대부분의 사람들이 뇌라는 용어를 들을 때 떠올리는 부분이다. 피질은 의식적 사고와 이성적 작용을 가능케 하는 회색 물질로 이루어져 있다. 이 영역은 계산, 계획, 언어 등의 고도의 뇌 기능을 담당한다. 피질은 전체 뇌에서 상당한 비중 즉 뇌 전체의 80퍼센트를 차지한다. 인간의 뇌가 주로 피질로 이루어져 있다고 말할 수도 있다.

넓고 방대한 피질 중에서도 전전두엽 피질에 대해 살펴보도록 하자. 10대를 이해하는 데에 가장 중요한 뇌의 부분이 바로 전전두엽 피질이기 때문이다. 전전두엽 피질은 앞이마 뼈 바로 뒤에 위치하고 있으며 뇌 활동의 실질적인 집행을 담당하는 집행관 또는 CEO라고 할 수 있다. 미래 계획 세우기, 결과 고려하기, 정서적 충동 조절하기 등을 담당하는 뇌의 의식이라고 말할 수 있다.

뇌는 두 개의 반구로 구성되어 있는데 좌반구는 말하기, 읽기, 쓰기 등과 같이 분석적인 작업을 하며, 우반구는 시각적인 처리 과정을 소화하며 보다 추상적인 사고를 담당한다. 좌반구가 전체를 구성하는 부분을 분석하는 일에 바쁜 반면 우반구는 통합에 관여한다. 어느 한쪽만으로는 정상적으로 작용하기 매우 어려우며 우리가 수행하는 거의 모든 행동은 좌반구와 우반구가 합쳐져 이뤄진다. 뉴런의 밀접한 연결을 통해 두 개의 반구를 연결하고 두 반구간의 소통이 촉진되는 것이다.

뇌 발달의 다섯 가지 처리과정

왜 뇌 구조를 이해하고 뇌의 영역별 기능을 알아야 할까? 이를 알면 10대들이 왜 그렇게 충동적으로 행동하는지 이해할 수 있기 때문이다. 앞서 뇌 발달 단계에 관해 알아볼 필요가 있는데 여기에는 몇 가지 중요한 처리 과정이 포함되어 있다.

뇌 발달의 다섯 가지 처리 과정 또는 핵심적인 힘을 다음과 같이 설명할 수 있다.

- 사용할 것인가 혹은 버릴 것인가
- 발전과 전지
- 기회의 창구
- 민감함의 창구
- 미엘린화

몸의 근육과 마찬가지로 뇌가 발달하기 위해서는 운동이 필수다. 활성화된 뉴런 대부분은 시냅스로 잘 엮여져 있는데 사용하지 않는 뉴런은 쇠퇴하게 마련이다. '사용할 것인가 혹은 버릴 것인가' 처리 과정은 함께 자주 활성화되는 뉴런은 함께 잘 엮이는 반면 어떤 뉴런은 사용하지 않으면 연결망에 제대로 엮이지 않아 결국에는 사라지게 된다는 말이다.

1950년대부터 1970년대를 거치면서 과학자 데이비드 허블^{David Hubel}과 토스튼 위젤^{Torstern Wiesel}은 사용할 것인가 혹은 버릴 것인가 처리 과정을 입증하기 위한 실험을 실시해 1981년 노벨 의학상을 수상했다. 이 실험에서 허블과 위젤은 갓 태어난 고양이에게 눈꺼풀을 덮는 봉합수술을 했다. 그리고 고양이는 온갖 방법으로 보호를 받으며 키워졌다. 적절한 영양 공급은 물론 엄마 고양이와의 따뜻한 접촉, 형제 고양이들과 즐거운 놀이시간도 제공됐다. 석 달이 지났을 무렵 과학자들은 봉합했던 고양이 눈꺼풀을 다시 원상태로 재수술했다. 고양이는 시신경에 전혀 손상을 입지 않았지만 여전히 앞을 보지 못하였고 죽을 때까지 회복되지 못했다. 시각을 담당하는 뇌세포를 사용하지 않았기 때문에 시각 뇌세포가 쇠퇴하였거나 봉합된 눈이 원상태로 되었을 무렵 다른 기능을 담당하게 된 것이다.

고양이와 마찬가지의 현상이 인간에게도 나타난다. 10대 청소년들의 뇌에서 그 작용을 찾아볼 수 있다. 예를 들어 강한 정서적 충동을 조절할 수 있는 하나의 회로가 10대들의 뇌에서 발달했다고 하자. 그때 말하거나 행동하기 전에 먼저 생각해보라고 아이들을 자꾸 독려하면 이러한 연결이 더욱 강력해진다. 사용할 것인가 혹은 버릴 것인가의 원리가 그대로 적용되는 것이다. 반면 자신의 충동을 다스리는 행동을 전혀 해보지 않은 10대들은 이 능력을 습득하기 상당히 어려워진다.

이러한 과정은 뇌 발달의 다음 과정인 뇌의 급성장을 담당하는 뇌세포 줄기의 발전과 전지가치기와도 관련 있다. 뇌의 변화가 늘 균일하고 동일하게 일어나는 것은 아니다. 갑작스럽게 발달이 일어난다. 뇌는 설계상 독자적 기능의 교환 가능한 구성요소이다. 즉 특정 뇌 회로와 구조는 특정 뇌의 기능을 담당한다. 뇌의 각 영역은 고유의 기능을 담당하고 있기 때문에 뇌 기능마다 고유의 시간표에 따른다. 아이들이 성장함에 따라 특정 기능과 관련 있는 특정 뇌 구조가 집중적으로 활동해 발달되지만, 다른 영역은 비교적 활성화가 더뎌 보이기도 한다. 그리고 활동하지 않던 영역이 깨어나서 빠르게 발달하기도 하고 반면 이전에 활동적이었던 구조는 급성장을 멈추기도 한다. 한창 급성장하고 있는 뇌의 다양한 구조는 유치원생이 가득한 방으로 비유할 수 있다. 한쪽 구석에서는 두 명이 자고 있지만 다른 한쪽에서는 세 명이 장난을 치고 있고, 이 세 명이 잠이 들면 다른 아이들이 깨어나서 야단법석을 떠는 것과 같다는 말이다.

버클리 대학의 신경과학자인 마리언 다이아몬드$^{Marian\ Diamond}$는 이러한 급성장을 규명했다. 뇌의 급성장이 시작될 무렵 급성장 준비 중인 뇌의 영역은 뇌세포의 끝 부분에 있는 수상돌기를 과잉 생산하기 시작하고, 급성장이 일어나는 동안 이 줄기 세포는 과잉 성장하는 것이다. 그 결과 과도하게 성장한 줄기 세포수가 살아남을 만한 수를 넘어서게 되는데 이러한 과정이 바로 발전이다.

이와 같은 줄기 세포의 과잉 생산 이후 어떤 경험을 하게 되면 사용할 것인가 혹은 버릴 것인가의 과정으로 이어진다. 경험은 뉴런을 촉발하고 뉴런이 촉발함에 따라 한 세포에서 다른 세포로 이어지는 수상돌기의 연결이 더욱 강해지며, 촉발되지 않은 뉴런은 줄어들고 시들어 결국 사라지는 것이다. 이러한 과정이 바로 전지이다. 그러므로 경험은 뇌의 회로를 제거하기도 하고 새롭게 만들기도 한다.

발전과 전지의 기간은 뇌 발달의 관점에서 매우 중요하다. 이 기간 동안의 경험이 다른 어떤 시간보다도 뇌의 신경망을 양적으로 증가시키고 뇌의 세포들이 서로 잘 연결될 수 있도록 큰 영향을 미친다. 아동 양육에 대해 아인슈타인은 "만약 당신의 아이가 뛰어난 재치를 갖기 원한다면 상상을 자극하는 이야기를 아이에게 많이 들려주라. 만약 당신의 아이가 더욱 재치 있어지기 원한다면 상상을 자극하는 이야기를 더 많이 읽어주라"고 조언했다. 상상을 자극하는 이야기를 들은 세 살짜리 아이의 뇌는 발전과 전지의 과정에 들어간다. 그리고 아이의 상상력이라는 신경세포의 연결이 발달하게 된다.

뇌의 영역별 발달과 관련한 발달 과정은 정해진 시간대에 일어나며 이와 같은 기회의 창구가 열려 있는 동안 뉴런들이 함께 연결되지 않으면 세포들의 수상돌기와 가지들이 사라지기 시작한다.

허블과 위젤의 새끼 고양이 실험도 이와 마찬가지다. 시각을 담당하는 회로가 함께 연결될 수 있는 기회의 창구는 고양이 생의 초기 몇 달 동안 열려 있었다. 그러나 고양이의 눈이 가려져 있었던 탓에 뉴런이 시들어 마침내 죽어버린 것이다. 고양이의 눈꺼풀이 열려 눈을 뜨게 되었을 때는 기회의 창이 이미 닫힌 후였다. 고양이의 시각을 담당하던 뉴런이 더 이상 쓸모가 없게 되었던 것이다.

인간의 뇌도 이와 같은 방식으로 발달한다. 예를 들어보자. 갓 태어난 아기의 뇌에 연결되어 있는 생의 초기 청각 담당 회로 중 '음소 인식'이라는 것이 있는데, 이는 다양한 소리를 구별하는 역할을 한다. 아기가 'b'라는 소리와 'r'이라는 소리를 듣게 될 때 청각 피질뇌의 청각 중심 영역 속의 이 회로는 이러한 음소에 반응하여 함께 엮이게 된다. 뉴런이 함께 활성화되고 함께 엮이는 것이 반복됨에 따라 특정 회로가 다양한 소리에 반응하여 활성화되고 아기들이 특정 음소를 인식하게 되는 것이다. 음소 인식에 대한 기회의 창구는 생의 첫 3년 동안 가장 많이 열려 있다. 이 기회의 창구가 그 이후에 완전히 닫히는 것은 아니지만 그 정도로 많이 열리지는 않는다. 이와 같은 기회의 창구 현상은 아동의 읽기 능력에 대한 가장 확실한 예측치 중 하나이다. 생애 첫 3년 동안 부모와 아동 간의 일대일 대화의 양에 따라 아동의 읽기 능력이 좌우되는 것도 이 때문이다. 그리고 소리를 구별하는 능력은 이후에 소리와 글자를 연결시키는 능력에 이르게 하는 중요한 첫 단계이다. 이 시기 동안 소리를 구별하는 법을 배우지 못한 아이들은 보통 글자 읽기에 어려움을 겪게 된다. 반면 다양한 소리와 관련된 회로가 함께 엮이는 기회를 많이 가진 아이들은 읽기를 학습하는 시기가 될 때 유리하다. 이처럼 읽기의 첫 번째 수업은 학교에서 이뤄지는 것이 아니다. 중요한 기회의 창구는 바로 아기 침대에서 일어나는 것이다.

유익한 경험을 통해 뇌 속에는 우수하고 적절한 시냅스가 엮인다. 경험은 뉴런의 연결을 살아남길 것인지 사라지게 할 것인지를 결정한다. 단 발전과 전지의 기간 동안 유익하지 않은 경험은 그러한 경험을 갖지 않은 것보다 훨씬 부정적인 영향을 미친다. 나쁜 일을 겪거나 부정적인 경험을 하면 뇌가 무방비 상태에서 쉽게 다치기 때문이다. 건강한 삶을 위해 뇌를 발전시킬 수 있는 기회를 열어놓은 창구는 좋은 일이건 나쁜 일이건 일어나는 모든 일에 열려 있는 것이다. 그러나 기회의 창구 이면에는 민감한 창구가 있음을 기억하자.

예를 들어 두 살짜리 아기가 심각한 청각 전염병을 앓게 되면 소리를 구별할 수 있는 연결에 문제가 생겨 아기의 청력이 영원히 손상될 수 있다. 청각 피질의 연결에 있어서 민감성의 창구는 크게 열려 있어 손상되기도 쉬운 것이다. 어른의 청각 피질은 이미 연결이 잘 되어 있다. 'tad'라는 단어와 'dad'라는 단어를 구별하는 능력을 손상시키는 청각 전염병이 있긴 하지만 거의 드물다. 그러나 두 살짜리 아기의 청각 피질은 미완성 상태이므로 민감성의 창구 기간 동안 청각 전염병을 앓으면 소리를 학습하는 데 있어서 가장 중요한 시기를 놓치는 위험에 처하게 된다.

어렸을 때 학대받은 아이가 성인이 되었을 때 심각한 정서 문제를 갖게 되는 이유도 민감성의 창구와 관련 있다. 창구가 열려 있는 동안의 경험은 뇌와 연결된다. 해로운 일을 겪어도 창구는 그것을 걸러낼 수 없다. 이렇게 생각해보자. 튼튼하게 잘 지어진 집은 심한 폭풍우에도 큰 피해를 입지 않는다. 그러나 아직 공사 중이어서 지붕이 반밖에 없는 상태라면 큰 피해를 입을 수 있다. 지나친 음주에 성인보다 청소년의 뇌가 더 큰 손상을 입게 되는 것도 이와 같은 이유에서다. 10대의 뇌는 알코올에 대한 민감성의 창구가 크게 열려 있고 아직 미완성인 이들의 뇌가 알코올에 민감하게 반응하여 손상을 입게 되는 것이다.

뇌 발달의 다섯 번째 과정은 미엘린myelination, 수초화. 신경섬유 주위를 둘러싸고 있는 피막인 수초가 형성되는 것, 신경 세포의 절연화이다. 종종 회백질로 언급되는 미엘린은 뉴런의 축색을 덮고 있는 흰색의 지방질 덩어리이다. 미엘린은 뉴런의 축색을 절연시키는 역할을 한다. 뇌가 발달함에 따라 뉴런은 미엘린화 과정 속에서 튼튼하고 두껍게 덮인 물질로 바뀐다. 미엘린으로 절연되지 않은 축색은 완전히 미엘린화 과정을 거친 다른 세포보다 전기의 손상을 받기 쉽다. 또 이러한 미엘린으로 덮이지 않으면 축색을 따라 흐르는 전기의 신호가 잘 전달되지 않는다. 미엘린으로 보호되지 않은 세포보다 미엘린화 과정을 거친 뉴런이 전기의 힘을 100배나 빠르게 전달한다.

미엘린의 분해로 인해 두 가지 문제가 발생하는데 그중 하나가 균형 감각과 협응 능력의 손상이다. 예를 들어 다발성 경화증^{Multiple Sclerosis : MS}으로 인해 미엘린의 외벽이 손상되고 뇌세포 활성화의 효율이 떨어졌다고 하자. 미엘린은 자신들을 보호할만한 절연체가 없으므로 뇌세포가 전기 신호를 적당하게 바꾸어줄 수 없게 된다.

우리는 갓난아기에게서 미엘린화 부족으로 자연스럽게 나타나는 현상을 볼 수 있다. 이를테면 신생아는 대체로 무릎을 격렬하게 움직인다. 그것은 아기의 대부분의 뉴런들이 아직 미엘린화 과정을 거치지 않았기 때문이다. 따라서 뇌 속의 뉴런은 아직까지 뉴런 사이 또는 신체에 메시지를 효과적으로 전달하지 못한다. 아기의 뉴런이 점차 미엘린화 과정을 거치면서 움직임이 덜 격렬하게 되고 보다 적절하게 조절할 수 있게 되는 것이다.

최근까지만 해도 연구자들은 이러한 다섯 가지 핵심적인 발달 과정이 사춘기에 도달하기 전 모두 완성된다고 생각했다. 뇌 속의 발전과 전지 과정은 10세 정도에 끝나고 미엘린화는 7세 정도면 마친다는 것이다. 그러나 뇌 과학 분야 주요 연구 결과들을 살펴보면, 다섯 가지의 중요한 발달 과정이 10대 청소년기에도 지속되는 것을 알 수 있다. 사실 중요한 뇌의 영역의 경우 청소년기 동안에만 발전과 전지 과정을 겪는다. 더욱이 좌반구와 우반구를 연결하는 영역은 아동기부터 청소년기를 거치면서 견고하게 형성된다. 10대들의 뇌 속 어떤 영역에서의 미엘린화 과정은 실제로 청소년기가 시작될 무렵부터 끝날 때까지 100퍼센트 증가한다. 정서 조절 관련 회로 중의 하나는 청소년기 동안 미엘린화 과정이 진행된다.

 10대의 뇌 발달 창구는 충동의 통제, 관계 형성, 의사소통 형성과 관련 있다. 관계 형성 발달이라는 기회의 창구가 매우 넓게 열려 있는 10대 청소년기에 폭력적인 게임을 자제해야 하는 이유도 이 때문이다. 사회관계를 형성하는 주요한 뇌 회로가 발전과 전지의 과정을 거치는 동안 10대들이 자원봉사와 같은 건강한 사회 경험의 기회를 가지는 것도 바람직하다.

부모 체크 포인트
10대들의 뇌에 대한 기본 지식

다음의 질문들을 통해서 당신이 10대들의 뇌의 작용에 대하여 제대로 이해하고 있는지 확인해보자.

예	아니오	
☐	☐	1. 경험은 뇌의 연결에 실질적으로 주요한 역할을 한다.
☐	☐	2. 뇌는 급성장하는 동안에 보다 민감해진다.
☐	☐	3. 대뇌 변연계라는 뇌 영역은 정서의 핵심 부분이다.
☐	☐	4. 해마는 10대들의 호르몬 변화를 담당하는 통제 영역이다.
☐	☐	5. 전전두엽은 뇌의 CEO이며 미래의 계획과 정서를 조절한다.
☐	☐	6. 뇌 회로를 발달시키기 위해서는 뇌를 많이 사용할 필요가 있다.
☐	☐	7. 10대의 뇌는 미완성이며 여전히 성장하고 있다.
		8. 중요한 기회의 창구와 민감성의 창구는 청소년기 동안 열려 있다.

부모와 교사 그밖에 10대와 관련 있는 사람들이라면 청소년기 뇌에 관한 새로운 연구 결과에 주목할 필요가 있다. 이제 우리는 10대들의 뇌 속에서 무슨 일이 일어나고 있는지에 대해 알게 되었다. 이를 통해 10대들의 행동 원인을 이해하게 되었고 또 이에 어떻게 대처해야 하는지 실제적인 도움을 얻었을 것이다.

깊숙이 들여다보기
뉴런의 구조와 역할

인간의 뇌는 셀 수 없이 많은 뉴런으로 구성되어 있다. 뉴런은 신체 곳곳과 연결된 뇌의 여러 영역에 메시지를 담은 신경전달물질과 호르몬을 전달한다. 뉴런의 구조와 역할에 대하여 간략하게 살펴보자.

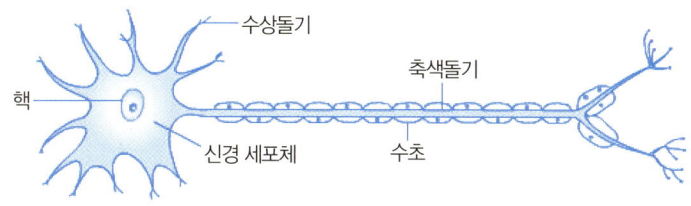

출처 : 대구에듀넷TEN, 1999

뉴런은 세포체로 구성되어 있고 세포체에는 핵이 있다. 핵은 신경전달물질을 생성하는 장소라고 볼 수 있다. 수상돌기에는 많은 가지가 뻗어나와 있는데 이 가지는 고도로 발달되어 있으며 정보를 전달하는 주변의 뉴런으로부터 정보 자극을 받아들여 전기 신호의 형태로 세포체와 축색에 보낸다. 축색은 기다란 돌기로서 전기 신호를 먼 거리까지 전달할 수 있도록 특수하게 구성되어 있다. 그리고 축색을 둘러싸고 있는 물질을 수초 혹은 미엘린 수초라고 부른다. 미엘린 수초는 절연을 할 수 있는 물질로 구성되어 있으며 이러한 물질이 쌓이는 과정을 미엘린화라고 부른다. 미엘린화가 일어난 수초를 흔히 유수 신경이라고 하고 그렇지 않은 신경을 무수 신경이라고 하는데, 유수 신경이 훨씬 빠른 속도로 정보 자극을 전달할 수 있다.

이와 같은 뉴런들이 모여서 신경계를 이룬다. 신경계는 중추 신경계와 말초 신경계로 나눌 수 있으며, 중추 신경계의 핵심 영역이 바로 뇌이다. 이제 뇌의 여러 구조와 역할에 대해 살펴보자.

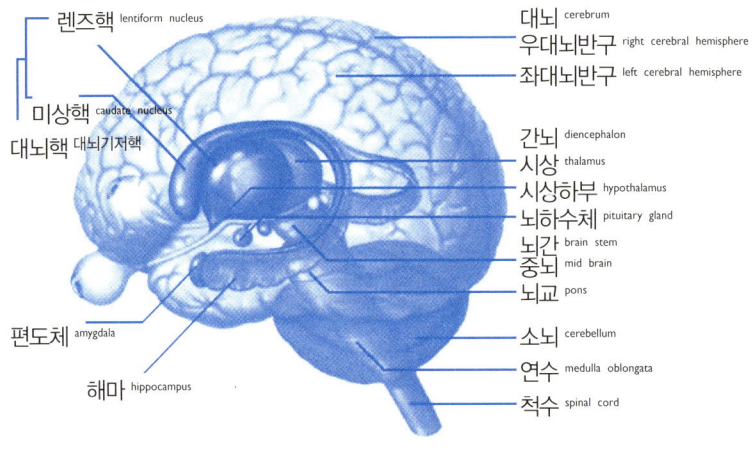

출처: 경희대학교 홈페이지, web.kyunghee.ac.kr/~health/health/12, 2004.

인간의 뇌는 크게 대뇌, 소뇌, 중뇌, 간뇌, 연수로 구성된다. 대뇌는 뇌의 3분의 2를 차지하며 좌우 반구로 구분된다. 대뇌는 표면에 주름이 많으며 기억, 사고, 추론 등의 고등 정신 작용뿐 아니라

운동 작용과 감각조절 작용 등을 담당한다. 대뇌를 대뇌피질이라고도 하는데 대뇌피질은 회백질로 구성되어 있고 두께는 2~4밀리미터 정도이며, 100억 개의 뉴런이 포함되어 있다. 그리고 대뇌피질은 중심구와 측구를 경계로 하여 전두엽, 두정엽, 측두엽, 후두엽으로 구성된다.

소뇌는 몸의 균형과 근육의 운동을 조절하는 역할을 한다. 또 신속한 운동 수행 기능을 하기 때문에 소뇌에 손상을 입으면 근육에 마비가 일어나지 않아도 근육 긴장도가 전반적으로 저하되고 근육의 힘도 약해져서 정밀하고 신속한 운동을 할 수 없게 된다.

중뇌는 눈동자의 운동과 홍체를 조절하며 소뇌와 함께 몸의 평형을 유지하는 역할을 한다.

간뇌는 중뇌와 대뇌 사이에 위치하며 체온과 혈당량 유지, 물질대사의 조절 등의 역할을 감당한다. 간뇌는 시상과 시상하부로 나눌 수 있는데 시상하부에 뇌하수체가 있다. 시상은 감각을 담당하는 모든 신경들이 지나다니는 통로이며 시상하부는 자율신경계 중 최고의 능력을 가진 조절 중추로서 체온, 삼투압, 혈당량 등을 조절하며 뇌하수체를 통제하여 호르몬 분비를 조절하고 신체 내부의 항상성을 유지한다.

연수는 중뇌 밑에 위치하며 척수와 연결되어 있다. 연수에서 좌우 신경의 교차가 일어나 좌반구는 신체의 오른쪽을, 우반구는 신체의 왼쪽을 조절하게 된다. 연수는 심장박동, 호흡, 소화 운동 등을 조절한다.

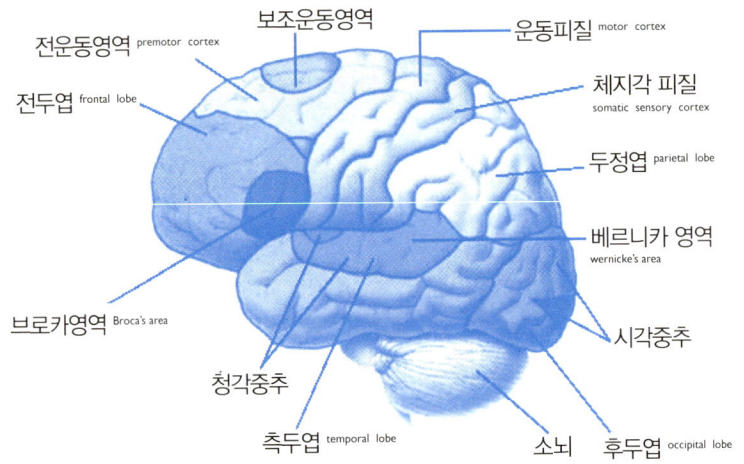

출처: 경희대학교 홈페이지, web.kyunghee.ac.kr/~health/health/12, 2004.

    이 책에서 밝히고 있는 바와 같이 나이가 들어감에 따라 뇌는 발전과 전지의 과정을 겪으면서 자주 사용하는 뇌세포 간의 연결이 더욱 강해지기도 하고 사용하지 않는 뇌세포는 전지의 과정에 들어가 가지치기를 하기도 한다. 최근 UCLA의 신경생리학자인 앤드루 토가Andrew Toga 박사는 15년 동안 인간의 뇌가 발달해가는 과정을 단층 촬영하여 다음과 같은 사진을 제시했다.

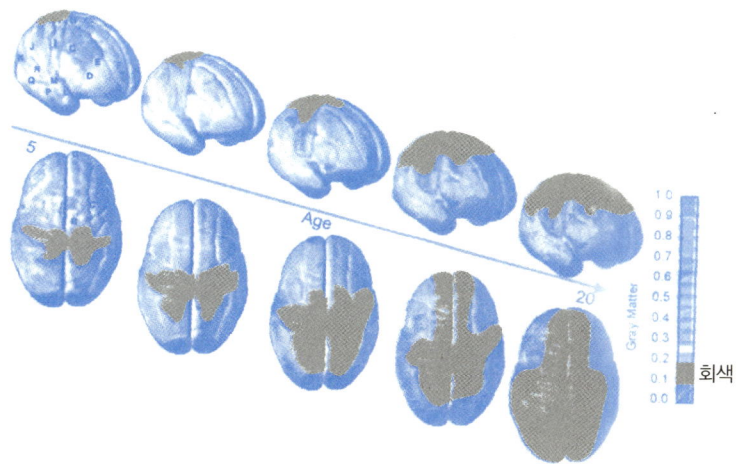

이 그림은 15년 동안 일어나는 인간의 뇌 발달 과정을 다섯 가지로 압축한 것이다. 5세부터 20세에 이르기까지 점차 뇌는 회색 부분이 증가하는데, 이는 시간이 흘러감에 따라 전지의 과정으로 가지치기가 된 뇌세포를 가리키며 동시에 뇌가 점차 성숙해졌음을 의미한다.

3장
10대들의 충동적인 생활

Why do they act that way?

"문제아란 없다.
존재하는 것은 문제부모뿐이다."
—닐 포스트먼 Neil Postman

고등학교에서 상담을 하며 나는 갖가지 배경을 가진 수백 명의 가족을 만날 수 있었다. 10대들과 부딪히고 고민하면서 얻은 좋은 경험 덕분에 10대 자녀를 둔 부모들이 도움을 필요로 할 때마다 교사나 성직자, 소아과 의사들로부터 상담을 맡아달라는 의뢰가 들어왔다. 그만큼 청소년 문제는 가족의 삶을 좌지우지할 만큼 중대한 문제였다. 그리고 이러한 가족들과 상담을 해온 지난 몇 년 사이 나는 10대 청소년 전문 상담가라는 명성까지 얻게 되었다. 어떤 경우는 부모와 자녀 대화법을 통해서 문제를 해결했고, 어떤 경우는 정신과 치료나 행동 치료처럼 보다 전문적인 치료가 필요할 때도 있었다.

어느 날 학부모인 잭과 맥은 딸아이의 학교 교장선생님으로부터 추천을 받아 나를 찾아왔다. 엘리는 그들의 네 명의 자녀들 중 둘째라

고 했다. 언성을 높여가며 부딪친 것은 엘리가 처음이라 부모는 어떻게 해야 할지 당황한 상태였다. 그녀가 처음 문제를 일으키기 시작한 것은 고등학교 2학년 때였다. 문제는 항상 별것 아닌 것에서부터 출발했지만 사태는 종잡을 수 없이 심각해졌다. 결국 말다툼, 무단결석, 교사에 대한 반항 행동까지 문제가 최고 수위에 도달하자 엘리의 교장선생님이 부모와 함께 상담 받는 것을 제안한 것이었다. 첫 상담부터 엘리는 감정을 폭발시켰다. 엘리의 어머니 맥이 무심결에 불만을 터뜨렸기 때문이었다.

"나는 이제 정말 엘리의 가정부 역할을 하는 것에 지쳤어요. 애는 전혀 집안일을 도와주지 않아요!"

맥의 말이 떨어지기 무섭게 엘리가 자리를 박차고 일어났다.

"그래요? 그럼, 어젯밤에 쓰레기를 갖다버린 사람이 누구인데요? 엄마는 늘 이렇게 나를 비난하기에 바빠요!"

엘리의 말에 맥이 반박할 태세를 보이자 나는 재빨리 그녀를 제지했다.

"제가 보기에 무엇보다 시급한 문제는 의사소통 같은데요."

첫 상담 이후 몇 번의 회기 동안 잭과 맥, 엘리는 대화법 훈련을 했다. 예컨대 한 시점에 일어난 문제에만 초점을 맞춰 이야기하는 것이었다. 집안의 허드렛일과 관련하여 의견충돌이 시작되자 나는 그들에게 서로가 바꿨으면 하는 부분이 무엇인지 질문했다. 어머니 맥은 엘리가 집안일을 도와줬으면 좋겠다고 대답했다. 물론 맥이 말한 의미는 짐작할 수 있지만 그 말은 너무 막연한 것임을 지적했다. 나는 부모가 구체적으로 세세하게 말하지 않으면 자녀에게 오해가 생길 수 있다는 것을 분명히 짚었다. 그리고 엘리의 부모에게 다음 상담시간에 '집안일을 돕는 것'이 무엇인지 세부적인 목록을 적어오라고 했다. 그러고는 엘리에게 물었다.

"엘리, 너는 부모님이 어떻게 달라졌으면 좋겠니?"

"두 분 중 한 사람이라도 나를 그만 좀 비난했으면 좋겠어요."

엘리는 주저 없이 대답했다.

"네가 왜 그런 말을 하는지 이해할 수 있어, 엘리. 그렇지만 그런 일이 일어나지 않기 위해서 너는 어떻게 해야 할까?"

"부모님들이 그렇게 깐깐하게 구는 것을 그만둬야 된다고요!"

엘리의 대답이었다. 나는 엄격하지만 친절한 어투로 다시 질문했다.

"엘리, 너는 내 질문에 대답하지 않았단다. 나는 부모님이 너를 비난하는 것을 그만두게 하기 위해서 네가 어떻게 해야 할지에 관해 물었어. 네가 원하는 방향으로 바꿀 수 있는 유일한 것은 바로 너의 행동이다. 네가 부모님의 깐깐한 성격까지 통제할 수는 없단다!"

우리는 이후에도 대여섯 번 정도의 상담시간을 가졌다. 점차 잭과 맥은 자신들이 기대하는 바를 직접적이고 세세하게 말하게 되었다. 또 엘리가 그들의 부탁이나 심부름을 들어주지 않을 때는 그 일을 왜 그녀에게 부탁했는지, 그 일이 왜 중요한지 등을 논리적으로 설명하게 되면서 딸과의 말다툼도 줄어들었다. 기특하게도 엘리 역시 부모가 무턱대고 잔소리를 할 때보다 일의 중요성에 대해 설명해주었을 때 보다 책임 있는 행동을 보였다. 이제 그들 셋은 말다툼의 원인을 깨달아 똑같은 기술로 조절하게 된 것이었다. 그들의 관계는 빠르게 회복되었고 석 달 만에 이 가족들의 문제도 해결되었다.

그후 몇 년 동안 식료품 가게에서 나는 가끔 엘리의 아버지와 우연히 마주쳤다. 그는 엘리가 반에서 최고 성적으로 고등학교를 졸업하고 대학도 졸업해서 고등학교 교사가 되었다는 소식을 전해주었다. 얼마나 즐거운 반전인가! 교사들에게 지긋지긋한 골칫덩어리로 여겨졌던 소녀가 스스로 교사가 되기를 선택한 이 반전 말이다. 그녀는 매우 훌륭한 교사가 되었다. 아마도 10대 시절 그녀의 처절한 몸부림과 노력 덕분에 학생들을 보다 잘 이해할 수 있게 되었을 것이다. 그러나 잭과 맥과의 인연은 그것으로 끝이 아니었다. 엘리를 상담한 지 8년이 지났을 무렵 잭으로부터 전화를 받았다.

"아내와 함께 선생님을 뵈러 가도 될까요?"

"물론이지요. 그동안 어떻게 지내셨어요, 엘리는 잘 지내나요?"

"엘리는 너무 잘 지내요. 아이들을 가르치는 일을 정말 행복해하는 것 같아요. 그리고 약혼도 했답니다. 그런데 사실 문제는 엘리가 아니고 다른 문제로 연락드린 거랍니다."

다음 주, 나를 찾아온 그들은 막내 제리드가 일으킨 문제에 대해 이야기를 털어놓았다. 예전에 그들이 막내인 제리드가 가장 순하고 착하다며 칭찬했던 기억이 떠올랐다. 그런데 최근 6개월 사이 이 모든 것이 변했다고 했다. 누나 엘리처럼 제리드 역시 궁지에 몰린 듯 보였다. 얼마 전 제리드는 체육교사에게 무례하게 소리를 지르고 대들어 정학 조치를 받았다고 했다. 통상적인 체크리스트로 상담을 시작했다.

"제리드가 약물이나 알코올을 사용한 흔적이 있나요?"

"아니오."

"최근에 친구가 바뀌었나요?"

"아니요, 여전히 같은 애들하고 어울려 다녀요."

"학교에서 학업과 관련해 큰 문제를 일으켰나요?"

"전혀, 아니에요."

"그렇다면, 피니어스 게이지$^{Phineas\ Gage}$ 증후군 같군요!"

잭과 맥은 심각한 표정을 지었다. 나는 그들에게 뇌 과학 분야에서 가장 유명한 그림 중 하나를 보여주며 사진에 관한 이야기를 들려주었다.

피니어스 게이지 증후군

피니어스 게이지는 과학자는 아니지만 잘못된 시간과 장소에서 사고를 겪은 불운한 사람이었다. 그러나 그로 인해 과학자들은 뇌의 작용에 관한 놀라운 정보를 얻을 수 있었다.

1848년 늦여름, 버몬트 외곽에서 선로를 놓는 철로공사가 한창 진행 중이었다. 피니어스 게이지는 철도 노동자들의 주임으로서 정직하고 신뢰할 수 있는 성격에 근면 성실하고 똑똑한데다 예의도 있어 모든 사람들이 좋아하는 완벽한 사람이었다. 그의 상사는 그의 충성심과 직업 정신을 높이 평가했고 동료들도 그의 친절함과 성실함에 존경을 표했다. 1848년 9월 13일, 게이지는 선로 확장 작업을 위해 폭파를 준비하며 다이너마이트를 땅에 묻고 있었다. 그런데 갑작스럽게 다이너마이트가 폭발하면서 땅에 함께 묻은 1.4미터짜리 5.9킬로그램 무게의 선로 쇳덩어리가 미사일처럼 튀어 올랐다. 몸을 숙일 겨를도 없이 쇳덩어리는 게이지의 얼굴을 향했고, 그의 왼쪽 뺨을 뚫고 머리 위쪽을 관통해 27미터나 나가 떨어졌다.

놀랍게도 게이지는 죽지 않았다. 뇌 좌반구의 앞부분에 큰 손상을 입었지만 그는 눈을 뜬 채로 이 사건 현장을 계속 바라보고 있었다. 목격한 사람들에 따르면, 그는 의식도 또렷했고 큰 고통도 느끼지 않는 것처럼 보였다고 한다.

게이지의 동료들은 재빨리 그를 가까운 도시의 병원으로 옮겼다. 마틴 할로$^{Martyn\ Harlow}$라는 젊은 의사가 수술을 담당했다. 몇 주에 걸친 담당 의사의 치료 덕분에 그는 건강을 되찾았고 두 달 후 직장으로 돌아갈 만큼 회복되었다. 그러나 철도 회사로 돌아간 그는 얼마 지나지 않아 직장을 그만두었다. 건강 악화로 인해 일을 할 수 없어서가 아니었다. 그의 동료들은 하나같이 이렇게 말했다.

"게이지는 예전의 그 게이지가 아니야!"

모든 사람들이 좋아했던 책임감 있고 상냥한 피어스 게이지는 이제 조그만 일에도 사람들과 싸움을 일삼고 종종 거짓말을 하며, 잔인하고 모진 성격으로 변한 것이었다. 아무도 이에 대해 뭐라고 설명할 수 없었다. 게이지의 육체는 살아남았지만 그의 훌륭한 성품은 죽어버린 것이 분명했다.

그렇게 게이지는 이 직장 저 직장을 떠돌며 1848년 9월의 사고 이후 12년을 더 살다가 1860년 아무도 지켜보는 이 없이 샌프란시스코에서 쓸쓸히 사망했다. 게이지가 죽은 지 7년 후, 그를 수술했던 의사 마틴 할로는 게이지의 사체를 꺼내서 연구할 수 있도록 유족들을 설득했다. 결국 게이지의 두개골과 그의 머리를 관통한 쇳덩어리를 받을 수 있었다. 그리고 지금 게이지의 두개골과 선로 쇳덩어리는 하버드 대학으로 옮겨져 워렌 의대 박물관에 전시되어 있다.

뇌 과학을 연구하는 모든 학생들은 피니어스 게이지에 대해 배운다. 이 사례야 말로 뇌의 전두엽과 행동과의 관계를 설명할 수 있는 좋은 예이다. 1867년 할로는 연구를 통해 게이지의 성격 변화의 원인은 전두엽의 광범위한 손상 때문이라는 결론을 내렸다. 그는 "전두엽 손상으로 이성적 능력과 동물적 성향 간 균형이 파괴된 것으로 보인다"고 말했다. 그리고 1994년, 세계적으로 유명한 신경과학자인 아이오아 대학의 한나Hanna와 안토니오 다마시오Antonio Damasio는 컴퓨터 모형과 신경계 이미지 복원기술을 사용하여 게이지에 대한 할로의 주장을 입증했다.

뇌의 CEO 역할을 하는 전전두엽은 신체와 뇌 영역의 다양한 기능을 조절한다. 전전두엽 피질은 의사결정자이며 뇌의 다른 영역들이 제시하고 있는 여러 가지 선택 사항의 비중을 가늠하는 계획자이다. 그런데 기억해야 할 것은 전전두엽 피질은 10대 청소년의 뇌 영역 중 중요한 부분이라는 사실이다.

메릴랜드 베데스타에 있는 국제건강센터National Institute of Health의 신경과학자인 제이 지이드Jay Giedd는 전전두엽 피질을 포함한 뇌의 비밀을 밝히기 위하여 MRI기술을 도입한 대표 주자이다. 그동안은 뇌 정밀 장치들이 지나치게 고가인데다, 초기의 뇌 연구들은 간질이나 종양 등의 질환이나 심각한 뇌 장애가 있는 사람들의 뇌만 연구 대상으로 삼았다. 그러나 정상적인 청소년의 뇌를 조사한 첫 번째 연구자인 지이드는 약 10년 이상을 이 분야에서 두각을 드러내게 되었다. 그의 연구를 통해 10대들의 뇌가 완성품이 아니며 역동적인 변화 가운데에서 발달하고 있는 상태라는 중요한 사실이 밝혀졌다.

지이드는 뇌 속에서 일어나는 발전과 전지가 아동기 초기에 완성되는 것이 아니라는 점을 발견했다. 발전과 전지의 한 국면은 2세 정도의 유아기에 서서히 끝나지만 두 번째 국면은 청소년기에 나타나기 시작한다. 11~12세 사이 뇌세포 수상돌기가 과잉 생산되는 발전이 전전두엽 피질에서 절정에 도달한다. 사춘기가 진행되고 있는 동안 10대의 전전두엽 피질에서는 매우 활발하게 수상돌기가 생산된다. 그리고 나서는 사용하지 않는 뉴런이 시들고 죽는 전지의 과정은 청소년기 동안 계속해서 진행된다. 요약하자면 전전두엽 피질은 청소년기를 거치면서 변화하는 것이다. 피니어스 게이지와 같이 전전두엽 피질에 손상을 입은 것은 아니더라도 많은 10대들의 뇌에는 성격의 극적인 변화를 보이는 '피니어스 게이지 증후군' 증상이 나타나는 것이다.

전전두엽 피질은 뇌의 집행부이므로 미리 결과를 생각해보고 뇌의 다른 영역을 움직이게 만드는 충동 조절 기능을 한다. 그러나 청소년기 동안은 계속해서 전전두엽 피질이 발달하기 때문에 10대들은 어른처럼 충동을 통제하지 못하는 것이다. 뇌를 다치기 전 게이지처럼 열심히 일하고 친절하며 신뢰감을 주는 성격의 아이라고 해도 청소년기에 이르면 거칠고 책임감 없어지며 사람을 불쾌하게 만드는 게이지로 변할 수 있다. 가령, 10대들은 누군가에게 실망을 느낀 순간 그 사람에게 느낀 감정을 직설적으로 말해버리는 충동을 억제할 수 없다. 어른들이라면 같은 상황에 처했을 때 전전두엽 피질에서 이렇게 타이를 것이다. '기분은 나쁘지만 말로 표현하는 것보다 그냥 지켜보는 편이 나아'라고 충동을 억제하게 만드는 것이다. 그러나 10대의 전전두엽 피질은 충동을 통제하지 못하므로 청소년들이 하고 싶은 말을 내뱉어 결국 불쾌한 결과를 초래하게 된다.

피니어스 게이지 증후군과 관련한 사례를 하나 더 들고자 한다. 내 아들 브라이언은 10대 시절 학교에서 충동을 통제하지 못하고 막말을 한 탓에 큰 문제를 일으킨 적이 있었다. 브라이언의 고등학교는 점심시간 45분 동안 학교 건물 밖으로 나가서 식사를 하고 다음 수업시간 전까지 들어오는 '오픈 캠퍼스 open campus'를 시행하고 있었다. 어느 날 브라이언과 몇 명의 친구들이 점심을 먹으러 밖으로 나갔다. 학교 운동장을 지나서 거리를 가로질러 건너가고 있을 때 경찰차가 다가왔다. 그들은 모두 되도록 천천히 차도를 건너가고 싶은 충동을 느꼈다. 그들이 한가롭게 발을 질질 끌며 길을 건너자, 경찰관이 차에서 내려 그들을 멈춰 세웠다. 경찰관은 그들에게 차가 오고 있을 때는 차도에서 빨리 비켜서야 한다고 말했다. 그런데 아이들은 비웃으며 심지어 경찰관에게 욕설을 내뱉었다.

그 시점에서는 현명한 생각이 그들의 입을 막았어야 했다. 그것이 바로 전전두엽 피질이 지시했어야 하는 일이다. 그러나 10대의 전전두엽 피질은 제 역할을 하지 못했고, 그들은 느끼는 대로 경찰관에게 '보행자 권리'를 운운하며 설상가상 브라이언의 친구 루디가 경찰관이 멍청하다며 비웃고 말았던 것이다. 곧바로 루디는 경찰차 뒤에서 수갑이 채워졌고 나머지 소년들도 벌을 받았다.

이 소년들의 정서에 이상이 생긴 걸까? 아니다. 이들은 다른 사람들과 다를 바가 없었다. 차이라면 그들의 충동 통제 영역이 제대로 작동하지 않아서 표현하고자 하는 욕구를 참지 못하고 쏟아냈다는 것뿐이다. 그들의 전전두엽이 완전하게 성장하지 않은 탓에 그들은 대부분의 어른들처럼 분별력 있게 행동하지 못한 것이다.

앞서 제리드의 문제로 고민하던 맥과 잭에게 10대의 전전두엽 피질에 관해 설명하자 아버지 잭이 말했다.

"요즘 정말 쉴 틈이 없어요. 그렇지만 제리드의 괴상한 행동이 우리 일상을 재미있게 만든 것도 사실입니다. 제리드가 일으키는 많은 문제들이 단지 그 애의 잘못이 아니라는 것을 알게 되니 한결 마음이 놓이네요."

이어서 어머니 맥이 물었다.

"그 애의 뇌가 완전히 성장해서 이 단계가 넘어갈 때까지 기다리면 제리드가 좋아질까요?"

많은 부모들이 이 질문에 긍정적인 답을 기대하겠지만 나는 아니라고 말하겠다. 이러한 문제들은 10대 청소년들의 뇌가 충동을 통제할 수 있을 정도로 성장하지 않아서 생기는 문제라 모든 일을 그들의 잘못으로 돌리는 것도 문제지만, 통제를 할 수 있도록 학습하는 것이야말로 청소년들의 책임이자 의무이다. 그리고 그들을 도와주는 것은 부모의 역할이다. 자녀의 행동을 대수롭게 여겨 무시하거나 방치해서는 안 된다는 말이다. 그리고 자녀가 예전의 유쾌한 성격으로 되돌아올 수 없다 할지라도 자녀가 더욱 거칠어지도록 내버려둬서는 안 된다. 10대 청소년기에 겪는 경험이야말로 자신의 감정과 충동을 조절하는 방법을 배우는 기회인 것이다. 10대들의 전전두엽 피질이 성장하는 동안 부모들은 자녀가 나중에라도 내면화하게 될 지침과 건전한 사고 방식을 제공해야 한다.

또 과거에 엘리에게 했듯이 맥과 잭은 제리드에게 거는 기대와 초래될 결과를 분명하게 설정해야 한다. 자녀와 함께 마주 앉아 부모로서 그들에게 어떤 행동을 기대하는지, 또한 그 기대가 충족되지 않았을 때 어떤 일이 일어날지에 대해 구체적이고 분명하게 말하고 학교에서 규칙을 어겼을 때 어떤 결과가 일어나는지 강력하게 말해야 한다. 이러한 지침을 알려주는 것이 10대 자녀들이 충동을 억제하는 방법을 학습하는 데 큰 도움이 된다. 처음부터 자신의 충동을 완벽하게 통제할 수는 없겠지만 스스로 규칙을 어겼다는 것은 알 것이다.

규칙을 따르지 않았을 때 일어나게 될 결과가 무엇인지 10대들에게 정확하게 알려주는 것은 매우 중요하다. 다만 그 결과에 대해 위협적으로 말해서는 안 된다. 어떤 일이 벌어질지 그리고 그 결과는 바로 자신의 선택이 초래한 것이라는 점을 사실적이고 일상적인 표현으로 알려주는 것이 좋다. 부모로서 규칙을 강력하게 주장해야 할 때 완력을 쓰거나 큰 소리로 윽박지르는 것은 좋지 않다. 자녀가 흥분할 때도 냉정함을 잃지 말아야 한다. 마지막으로 유머를 사용하면서 자녀를 얼마나 사랑하고 좋아하는지 그들이 느낄 수 있도록 당신만의 방식을 보여주라. 그리고 여전히 자녀가 사랑 받기에 충분한 소중한 사람이라는 것을 계속해서 말로 표현하도록 노력하라.

맥과 잭에게 이러한 지침을 이야기해주자 남편 잭이 대답했다.

"선생님 말씀이 옳다는 것을 잘 알고 있어요. 하지만 제리드는 저를 자꾸 화나게 만든답니다. 그럴 때마다 저도 완력을 쓰게 되고요."

"제가 보기에 애 아빠와 아들이 닮은꼴이라 그런 것 같아요. 당신은 예전 엘리에게는 그렇게 강압적으로 대하지 않았잖아요. 오히려 내가 그랬죠."

맥의 말에 잭이 동의했다.

"아내 말이 맞아요. 왜 그럴까요. 제가 어떻게 해야 하죠?"

잭은 물론이요, 10대 자녀 때문에 화가 날 때 부모가 기억해야 할 3단계 과정은 다음과 같다.

1단계 결과에 대해 강력하게 주장해야 할 때 시간을 갖고 어떻게 이를 다루어야 할지 마음속으로 그려보라. 침착하고 분명하게 말하는 자신의 모습을 마음속으로 상상하라.

2단계 자녀에게 어떤 결과를 얻든 그것이 자신의 선택이 초래한 결과라는 것을 분명히 말하라. 이 메시지를 자녀가 수긍하지 않으려고 할 것이다. 흥분해서 목소리를 높이거나 언쟁을 하려고 할지도 모른다. 이때 이와 같은 감정싸움에 말려들지 않도록 조심하라.

3단계 피가 거꾸로 솟을 것처럼 분노가 일어날 때 숨을 깊이 들이쉬고 이 충고를 기억하라. 그의 항해에 바람을 일으켜주고 싶은 마음이 들 때 그의 바람에 당신이 항해를 하고 있다고 생각하는 것이 낫다.

상담이 끝날 무렵 잭과 맥은 제리드에 대하여 새로운 관점을 갖게 된 듯 보였다. 잭은 이렇게 말했다.

"저는 피니어스 게이지의 상사 마음을 이해할 수 있어요. 그가 그를 해고하는 것은 당연합니다. 저도 지난 몇 달 동안 제리드를 우리 가족에서 퇴출시키고 싶다는 생각을 여러 번 했거든요. 그러나 그 아이의 바람에 제가 항해를 해야 한다는 말을 잊지 않도록 노력하겠습니다."

부모 체크 포인트
제한선과 결과

충동적인 행동을 다루는 일이야말로 10대 자녀를 둔 부모에게 있어서 가장 큰 도전이다. 분노를 폭발시키거나 거칠게 행동하는 것이 10대 청소년들의 보편적인 특징이기는 하지만 자녀에게 엄격한 제한선을 설정하고 결과를 충분히 설명해줘야 한다. 뇌의 감독관인 전전두엽이 미완성 상태인 10대들을 위해 부모는 그들의 분노 행동 통제를 조직화할 필요가 있다. 부모가 잠시 자녀들 외부의 뇌가 되어야 한다. 제한선을 설정하기 전, 다음의 체크 포인트를 살펴보며 당신의 접근 방법을 평가해보자.

예	아니오	
☐	☐	1. 나와 나의 배우자는 10대 자녀의 양육 방법에 대해 서로 동의하고 있다.
☐	☐	2. 나와 나의 배우자는 양육의 책임을 서로 공유하고 있다.
☐	☐	3. 우리 가족의 규칙은 명확하고 일관적이다.
☐	☐	4. 나는 필요할 때마다 규칙을 어길 시 초래될 결과를 강조하고 자녀에게 관철시킨다.
☐	☐	5. 나는 10대인 자녀와 협상을 할 수 있다.
☐	☐	6. 나는 제한선과 그것을 지키지 않았을 때 초래될 결과에 대해 일관된 생각을 가지고 있다.
☐	☐	7. 나는 청소년 자녀와의 힘겨루기를 피할 수 있다.
☐	☐	8. 나는 사소한 일로 화를 내지 않는다.

당신이 생각보다 '아니오'라는 대답을 많이 했다고 해도 실망하지 말라. 10대 자녀의 부모로서 '예'라는 대답을 많이 하게 되기까지는 많은 인내와 관심이 필요하다.

극단적인 사례

10대들의 대다수 부모가 잭이나 맥과 같은 도전을 받는다. 어떤 부모는 이에 맞서기 위해서 잘못된 행동을 하기도 한다. 크랙과 멜린다의 경우가 그랬다.

그들의 아들 트로이는 문제아였다. 심지어 유치원에 다닐 때부터 말썽꾸러기였던 트로이는 자주 짜증을 내고 시도 때도 없이 다른 아이들과 싸우며 부모가 만든 모든 제한선에 반대로 행동했다. 초등학교에 다닐 때는 저조한 성적과 교칙을 위반하는 행동으로 하루가 멀다 하고 부모를 학교에 불려가게 만들었다.

크랙과 멜린다는 몇 년 동안 '부모의 관심과 격려로 자라나는 아이들'이라는 세미나에 참석하고, 인기 있는 양육 관련 서적을 찾아 읽으며, 이 지역에서 훌륭하다고 평가 받은 의사나 심리학자들과 상담하면서 아들을 제대로 키우기 위해 노력했다. 트로이가 6학년 때 정신과 의사는 아들에게 행동 장애라는 진단을 내렸다. 아들의 행동 원인에 대해 그들이 들은 단 한 가지는 어떤 유전적 특질 때문에 일어난 것뿐이라는 설명이었다. 트로이의 어머니인 멜린다의 오빠가 오랫동안 심각한 행동 장애를 앓았고, 폭행 혐의로 복역 중이었기에 그들은 그대로 믿었다. 아버지 크랙이 치료 방법을 물었을 때, 의사는 그저 "지금 하고 계신 대로 계속하시고 아이의 행동 장애가 어서 낫게 되기를 기도하십시오"라고 말했다.

트로이는 낫지 않았다. 트로이가 10대가 되자 문제는 더욱 심각해졌다. 무단결석과 싸움, 폭력, 규칙에 대한 반항 등이 이어졌다. 트로이 가족이 다니는 교회의 목사님이 내게 이 가족과 상담을 의뢰했을 때, 트로이는 이미 전과자가 되어 집행유예 중이었다. 크랙과 멜린다는 매우 다루기 힘든 10대 자녀를 두었지만 훌륭한 부모였다. 첫 상담에는 부모들만 왔다. 상담을 시작한 지 20분이 지났을 때 멜린다는 너무나 익숙한 질문을 던졌다.

"우리가 도대체 무엇을 잘못한 걸까요?"

나는 주저 없이 그리고 솔직하게 대답했다.

"아무 것도 잘못한 것이 없습니다. 두 분은 문제가 없어요. 이런 일이 생기면 부모가 무슨 범죄자라도 되는 것처럼 말하는 정신과 의사들이 있지요. 그러나 제가 말씀드리고 싶은 것은 두 분이 부모로서 할 수 있는 모든 일들을 다 했다는 것입니다. 우리 이제는 뒤돌아보지 맙시다. 우리는 트로이의 문제가 어디에서 비롯됐는지 그 정확한 원인을 찾을 수는 없습니다. 또 찾는다고 하더라도 그것이 지금의 문제를 해결할 수도 없어요. 미래에 초점을 두고 현실적인 목표를 세워서 앞으로 트로이의 행동을 고쳐나가는 것이 좋을 것 같습니다."

트로이를 위해 우리가 세운 전략은 행동 계약이었다. 계약서는 예상 행동과 계약을 어겼을 경우 치러야 할 벌칙에 대해 이해하기 쉬운 용어로 작성된 서약서였다. 부모와 자녀가 서약서에 같이 서명하고 집안의 눈에 잘 띄는 곳에 이를 붙여둔다. 이를 테면, 가족용 게시판이나 냉장고, 컴퓨터 등에 말이다. 먼저 나는 크랙과 멜린다에게 현실적으로 목표를 세우도록 격려했다.

"단 한 번에 모든 것을 바꿀 수는 없어요. 10장의 서약서를 써도 아무 소용이 없을 수 있습니다. 가장 심각하고 중요한 문제를 골라 거기에서부터 출발합시다."

우리는 집에서 트로이가 표출하는 폭력적인 행동이 가장 큰 문제라는 데에 동의했다. 다음 과제는 계약을 어겼을 때 발생하는 현실적인 결과를 명확히 설명하는 것이다.

"트로이와 계약을 할 때 협상을 하세요. 그러나 규칙을 어겼을 때 감당해야 할 벌칙을 미리 결정할 필요는 없어요."

내 말에 아버지 크랙은 부모의 결정을 아들이 무시할까 봐 걱정이 된다고 했다.

"그렇다면 그 가능성을 계약서에 넣으면 됩니다."

"어떻게 하면 되죠?"

크랙의 질문에 나는 트로이가 계약을 지킬 수 있도록 일정한 금액을 걸고 집중하게 만들라고 조언했다. 그리고 트로이의 집행유예 기간 동안 감찰관과 상의해서 감찰관 대신 트로이의 옆에서 함께 있을 사촌 형제를 찾아보게 했다.

"진심이세요, 박사님?"

"네, 물론입니다. 부모가 강제할 수 없다고 생각하면서 행동 계약을 세우는 것은 말이 안 됩니다. 만약 그에 대처하지 못하면 트로이가 더욱 규칙을 무시하게 될 겁니다."

여기 크랙과 멜린다가 아들과 맺은 행동 계약의 사본을 제시한다.

폭력 행동에 관한 계약서

1. 이 계약은 트로이와 부모인 크랙, 멜린다 간에 이루어진 것이며 _____(날짜)에 시행되었다.
2. 우리 가정은 폭력으로부터 자유롭다는 것에 동의하며,
3. 나는 폭력 없이 부모님과의 이견을 해결할 것이기에,

4. 적절한 방법으로 내가 화났다는 표현을 하는 것에 동의합니다.
  a. 나는 집에서 큰 소리로 욕설을 내뱉는 것을 자제할 것이다.
  b. 나는 화가 나서 물건을 던지는 행동을 자제할 것이다.
  c. 나는 일부러 물건을 부수는 행동을 자제할 것이다.
  d. 나는 때리는 행동이나 때릴 것을 협박하는 행동을 자제할 것이다.
  e. 나는 나의 가족 중 그 누구에게도 상처를 주거나 해를 입히는 행동을 하지 않을 것이다.
5. 나는 이 계약을 어길 경우 부모님이 즉시 집행유예 감찰관과 경찰에게 연락하더라도 이를 받아들일 것입니다.

나는 이 계약서를 읽었고, 이해하였으며, 계약서의 계약을 받아들입니다.

_____ _____ _____
　(트로이)　　　(크랙)　　　(멜린다)

다음 상담시간, 트로이가 부모와 함께 왔다. 그는 폭력 행동에 대한 행동 계약을 맺는 일에 대해 불만을 터뜨렸고 부모가 제시한 벌칙을 좀처럼 받아들이지 않았다. 트로이는 이 모든 일들이 너무 유치하고 바보 같다며 계약을 거부했다. 나는 그 문제는 트로이의 마음대로 협상할 수 있는 것이 아니라고 설명했다. 크랙과 멜린다 역시 한 발자국도 물러서지 않았다. 결국 트로이는 마지못해 계약서에 서명을 했다. 한 달 후, 엄마와 언쟁을 하는 도중 화가 치밀어 오른 트로이는 창문을 깨뜨렸다. 멜린다는 바로 경찰에 신고했고 경찰이 출동했다. 집에 도착한 경찰은 트로이를 집밖으로 데리고 나가 경찰차에서 5분 동안 훈계를 했고, 다시 한 번 같은 일로 신고가 들어올 때는 트로이를 체포해갈 것이라고 말했다. 이것이 멜린다가 경찰에게 도움을 요청한 단 한 번의 일이었다.

그로부터 몇 달에 걸쳐 크랙과 멜린다는 야간외출 금지, 무단결석, 약물 사용 등에 관한 내용으로 몇 장의 계약서를 더 작성해 트로이의 서명을 받아냈다. 트로이도 이제는 자신이 계약서의 내용을 무시할 경우 부모님이 자신을 집에서 내쫓을 수 있다는 것을 알게 되었다. 다른 주에 살고 있는 삼촌에게 보내질 수도 있었다.

이후에도 고등학교를 다니는 동안 트로이는 몇 번의 정학과 경찰서에 몇 번 잡혀가는 등 거칠고 험난한 청소년기를 보내다가 결국 고등학교 졸업반 때 학교를 그만두고 말았다. 부모들의 방법이 실패로 돌아간 걸까? 아니다. 크랙과 멜린다는 학교를 그만둔 트로이에게 다시 행동 계약서를 내밀었다. 직업을 구하고 집세를 내는 것에 관한 내용이었다. 어머니 멜린다는 트로이에 대한 기대치를 조정해야 했지만 트로이가 직장을 구하고 법을 준수하며 살고 있다는 사실에 감사했다. 그리고 크랙과 멜린다 부부는 현재 아들 트로이와 함께 안정적인 관계를 유지하며 즐겁게 지내고 있다.

사실 트로이와 같이 극도로 반항적인 청소년은 드물다. 그러나 대부분의 10대들은 그들의 전전두엽 피질이 성숙해가고 있는 시점에 부모님의 인내심을 시험한다. 이들이 충동을 억제할 수 있는 힘을 갖추게 될 때까지 모든 10대에겐 도움을 받을 수 있는 시스템과 지지해줄 부모가 반드시 필요하다. 자녀와 부딪히게 되는 문제에 대해 행동 계약을 맺는 것은 실제로 도움이 된다. 부모가 계약서를 통해 자녀와 해결하고 싶은 문제가 무엇이든 엄격하게 규제하기 위해서는 미리 계획을 세워야 한다. 또 10대 자녀가 간단한 규칙을 지키는 것은 물론 어떤 행동을 하길 기대하는지에 대해서 자녀에게 이야기할 때도 미리 계획을 세울 필요가 있다. 아이들 역시 자신의 행동으로 인해 가족의 삶에 초래될 결과를 이해하게 되면 실생활에서 자신의 태도를 조절하고 제대로 행동할 가능성이 커진다. 자녀의 행동에 대한 행동 계약은 그 어떤 규칙보다 엄격하며 그 결과가 미치는 여파 또한 상당하다.

이제 10대 자녀를 지지하는 데 필요한 행동 틀이 될 만한 기본 규칙을 몇 가지 제시하고자 한다.

해야 할 일과 하지 말아야 할 일

해야 할 일

- 행동에 대한 명백한 규칙과 기대하는 바를 설정하라. 예를 들어 "동생에게 착하게 굴어라"라고 말하는 대신 "동생을 때리거나 별명을 부르고 심한 욕을 하면 절대 안 된다"고 말하라.
- 벌어진 사태가 진정되고 자녀가 이성을 되찾았을 때, 부모의 생각과 결과

에 대해 자녀와 대화하라. 예를 들어 딸아이가 집에 들어오기로 한 시간보다 1시간이나 늦게 돌아와서 매우 화가 났다면 부모의 감정 상태를 딸에게 분명하게 표현하되, 자세한 이야기는 다음 날 아침에 하라. 부모는 감정적인 흥분이 가라앉고 이성적인 마음 상태일 때 보다 효과적으로 자녀를 훈육할 수 있다. 물론 약속을 어긴 것에 대해서 적절한 조치를 분명하게 취해야 한다.

- 약속을 지키지 않았을 때 초래되는 결과를 분명히 말하라. 10대들의 행동 변화를 이끄는 데 가장 효과가 있는 것은 권리를 박탈하는 것이다. 예를 들면 "앞으로 일주일 동안 1시간씩 하는 컴퓨터 게임을 할 수 없다"고 말하는 것이다.
- 자녀가 규칙과 결과 모두에 대해 충분히 이해하고 있는지 소리 내어 말하게 하라. 이는 애매모호함을 분명하게 하는 데 효과적일 뿐 아니라 동시에 청소년이 책임감을 갖는 데에도 도움이 된다. 필요하면 규칙과 결과를 적어보게 하라.
- 부모와 자녀가 공생할 수 있는 적절하고 명확한 벌칙을 선택하라. 예를 들어 "내가 그만해도 된다고 할 때까지 학교에 걸어서 등교해"라고 말하는 대신 "앞으로 2주 동안은 걸어서 등교해라"라고 말하라.
- 규칙을 어겼을 때 초래되는 벌칙에 반드시 따르도록 분명하게 알려주라.
- 만약 자녀가 규칙과 관련하여 중요한 논의를 하는 중 반항하면 그들이 계속 화를 내도록 두지 말고 상황을 정리하며 이렇게 말하라. "우리는 지금 이 일에 대해서 논의를 할 수 없을 것 같구나. 소리 지르지 않고 네가 말할 준비가 되면 다시 이야기하자." 그러고 나서 반드시 다시 돌아와 이야기를 마치도록 하라. 논의가 끝날 때까지 자녀가 다음 행동을 할 수 없게 만

드는 것이 중요하다.

하지 말아야 할 일

- 자녀가 반항하거나 퉁명스럽게 굴어도 놀라지 말라.
- 모든 사소한 일까지 자녀를 제재하거나 구속하지 말라. 문제가 되는 일만 골라 이야기하라.
- 완력을 사용하지 말라. 규칙을 어길 시 초래되는 벌칙에 대해 이성적으로 알려주고, 자녀가 그것에 따라주길 기대한다고 말하라. 그러나 자녀가 따르지 않았을 때 초래될 결과는 본인이 감수해야 한다는 점도 명확히 알려주라.
- 자녀가 감수해야 할 벌칙을 협박으로 사용하지 말라.
- 아들이나 딸이 소리를 지르더라도 이성을 잃지 말고 감정을 통제하라. 숨을 깊이 들이마시고 열까지 세라. 필요하다면 잠시 휴식을 취하라.
- 자녀가 소리를 지르거나 위협적인 행동을 하거나 불쾌한 행동을 할 때는 그냥 넘어가지 말라. 이런 무심함이 위협적인 행동 패턴을 강화시킬 수 있다.

이번 장에서는 10대들이 충동적인 행동을 하게 되는 원인을 살펴보았다. 또 여러 사례를 통해 자녀를 이해하고 보다 현명하게 자녀의 행동을 변화시키는 방법도 배웠다. 이 내용을 바탕으로 다음 질문에 대한 자신의 생각을 정리해보자.

자신의 양육 방식 중 계속해서 유지하고 싶은 것은 무엇인가?

바꾸고 싶은 것은 무엇인가?

4장
10대들의 뇌에 브레이크를 걸어라

Why do they act that way?

"청소년에게 일을 시킬 때는
다소 잘못이 있더라도 변명할 여지를 남겨두라.
혹독한 질책은 청소년을 얼어붙게 만들 뿐이다."
—플라톤 Platon

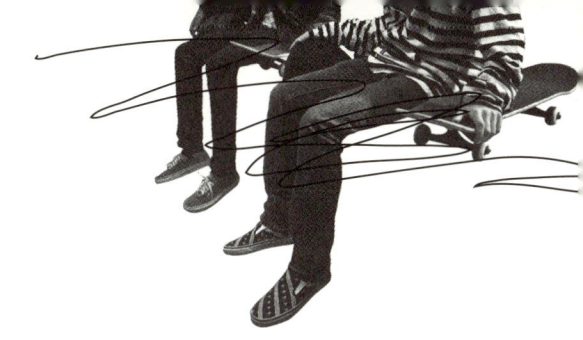

　10대 시절을 단 한 번의 실수나 상처 없이 보낸 사람은 아마도 없을 것이다. 똑똑한 아이들도 실수를 한다. 매우 온순한 사람도, 지극히 예의 바른 사람도, 매사에 이성적인 사람도 10대 시절에는 분노와 불신이 가득한 얼굴로 "무슨 생각을 하는 거야? 도대체 생각이 있는 거니?"라며 소리 지르는 어른들과 마주해본 경험이 있을 것이다.
　대부분의 10대 청소년들은 종종 위험하고 어리석은 행동을 저지른다. 어른들 중에는 10대들의 이러한 위험한 행동을 그저 성장하는 과정일 뿐이라고 생각하는 사람도 있다. 그러나 그렇게 방심만 하다가는 상상도 못했던 나쁜 결과를 초래할 수도 있다.
　학교에서 곧잘 상을 받아오던 우수한 학생이나 특별한 리더십으로 반장을 맡았던 아이, 방과 후에 아르바이트를 하며 착실히 생활하던 아이들이 어느 날 갑자기 위험천만한 파멸의 길로 자신을 몰

10대들의 뇌에 브레이크를 걸어라　105

아넣는 것을 보게 될 때가 있다. 무엇이 아이들을 그렇게 만든 것일까? 그들은 대체 무슨 생각으로 그렇게 행동한 걸까? 그리고 그런 일들이 일어나지 않도록 미연에 방지하거나 다시 그런 일이 일어나지 않게 하려면 어떻게 해야 할까?

10대가 왜 그런 행동을 하는지 정확히 설명할 수 있는 사람은 10대 자신을 포함하여 아무도 없다. 어른들 입장에서는 그들의 이야기가 변명처럼 들릴 수 있다. 위험천만한 일을 저지르고 난 뒤 어떤 결과가 따를 것이라는 것은 어린아이라도 예상할 수 있으므로 어른들은 10대들이 위험 행동을 하는 데에는 어떤 이유가 있을 거라고 생각하는 것이다. '무슨 일이 있는 것이 틀림없어. 우리 애가 나에게 뭔가 숨기고 있어'라는 식으로 말이다. 때로는 예측하지 못한 10대 자녀의 행동으로 인해 자신이 아이를 잘 모르고 있다는 데 회의를 느끼고 더 이상 자녀를 믿지 못하게 되는 경우도 있다.

10여 년 전 아들 댄이 고등학교 2학년이었던 어느 날, 그는 친구 갈렌과 크로스 컨추리로 스키 연습을 가려고 버스를 기다리고 있었다. 댄과 갈렌은 똑똑하고 착해서 또래들에게 인기가 많았고 어른들에게도 예의바른 아이들이었다. 그들은 버스를 기다리면서 새로 산 장난감 공기 주머니를 발로 툭툭 차며 놀고 있었다. 공기 주머니는 단단하게 묶여 있어서 다루기가 어려웠기 때문에 발로 밟고 벽에 던지는 게임을 하면서 주머니가 조금 느슨해지도록 길들여야 했다. 그때 댄이 재치 있는 생각을 해냈다. 공기 주머니 위로 차가 몇 번 지나가면 차의 무게로 인해 주머니가 느슨해지지 않을까 하는 생각 말이다. 갈렌

도 좋은 생각이라고 맞장구를 쳤다. 이것은 정말 위험천만한 시나리오였다. 그냥 주머니를 열어서 공기 주머니 속에 들어 있는 콩을 조금 빼내고 다시 꿰매어놓으면 되었을 것이다. 그렇지 않은가? 그러나 이 천재들은 곧바로 학교 주차장으로 자리를 옮겨 일을 벌였다. 갈렌은 차 운전석에 앉아서 시동을 걸고 브레이크 페달을 밟은 채 대기했고, 댄은 차 뒤에서 방향을 지시했다. 댄의 지시 사항이 잘 들리도록 운전석의 문은 열려진 상태였다. 갈렌은 얼마쯤 뒤로 차를 움직여 공기주머니 위에 차를 세웠다.

학교 주차장은 자동차로 가득 차 있었고 사방에는 눈이 쌓여 있었다. 그 기발한 계획 속에 뒤에 있는 자동차에 대한 생각은 전혀 없었다. 운전석 문이 활짝 열린 채 후진하던 차량은 지독한 긁힘 소리가 사방을 뒤흔드는 상황에서 멈춰 섰다. 그러나 때는 이미 옆 차에 문이 젖혀지면서 차 문이 떨어져 나가고 난 후였다. 천만다행으로 아이들은 무사했지만 공기 주머니는 여전히 단단한 그대로였다.

두 소년은 그날 스키 연습을 가지 못했다. 댄은 한 손으로 운전석 문을 꼭 안고서 도시를 돌아다니며 차를 수리할 만한 곳을 찾아다녔다. 겨우 찾은 자동차 수리점 주인은 수리비가 800달러이고 고치는 데 며칠이 걸릴 거라고 말했다. 그들은 선택의 여지가 없었다.

그들을 보자마자 나는 다음과 같이 말했다.

"무슨 생각을 한 거야? 도대체 생각이 있는 거니?"

나중에 갈렌은 사고 당시 너무 당황했고 어떤 상황인지 깨달았을 때는 엄청난 두려움에 몸이 얼어붙어 도저히 브레이크에서 발을 뗄 수 없었다고 고백했다. 그들은 과연 무슨 생각을 한 것일까? 몇 년이 지난 후에도 그들은 여전히 이 사건에 대해 설명하지 못했다.

10대 자녀가 어리석은 짓을 저지르더라도 놀라지 말자. 다른 아이들이 저지른 실수가 어떤 결과를 초래하는지 확인하게 하여 실수를 학습의 기회로 바꾸어주는 것이 부모의 몫이다. 댄과 갈렌은 차 수리비를 갚기로 했다. 똑똑한 아이들이 저지르는 바보 같은 행동은 댄과 갈렌처럼 우연한 사고로 결론지어져 막을 내린다. 어리석고 약간은 위험하지만 아무도 다치지는 않은 그런 사고 정도로 말이다. 아이들 역시 왜 그런 일을 저질렀는지에 대해서는 제대로 설명하지 못했지만 차 수리비를 갚은 후에 모두 제자리로 돌아왔다. 그러나 때로는 너무나 어리석고 위험천만한 행동을 한 탓에 감당하기에 벅찬 결과를 초래한 10대들도 있다.

시카고 북쪽에 위치한 일리노이의 노스부룩^{North Brook}은 부유한 백인들이 사는 지역으로 대가족이 많고 범죄율이 낮으며 학교 체제도 훌륭한 곳이다. 그런데 2003년 5월, 이곳에서 매우 잔인하고 폭력적인 사고가 발생했다. 사건은 이 지역의 글랜부룩 노스 고등학교에서 벌어졌다. 졸업반 여학생들이 바로 아래 학년 학생들에게 가하는 일련의 '모욕감 주기 행사'는 몇 년 동안 전통이 되어 있는 일이기도 했다. 졸업반 가해 학생들은 고등학교 2학년 여학생들이 의식을 잃을 때까지 발로 차고 주먹으로 두들겨 팼다. 피해자들은 진흙과 쓰레기 더미, 동물 창자, 사람 배설물로 뒤덮여 얼굴을 알아볼 수 없을 정도인 상태로 발견됐다. 그중에 한 학생은 머리가 찢어져 뇌에 손상을 입었고 다

른 학생들은 응급실에 실려가 치료를 받았다. 너무도 충격적인 이 사건은 방송에 몇 주 동안 보도되면서 정학, 퇴학, 소송 등의 과정이 계속해서 중개되었다. 결국 30명 이상의 여학생이 졸업식장에 들어오지 못했고 최상위권 성적을 받은 학생 몇 명도 퇴학을 당했다. 이들은 명문대학 입학 허가서를 받아 둔 밝은 미래의 주인공이었지만 자신의 미래를 송두리째 위험에 빠뜨리고 또래 학생을 거의 죽일 뻔한 행동까지 저지른 것이다. 왜 그랬을까. 정말 그들은 무슨 생각을 한 것일까?

즉각적으로 분노를 폭발시키는 뇌

10대 청소년기에 나타나는 위험 행동은 어른들의 큰 걱정거리임에 분명하다. 믿을 만한 아이조차도 어리석은 행동을 하므로 자녀가 저지를지도 모를 도발적인 위험 행동 때문에 부모들은 밤잠을 설치게 된다. 특히 친구와 함께 외출한 자녀가 밤이 늦도록 들어오지 않을 때는 더욱 그렇다. 위험천만한 충동에 제동을 걸지 못하는 10대들이 갑자기 튀어 오르는 분노를 폭발시킬 때는 문제가 더욱 심각해진다.

충동의 통제 부족과 짝을 이룬 즉각적인 분노 표출로 인해 무례와 폭언이 발생하기도 한다. 때로는 더 심각한 반응이 나올 수도 있다. 나는 이성을 잃고 폭력적으로 변한 두 명의 아이를 만난 적이 있다. 스미티와 프랭크도 이전엔 문제를 일으킨 적이 없었던 착한 아이들이었다. 스미티와 친구들이 방과 후에 여러 명의 아이들과 축구를 하고 있을 때 프랭크가 포함된 10대 몇몇은 운동장 밖을 어슬렁거리고 있었다. 갑자기 한 소년이 모욕적인 욕설을 하며 소리를 질렀고 별안간 이는 싸움으로 바뀌었다.

스미티와 프랭크는 한데 뒤엉켜 운동장을 구르다가 스미티가 날린 펀치가 프랭크의 턱에 부딪혔다. 심각한 것은 스미티의 손가락 관절 두 개가 툭하고 끊어졌다는 것이었다. 분노를 통제할 수 없었던 두 소년은 모욕적인 욕설로 시작된 싸움으로 치명적인 부상을 입고 말았다. 싸움이 종료되었을 때 왜 이런 일이 일어났는지 설명할 수 있는 사람은 아무도 없었다.

20년이 지난 지금까지 스미티의 손가락은 완전히 펴지지 않는다. 프랭크에게 펀치를 날리는 순간 그의 손가락 관절이 영원히 망가진 것이다. 오래전 일이지만 스미티는 그 당시 갑작스럽게 끓어오른 자신의 분노 폭발을 거의 매일 상기하고 있다고 했다. 이러한 경험을 바탕으로 그는 자녀들에게 격렬히 끓어오르는 분노와 어리석은 행동을 통제해야 하는 이유를 잘 교육하게 되었다. 그는 아이들에게 자신의 손가락을 보이며 이렇게 말한다고 했다.

"어리석은 분노가 남긴 상처를 보거라!"

부모들은 10대들의 즉각적인 분노 표출로 일어나는 사건을 잘 이해하지 못한다. 그 원인이 내부에 있기 때문이다. 똑똑한 청소년들이 왜 그런 바보 같은 행동을 저질렀는지 모르겠다고 말하는 것 자체가 잘못된 것이다. 우리가 의문을 품어야 할 것은 '10대들의 뇌 속에서 무슨 일이 일어나고 있는 것일까' 하는 것이다. 위험 행동과 즉각적인 분노 표출 역시 10대들의 뇌와 관련 있다. 청소년의 뇌에 대해 알게 되면 이 두 행동들을 보다 잘 이해할 수 있을 것이다.

10대를 변신시키는 호르몬

10대는 전전두엽 피질의 회로가 미완성인 상태이므로 아무리 똑똑한 청소년이라고 해도 좋은 결정과 나쁜 결정을 언제나 잘 판단할 수는 없다. 현재 진행되고 있는 전전두엽 피질의 회로 형성을 이해한다면 왜 현명한 아이가 그렇게 어리석은 행동을 하는지는 물론, 왜 그렇게 분노를 빠르게 표현하는지 알 수 있다. 그러나 이는 단지 공식의 일부분에 불과하다. 청소년들은 숨 막힐듯한 충동의 문제를 가지고 있는 동시에 강력한 본능적 힘, 이를테면 극단적인 기분 변화, 혼란스러운 감정 등 맹공에 사정없이 압도당하고 있다. 이러한 현상의 원인을 이해하려면 청소년기 10대의 괴상한 행동과 직접적 관련이 있는 호르몬에 대한 설명이 필요하다.

엄마, 아빠, 10대의 딸 그리고 그보다 어린 아들이 식탁에 둘러앉아 맛있는 저녁식사를 하고 있었다. 엄마가 딸을 향해 말했다.
"애야, 오늘 학교에서 무슨 일이 있었는지 아빠에게도 말해주렴."
갑자기 사나운 목소리로 돌변한 딸이 엄마를 향해 소리쳤다.
"엄마! 내가 아빠한테는 말하고 싶지 않다고 엄마에게 말했잖아요! 그리고 나는 엄마가 원할 때마다 말하는 앵무새가 아니에요. 그렇게 말하고 싶으면 엄마가 말하면 되잖아요? 이런 젠장, 난 이 식구들이 정말 싫어!"

그러고 나서 딸아이는 의자를 뒤로 밀어 제치고 위층의 제 방으로 사납게 올라가서 문을 쾅 닫아버렸다.

엄마는 엄청난 충격에 빠졌다. 바로 조금 전까지만 해도 딸의 기분이 괜찮아 보였기 때문이다.

"내가 뭘 그리 잘못한 거지? 왜 우리 딸이 나에게 그렇게 소리를 지른 거지?"

엄마가 물었다. 어린 아들은 눈을 꾹 감았고 아빠는 포크를 입에 가져가며 중얼거렸다.

"호르몬 때문이야!"

실제로 청소년들의 예측 불가한 행동 배후에는 호르몬이 있다. 신경 체계와 뇌는 몸의 기능을 조절하고 주입되는 데이터를 해석하고 반응을 지시하기 위해 내분비 체계의 도움을 받는다. 내분비 체계는 대략 12개의 내분비선에서 화학적 메시지 또는 호르몬을 생성한다. 이러한 호르몬 체계와 신경 체계를 합쳐 신경 내분비 체제라고 부른다.

신경 내분비 체제의 작용과 관련된 하나의 예를 들어보자. 한밤중 당신이 혼자 길을 걸어가고 있는데 갑자기 시커먼 물체가 눈앞에 나타났다고 하자. 시신경에 일어난 충동은 당신의 뇌로 전달되고 당신의 뇌는 즉시 위험에 대비하여 몸을 움직이라고 명령한다. 그리고 이와 동시에 뇌는 신장 아래쪽에 위치한 부신으로 신호를 전달하고 부신에서는 아드레날린이라는 호르몬을 퍼 올리기 시작한다. 아드레날린의 분출로 인해 몸 전체에 즉각적인 변화가 일어난다. 심장이 쿵쾅거리고 혈압은 높아지며 포도당이 당신의 몸 전체를 따라 용솟음치기 시작해 몸에 힘이 생긴다. 신진대사가 활발해지고 피가 근육으로 흘러 들어가 신속하게 움직일 수 있는 준비를 마치는 것이다. 즉 당신 몸에는 아드레날린이 가득 차게 된다. 이는 전형적인 '싸우거나 도망가기 fight-or-flight' 반응으로서 생존 본능이다. 몇 초 후 당신이 그 시커먼 그림자가 이웃 주민이라는 것을 깨닫게 되면 당신의 피질은 위험에 빠진 상황이 아니라는 사실을 다시 당신에게 알려줄 것이다. 그러나 그 물체가 위험한 것이 아니라는 게 밝혀졌다고 해도 신경 내분비 체계는 당신이 무사하다는 사실을 확인할 때까지 호르몬을 계속해서 만들어낸다. 놀랍게도 이 모든 일이 단 몇 초 사이에 일어나는 것이다.

과학자들은 지금까지 거의 50여 가지의 인간 호르몬을 규명해왔다. 이 호르몬들은 일상생활에서 반드시 필요한 것들이며 삶의 모든 순간에 작용한다. 그렇다면 호르몬이 연령에 상관없이 모든 인간에게 분비되며 신체 기능을 조절한다고 볼 수 있는데, 왜 앞의 사례에서 살펴본 10대 딸의 갑작스러운 분노가 호르몬 때문이라는 것일까?

뇌의 영역인 시상하부는 내분비 체제를 통제하는 역할을 하며 몸에서 필요로 하는 호르몬 생성이 필요할 때 내분비에 신호를 보낸다. 사춘기가 시작될 무렵 시상하부는 몸 전체를 통과하는 호르몬 생성이 증가하도록 뇌하수체에 메시지를 전달한다. 뇌하수체가 생성하는 호르몬은 성별에 따라 좌우되지만 호르몬 생성에 대한 명령은 소년과 소녀 모두에 있어 똑같이 모든 변화를 조정한다. 시상하부가 실제로 무엇을 촉발하는지에 대해서는 정확히 알지 못하지만 그것이 무엇이든 신체는 이미 성인이 될 준비를 갖추게 된다. 사춘기에 일어나는 모든 변화 중 신장만 살펴봐도 사춘기 동안 소녀는 평균 25센티미터, 소년은 평균 28센티미터 성장한다.

10대들의 뇌에 관해 보다 잘 이해하기 위해서 세 가지 주요 성장 호르몬에 관해 설명하고자 한다. 테스토스테론testosterone과 에스트로겐estrogen, 프로게스테론progesterone이 그들이다. 이 호르몬들은 아동기 초기에도 분비되지만 사춘기 동안에는 소년과 소녀 간의 극적인 농도 차이를 보이며 분비된다.

10대 소년의 경우에는 주로 테스토스테론이 분비되어 빠른 성장 속도를 보이며 갑작스러운 목소리의 변화와 같은 신체 변화를 촉발한다. 청소년기 소년의 몸에서는 하루 종일 쉬지 않고 테스토스테론이 분출되므로 청소년기가 끝날 무렵 소년들은 사춘기 전에 비해서 몸속에 1,000퍼센트의 테스토스테론의 양이 증가하는데, 이는 같은 연령대의 소녀에 비해 20배나 많은 양이다. 소년의 몸속에 이렇게나 많은 양의 화학적 분출이 일어나고 있는 것이다.

테스토스테론은 신체에만 영향을 주는 것이 아니라 뇌에도 영향을 준다. 특히 뇌의 싸우거나 도망가기 반응의 중심 영역이며 공포와 공격성을 관장하는 편도체에 강한 영향을 준다. 편도체는 테스토스테론의 수용기이므로 한창 사춘기 특히 호르몬이 쇄도하는 동안에 편도체는 규칙적으로 과도한 자극을 받는다. 테스토스테론은 분노, 공격성, 성적 관심, 지배, 영토 의식 등을 촉발하는데 그 결과 소년들이 정서적인 면에서 화약통이 되는 것이다.

10대들의 행동에는 매일 극적인 변화가 일어난다. 여덟 살짜리 소년의 방에 들어가는 것은 어려운 일이 아니지만, 당신이 만약 열네 살짜리 소년의 방문 손잡이만 잡아도 그들은 이렇게 외칠 것이다. "당장 꺼져!" 이러한 영토 의식은 편도체에 미치는 테스토스테론의 영향으로 발생하는 것이다.

10대 소녀의 경우, 두 가지 중요한 성장 호르몬이 있다. 에스트로겐과 프로게스테론이다. 테스토스테론이 소년의 신체 변화를 촉발시키는 것과 같이 에스트로겐은 소녀의 신체 변화를 담당한다. 즉 가슴 발달, 골반 확장, 생리 등 성인 여성이 되는 모든 종류의 신체적 변화가 시작된다. 그리고 에스트로겐 또한 뇌에 영향을 미친다.

테스토스테론의 결합 지점이 편도체인 반면 에스트로겐의 도착 지점은 기억 영역인 해마이다. 따라서 기억력이 중요한 학업 과제는 소년보다 소녀들이 보다 잘 해낼 수 있다.

변신의 묘약, 신경전달물질

신체기관과 뇌 영역 외에도 에스트로겐과 프로게스테론은 신경전달물질에 강력한 영향을 미친다. 뇌의 화학물질인 신경전달물질은 한 뉴런의 수상돌기에서 다른 뉴런의 수상돌기로 전달되어 간다. 신경전달물질은 뉴런 간의 매우 미세한 틈을 가로질러 다니는 열쇠와 같은데 한 세포에서 다른 세포로 충동을 전달하는 역할을 한다. 청소년의 뇌 속에서 활동하는 주요 신경전달물질은 노르에피네프린norepinephrine, 도파민dopamine, 세로토닌serotonin이다. 이 세 가지 모두 기분에 큰 영향을 미친다.

노르에피네프린은 활력을 주는 신경전달물질이다. 이것은 몸이 싸우거나 도망가기 반응을 하도록 준비시키며 기억을 하는 데 중요한 역할을 한다. 미래의 생존을 위해서 기억해두면 좋을 만한 것들을 기억 속에 저장할 수 있는 것도 모두 이 노르에피네프린 덕분이다. 도파민과 세로토닌과 같이 노르에피네프린이 어느 정도인가에 따라 기분이 달라진다.

도파민은 좋은 기분과 관련 있는 신경전달물질이다. 하늘을 날 듯 한다거나 더할 나위 없이 기분이 좋을 때 당신의 뇌 속에는 도파민이 흘러넘치고 있는 것이다. 인간은 도파민을 끌어내는 일에 집착한다. 마약과 알코올에 중독되는 것도 이들이 뇌 속의 도파민 분출을 촉진시키기 때문이다.

세로토닌은 기분을 안정적으로 만드는 신경전달물질이다. 적정 수준의 세로토닌은 기분을 안정시키며 자신감이 넘치게 만든다. 반대로 세로토닌이 부족하면 기분이 우울해지고 공격적으로 변하게 된다. 프로작Prozac과 같은 항우울성 약물은 세로토닌의 수준을 증가시키는 물질이다. 최근 초콜릿이 도파민과 세로토닌의 수치를 증가시킨다는 연구 결과가 나타나면서 사람들이 왜 초콜릿에 열광하는지 밝혀졌다.

사춘기를 거쳐 성인기에 이르는 동안 에스트로겐과 프로게스테론 모두 여성의 몸에서 분비된다. 그러나 둘 간의 균형은 여성의 생리 주기에 따라 오르락내리락한다. 한 호르몬의 수치가 바뀌면 다른 호르몬의 수치도 따라 변한다. 두 호르몬 또한 노르에피네프린, 도파민, 세로토닌에 강력한 영향을 주기 때문에 호르몬 수준의 변동은 극적이고 갑작스러운 기분 변화를 일으키기도 한다. 이러한 기분 변화에 10대 소녀들은 당황할 수도 있다. 이외에도 에스트로겐은 스트레스, 성 충동, 식욕 등에도 영향을 미친다.

10대 소녀가 행복한 얼굴로 친구와 깔깔거리며 수다를 떨다가도 5분도 채 안 되어 어려운 수학 숙제 때문에 절망하며 흐느낄 수 있다. 단 몇 분 만에 그녀의 기분이 세상 꼭대기에서 밑바닥까지 치달은 것이다. 에스트로겐과 프로게스테론은 소녀의 몸에서 신경전달물질과 함께 흐른다. 즐거운 대화에서 얻는 기쁨과 어려운 수학 문제 때문에 얻는 좌절은 누구에게나 일어날 수 있는 감정이지만 신경전달물질이 기분을 더욱 극대화시키므로 사소한 일에도 과도하게 큰 정서 반응을 일으키게 된다.

급격한 정서 변화를 겪고 있는 소녀들에게 기분을 오락가락하게 만들고 극대화시키는 뇌의 화학물질에 대해 설명해준다면 상당한 도움이 될 것이다. 이러한 것을 알고 있다고 해서 정서의 흐름을 멈출 수 있는 것은 아니지만 이러한 관점을 통해 기분 변동을 조절하는 것이 어느 정도 용이해질 수 있기 때문이다. 소녀들이 규칙적인 운동을 하는 것 역시 중요하다. 모든 연령대에서 운동은 중요하지만 특히 청소년기에는 운동을 통해 우울증, 불안 그리고 다른 정서적인 고통을 감소시킬 수 있다는 연구 결과도 있다.

다음 장에서는 소녀와 소년의 뇌가 어떻게 다른지 그 차이점에 대해 알아볼 것이다. 그러나 지금은 유사성에 초점을 맞추도록 하겠다. 즉 남녀 모두에게 있어서 호르몬의 변동은 그들이 통제할 수 없는 극단적인 충동에 따라 움직이게 만든다. 소년은 공격적으로 분노를 표출하게 만들고 소녀는 과도하고 급격하게 감정이 변하도록 만드는 것이다. 소년과 소녀에게 분노, 슬픔, 성욕 등 그들의 뇌 속에서 촉발하는 충동의 정도는 가히 놀라울 정도이다.

앞서 말했지만 10대 청소년기에는 충동 통제영역인 전전두엽 피질이 한창 발달 중에 있다. 이 영역이 활발히 움직여야 하는 시기가 바로 청소년기이지만 안타깝게도 이성적으로 행동을 제어하고 문제와 도전을 판단하는 전전두엽 피질의 능력은 제대로 작동하지 않는다. 10대의 전전두엽 피질이 어른과 비슷할 정도로 성숙한다고 하더라고 호르몬 충동에 압도되면 상대가 되지 않는다.

강력 엔진을 가진 신형차를 상상해보자. 가속 페달을 살짝 밟기만 해도 이 차는 앞으로 돌진한다. 속도를 높이기는 너무나 쉬운데 만약 이 차의 브레이크가 자전거와 같다면 어떨까? 이 차의 속도를 늦추는 것은 불가능해질 것이다. 더 나은 브레이크를 달기까지는 몇 년의 시간이 걸릴 것이다. 강력 엔진과 자전거 페달은 당연히 적절한 조화가 아니다. 이 차가 브레이크를 사용할 필요 없이 꾸준히 장거리를 달린다면 문제될 바 없지만, 재빨리 속도를 높였다가 신속하게 브레이크를 밟아야 할 경우에는 조심해야 할 것이다. 청소년들은 간담이 서늘해질 만큼 강력한 가속 페달을 가졌으나 말을 잘 듣지 않는 브레이크를 장착한 자동차와 같다.

사춘기를 지나는 동안 10대들은 어른과 비슷한 신체를 가지게 되지만 뇌는 심하게 요동치고 강한 충동으로 압도되는 경향이 있다. 뇌의 가속 페달은 나스카^NASCAR, 전미 자동차 경주 대회에 출전할 준비가 되어 있지만 전전두엽 피질이 미성숙한 상태이므로 포드 모델T^Model T, 포드사의 초기 자동차의 브레이크를 달고 있다고 볼 수 있다.

스테이트 팜^State Farm 자동차 보험사는 이와 같은 역설적 상태를 완벽하게 알고 있는 듯하다. 그들은 많은 이유를 들며 16세보다 17세가 운전하기에 더 낫다고 말한다. 17세의 청소년이 한 살 어린 소년보다 보다 융통성이 있고 통찰력이 있으며 공간 추론 능력에서도 낫다는 것이다. 아직까지 17세의 자동차보험료는 60세의 두 배에 이른다. 왜 그럴까? 스테이트 팜 보험사가 뇌 과학에 대해서 잘 아는지 모르지만 통계는 잘 이해하고 있는 것 같다. 자동차사고 통계에서 청소년의 사고 비율이 성인보다 높기 때문이다. 브레이크 없는 가속 페달로 여겨지는 10대들이 어리석은 행동을 할 가능성이 어른보다 두 배 크므로 두 배의 보험료를 지불해야 한다고 생각하는 것이다.

부모 체크 포인트

브레이크 걸기

10대들이 현명하게 미리 생각하고 이성적으로 행동할 것이라고 기대해서는 안 된다. 충동성과 위험 행동은 청소년들의 전형적인 특징이다. 그러므로 부모는 10대의 뇌가 제대로 자리 잡을 때까지 그들의 브레이크 역할을 해야 한다. 다음 체크 포인트를 통해 청소년들에게 브레이크를 걸어야 할 때 당신이 어떻게 행동하는지 살펴보자.

예　아니오
☐　☐　1. 우리 아이는 생각하기 전에 행동을 먼저 하는 경향이 있다.
☐　☐　2. 호르몬이 우리 아이의 분노와 기분에 불을 당긴다고 생각한다.
☐　☐　3. 나는 우리 아이가 충동을 통제하는 전전두엽 피질 역할을 할 수 있는 방법을 알고 있다.
☐　☐　4. 나는 우리 아이가 감정 조절을 못하고 난리를 부려도 평정심을 잃지 않을 수 있다
☐　☐　5. 나는 평소에 우리 아들과 딸을 존중하는 자세를 취한다.
☐　☐　6. 나와 우리 자녀는 존중하는 행동이 무엇인지에 대해 공통된 의견을 가지고 있다.
☐　☐　7. 나는 우리 아이가 어디에 있고, 누구와 있고, 무엇을 하고 있는지 대체로 알고 있는 편이다.

10대 자녀에게 브레이크를 거는 것보다 훨씬 효과적인 방법이 있을 수 있다. 앞서 1장에서는 당신의 양육 방식이 가족에게 미치는 영향에 대해 살펴보았다. 이제 어떤 양육 방식이 10대 자녀에게 가장 효과적인지 알아보자.

10대 자녀에게 효과적인 양육 방식

우리 부모들은 각자 나름대로의 독특한 양육 방식을 가지고 있다. 양육 방식은 세 가지 범주로 구분할 수 있는데 허용적 방식, 독재주의적 방식, 구조적 방식이다. 다음의 표를 보며 자신의 양육 방식이 어떤 방식에 해당되는지 생각해보자.

허용적 방식	독재주의적 방식	구조적 방식
규칙이 거의 없음	융통성이 전혀 없는 규칙	대체로 분명한 규칙
벌칙에 대해 주의를 주지 않음	인정사정없이 벌칙 강행	단호하게 벌칙 수행
끝없는 협상	협상 없음	한정적인 범주에서 협상
일관성 없는 부모 리더십	독재 부모 리더십	민주적 부모 리더십
가족의 개성 강조	완벽한 통일성 강조	가족 간의 조화 강조
모든 의견의 영향 동등	부모의 의견만 존중	의견은 존중하나 영향은 고려

10대 자녀에게 브레이크를 거는 데 있어서 가장 효과적인 방법은 구조적 양육 방식이다. 허용적 양육 방식은 일관된 규칙이나 구조가 없으며, 독재주의적 방식은 완력을 사용하거나 그들에게 필요한 협상을 허용하지 않기 때문에 문제가 있다. 구조적 양육 방식을 사용하는 부모는 청소년에게 규칙과 규율이 해이해지지 않도록 주의를 주며, 규칙을 위반하는 일에 대해서 명확하게 벌칙을 시행

하고, 허용할 수 없는 행동에 대해서는 분명하게 선을 긋는다. 다음은 두 아들을 구조적인 양육 방식으로 키운 부모의 사례이다.

페트리시아와 애런 부부는 자녀들을 신뢰하고 자녀들이 감정을 자유롭게 표현하는 것을 허용하는 열린 마음을 가진 부모라는 점에서 자부심을 가지고 있었다. 그들은 두 아들을 엄격하게 훈육하지 않았다. 자녀들이 말을 듣지 않을 때 잔소리를 했지만 그렇다고 잘못된 행동을 바로 잡을 수는 없었다. 체벌이나 훈육을 하지 않았기 때문에 두 아들은 원하는 것을 손에 넣을 때까지 싸우거나 징징거렸다. 그들의 아들 에릭과 저스틴은 어릴 때부터 유난히 자주 다퉜다. 그리고 나이를 먹어가면서 그 다툼은 더욱 심해졌다. 형인 에릭이 사춘기에 접어들면서 저스틴을 큰 멍이 들 정도로 때리자 페트리시아의 걱정이 커졌다. 그녀는 문제가 심각하다며 남편에게 도움을 청했지만 애런은 남자 아이들은 으레 그렇게 싸우면서 크는 거라며 대수롭지 않게 여겼다. 싸움이 잦아졌지만 이들 부부는 아이들끼리 싸움을 해결하라고 내버려두고는 회사로 출근하곤 했다.

에릭이 열네 살, 저스틴이 열한 살이 되었을 때 방과 후 둘만 집에 남았는데 위험한 사건이 발생했다. 저스틴이 형의 컴퓨터 게임 CD 중 하나를 말도 없이 친구에게 빌려주면서 다툼은 시작됐다. 에릭이 이를 알고 저스틴에게 지금 당장 가서 찾아오라고 하자, 저스틴이 "됐어, 꺼져!"라고 소리를 지른 것이다. 에릭은 화가 머리끝까지 치밀어 올랐고 그런 형을 피해 침실로 들어가 문을 잠가 버린 저스틴을 쫓아가 문이 부서질 때까지 발로 걷어찼다. 그리고 에릭은 부수어진 문을 열고 들어가 저스틴을 인정사정없이 두들겨 팼다.

페트리시아가 집에 도착했을 때 집은 조용했다. 두 아들의 이름을 불렀지만 아무 대답이 없었다. 침실 쪽으로 걸어가다가 저스틴의 방문이 부서져 있는 것을 본 그녀는 가슴이 무너져 내리는 것 같았다. 방으로 뛰어 들어가자 저스틴은 얼굴에 피를 흘리며 멍든 몸을 잔뜩 웅크리고서 조용히 울고 있었다.

"저스틴! 무슨 일이야, 괜찮니?"

"형이 나를 죽이려고 했어!"

저스틴이 신음하며 말했다. 저스틴을 응급실로 데리고 가기 전, 페트리시아는 친구 집에 있는 에릭을 찾아내서 집에 들어와 있으라고 말했다. 그녀는 남편 애런에게도 급히 전화를 걸어 빨리 집으로 오라고 말했다. 그러나 코뼈가 부러졌다는 진단을 받고 페트리시아와 저스틴이 집으로 돌아왔을 때 애런은 여전히 사무실에 있었고 에릭은 컴퓨터 게임을 하고 있었다. 페트리시아는 모두를 불러 앉히고 이 일에 대해 이야기했지만 대화가 순조롭게 이뤄지지 않았다. 에릭과 저스틴은 언쟁을 시작했고 애런은 사무실로 다시 도망가버린 것이다. 다음 날 페트리시아는 아는 상담가에게 조언을 구했는데 그가 나를 소개했다.

페트리시아와 애런과의 첫 상담에 아들들은 참석하지 않았다. 페트리시아가 대부분의 이야기를 했다. 그녀는 두 아들의 끝없는 싸움에 대해 설명했고 남편이 전혀 도와주지 않는다며 불평하면서 이렇게 가다가는 가족 모두가 뿔뿔이 흩어질 것 같다고 말했다. 그러나 애런은 그렇게 심각한 문제가 아니며 그저 흔히 있는 남자 형제들의 다툼 정도라고 생각했다. 그는 한 마디로 자신의 의견을 정리했다.

"그러다가 결국 좋아질 거예요!"

나는 페트리시아와 애런에게 자신들의 양육 방식에 대해 설명하게 했다. 또 아들들이 어렸을 때 무슨 일이 있었는지 설명을 부탁했다. 이야기를 모두 듣고 난 후 나는 애런에게 내 생각이 궁금한지 물었다. 그는 그렇다고 말했고 나는 아주 직설적으로 말했다.

"매우 심각한 상황입니다. 두 분의 아들들은 통제에서 벗어났고 그것은 부모로서 질서를 만들어주지 않은 두 분의 책임입니다."

본격적인 토론과 상담을 시작하기 전, 나는 그들에게 종이 한 장씩을 주고 에릭과 저스틴이 스무 살이 되었을 때 어떤 사람이 되었으면 하는지 목록으로 적어보게 했다.

"두 분 모두 동의하시는 내용이어야 합니다."

나는 방에서 나와 차 한잔을 마시고 다시 들어갔다. 그들이 적은 목록은 대부분의 부모들과 비슷했다. 아이가 정직하고, 공손하고, 책임감 있으며, 행복하고, 성공적이며, 교육을 잘 받은 사람이 되길 바란다는 내용이었다.

"그럼, 아들들이 그 나이가 될 때까지 두 분은 어떻게 그들을 도울 작정인가요? 아이들은 혼자의 힘으로 거기까지 갈 수 없어요. 아이들은 잘 짜인 부모의 지침과 지속적인 관여, 훈육 그리고 사랑이 있을 때에만 그러한 바람직한 특질들을 발달시킬 수 있거든요. 두 분이 제게 말씀하신 내용에 비추어 보면 아이들을 사랑하는 것은 분명합니다만 나머지 것들은 앞으로 해야 할 일입니다."

상담이 끝나자 페트리시아는 다음 상담에 아들들을 데리고 와야 하는지 물었다.

"그렇게 하지 않는 것이 좋을 것 같아요. 당분간은 저와 부모님만 만나서 이야기를 나눌 필요가 있을 것 같습니다."

상담을 계속하면서 몇 주 동안 우리는 많은 이야기를 나누었다. 애런의 아버지는 매우 엄한 독재자였기 때문에 그는 아버지처럼 되고 싶지 않았다. 상담을 통해 비로소 자신의 허용적인 양육 방식과 아버지의 독재적인 방식 간의 중도를 찾아야 함을 이해하게 되었다. 애런은 아들들에 대한 자신의 훈육 거부가 자신이 특별히 그러한 방침을 세웠기 때문이 아니라 의견이 충돌할 때 마음에 느껴지는 불편함 때문에 회피한 것이라는 사실을 깨달았다.

이들 부모는 에릭과 저스틴 때문에 정신없이 바빴다. 그동안 자녀들에게 일관된 방법으로 책임 있는 행동을 하도록 가르치지 않았기 때문이었다. 에릭이 청소년기에 이르러서야 그들은 아이들을 다룰 수 있는 적절한 훈육법이 없다는 것을 깨닫게 되었다.

그들은 감당할 수 없을 정도로 가족의 무질서가 심각하다고 느꼈고, 나는 가장 시급한 문제부터 하나씩 바꿔보자고 격려했다. 폭력적인 싸움과 물건을 부수는 행동 등은 반드시 고쳐야 한다는 데에 의견을 같이 했다. 그들에게 기대하는 바를 명확하고 분명하게 종이에 적게 한 후, 그 종이를 냉장고에 붙이게 했다. 또 아이들이 폭력을 행사할 때 받게 되는 벌칙을 정하고, 결코 물러서지 않기로 맹세했다. 페트리시아는 애런에게 사태가 심각해질 때 도망치지 않겠다는 다짐도 받았다. 나는 이러한 행동의 논지를 애런에게 설명했다.

"애런, 두 아들이 아빠가 절대 물러서지 않는다는 사실을 알아야 합니다. 그렇다고 협박하거나 고함을 쳐서는 안 됩니다. 이성을 잃지 말고 차분하게 당신과 페트리시아에게 아들들을 가르칠 책임이 있다는 것과 폭력적이고 불손한 행동은 버려야 한다는 것을 분명히 가르치세요."

몇 번의 상담 후 나는 이 상담에 아들들을 참여시키자고 제안했다. 상담을 두 부분으로 나누었다. 상담시간 1시간 중 앞 45분 동안은 부모와 자녀가 함께 이야기를 나누게 하고 나는 관찰자 역할을 했다. 나머지 15분 동안은 그 방에서 아이들 없이 지난 주 상황에 대해 상담하는 식으로 진행했다. 페트리시아와 애런은 매우 빠르게 진척을 보였다.

여기 아이들과 함께한 세 번째 상담이 어떻게 진행되었는지 설명하고자 한다. 페트리시아와 애런은 변화를 위해 다음과 같은 계획을 세웠다.

존중하기 계획

목표 : 우리는 가족 서로를 존중하는 마음으로 대할 것이다.

행동 : 1. 때리지 않기

2. 별명 부르지 않기

3. 욕하지 않기

4. 물건 던지지 않기

> 보상 : 두 사람 모두 존중하기 행동을 5일 동안 잘 해내면 에릭과 저스틴은 그에 상응하는 보상을 선택할 수 있다. 예를 들어 영화 보기, 피자 가게에서 외식하기, 스키 타기 등 중에서 하나를 선택할 수 있다.
>
> 벌칙 : 만약 위의 행동을 어기고 때리거나, 별명을 부르거나, 욕을 하거나, 물건을 집어던질 때에는 2일 동안 TV 시청과 컴퓨터 게임을 할 수 없다.

상담이 시작되자 애런은 아이들을 똑바로 바라보면서 말했다.

"우리는 서로를 존중하는 마음으로 대해야 한다는 점을 배워야 한다. 너희 엄마와 나는 꼭 바꾸어야 할 행동들을 목록으로 만들었단다."

페트리시아가 말을 받아 소년들에게 그 계획을 어떻게 시행할 것인지 말하고 보상과 벌칙에 대해 기억하라고 했다. 그녀는 이어서 말했다.

"우리는 너희가 존중하는 방법에 대하여 배우기를 바란다. 아빠와 엄마는 너희들이 이 행동을 잘 지켰을 때의 보상과 지키지 않았을 때의 벌칙을 철저히 이행할 것을 너희들 앞에서 맹세해."

옆에 있던 애런도 한마디를 덧붙였다.

"애들아, 아빠는 그동안 이런 일이 생길 때마다 사무실로 가버리거나 너희를 그냥 내버려두는 등 아빠로서의 책임을 다하지 않았다는 생각을 하게 되었단다. 이제부터 아빠는 바뀔 거야. 엄마와 함께 노력

할 거란다."

　　페트리시아와 애런은 계획을 철저히 지켜나갔다. 그들은 차츰 부모의 권위를 되찾아갔고 가족의 무질서도 사라졌다. 그렇게 이 부부는 10대 아들들의 과열된 편도체에 브레이크를 거는 방법을 터득하게 됐다. 그동안 첫째 에릭은 분노를 제어하는 방법에 대하여 배우지 못했기 때문에 자신의 분노를 통제할 수 없었고 이성적으로 판단했더라면 발생하지 않았을 일들을 저질렀던 것이다. 에릭과 저스틴의 가속 페달은 완벽한 기능을 갖췄지만 그들의 브레이크는 아직 설치되지 않은 셈이었다.

성장 중에 있는 전전두엽 피질과 분노 호르몬이 흘러넘치는 10대 자녀를 양육하는 것은 결코 쉬운 일이 아니다. 부모는 아들과 딸이 노력하는 모습을 보이기를 기대하는 마음으로 인내심을 가지고 기다릴 필요가 있다. 그러는 한편, 그들이 가족이나 자기 자신 그리고 타인에게 파괴적인 행동을 하지 못하도록 분명한 훈육도 동시에 실행해야 한다.

해야 할 일과 하지 말아야 할 일

해야 할 일
- 10대들의 뇌 발달적 특성에 대한 이해를 바탕으로 자녀에게 걸었던 기대 수준을 조정하라. 어떤 결과를 초래할지 생각하지 않고 행동하고, 충동적

으로 반응하며, 미숙한 정서와 급격한 기분 변화를 보이는 것은 청소년들에게 있어서 정상적인 일이다.
- 부모로서 자신의 양육 방식이 허용적, 독재주의적, 구조적 방식 중 어디에 해당하는지 생각해보고 바람직한 방향으로 수정하라.
- 구조적 양육 방식을 따르되 배려와 존중의 태도로 제한선을 분명하게 알려주고 지키지 않았을 때 수반되는 벌칙을 반드시 이행할 것을 강조하라.
- 인내를 습관화하라. 당신의 청소년기를 떠올려보는 것도 많은 도움이 될 것이다. 10대 자녀의 돌발 행동에 숨을 깊이 들이마시고 열까지 세어보는 것도 효과가 있다.
- 다른 부모들이나 친구들에게 심정적인 도움을 받아라. 서로의 이야기를 나누다 보면 마음의 부담도 덜어질 것이다.
- 자녀를 여유 있는 마음으로 대하되 제멋대로 하도록 내버려두지는 말라. 예를 들어 10대 자녀의 귀가시간이 점점 늦어진다면 통행금지 시간을 정해 지키게 하라.
- 자녀가 무엇을 하고 있으며 어디에 있는지 알아두라. 만약 아이들이 이에 대해 거짓말을 하면 부모로서 분명히 알고 있어야 한다고 말하고 실제로 알아보라.
- 자녀를 존중하라. 청소년의 뇌가 급성장을 하고 있다고 해서 존중과 예의가 필요 없어지는 것은 아니다.

하지 말아야 할 일

- 자녀가 욕설이나 무례한 행동을 할 때는 참지 말라. 만약 자녀가 당신에게 욕을 하거나 위협을 가하면 대화를 중단하라. 그리고 그런 행동을 하지 않

고 대화를 마칠 수 있을 때까지 그들의 모든 권리를 박탈한다는 점을 분명히 하라.
- 당신의 10대 아들이나 딸이 이성을 잃더라도 당신은 침착함을 유지하라.
- 서로의 마음에 상처를 주고 감정을 파괴하는 폭언에 말려들지 않도록 하라.
- 과장하여 말하지 말라. 주의를 집중시켜야 할 중요한 문제가 산재해 있다는 점을 잊지 말라.

이번 장에서 배우고 깨달은 것을 바탕으로 다음을 정리해보자.

자신의 양육 방식 중 계속해서 유지하고 싶은 것은 무엇인가?

바꾸고 싶은 것은 무엇인가?

5장
결국 문제는
의사소통

Why do they act that way?

"의사소통에서 가장 중요한 것은
상대방이 하지 않은 말을 듣는 것이다."
―피터 드러커 Peter Ferdinand Drucker

　몇 년 전 어느 금요일 밤의 일이었다. 열여섯 살의 딸아이 에린이 내게 차를 빌려갔다. 에린은 막 면허를 딴 상태였는데 두 명의 오빠들 사이에서 경쟁적으로 차를 운전하고 싶어 하다가 그날 밤 아빠의 차를 사용할 수 있는 행운을 얻게 된 것이었다. 에린은 차 열쇠를 건네 받자마자 흥분에 가득 차서는 현관문으로 향했다. 처음으로 차를 운전하며 밖에 나갈 수 있는 주말 밤이었기 때문이다. 나는 솔직히 불안했다. 통행금지 시간이 다 되어갈 무렵 아내와 함께 침대에 누워 창문 밖에서 들려오는 익숙한 차바퀴 소리를 기다렸다. 마침내 현관문이 열리고 닫히면서 에린이 계단으로 올라와 욕실로 향하는 발소리가 들렸다. 양치질을 하고 얼굴을 씻는 소리, 복도를 걸어가서 자기 방문을 닫는 딸애의 소리까지 들었다. 그리곤 우리 가족원들이 모두 잠이 들어 집이 고요해지는 것을 느끼면서 나는 침대에 바로 누웠다. 내 딸 에린이 아무 사고 없이 차를 가지고 나갔다온 첫 번째 밤이었다. '에린도 이제 정말 다 컸구나' 하는 생각에 안심과 뿌듯함 그리고 약간의 서글픔이 뒤섞였던 그날 밤. 벌써 몇 년 전 일이지만 나는 그날의 기억이 마치 어제인 것처럼 생생하다.

다음 날인 토요일 아침, 나는 잠깐 볼일이 있어서 밖으로 나갔다. 그런데 차 문을 열었을 때 빈 음료수 깡통과 과자 봉지가 뒷좌석에서 나뒹굴고 있었다. 그렇게 예민한 성격은 아니었지만 모퉁이를 돌 때마다 덜컥거리고 부스럭거리는 소리가 들려오자 살짝 불쾌한 기분이 들었다. 게다가 '차를 빌린다'라는 말에는 되돌려줄 때는 빌리기 전과 같은 상태나 더 나은 상태로 돌려주어야 하는 것이 아닐까, 하는 생각이 들어 약간 짜증도 났다. 그렇다고 화가 날 정도는 아니었다. 결국 사소한 문제였으니까.

세탁소와 우체국에 들러 집으로 돌아왔을 때 에린은 부엌에서 아침 식사로 스크램블을 만들고 있었다. 자동차에 굴러다니는 깡통과 쓰레기를 치워야겠다는 생각이 들어 다시 나가려다가, 에린에게 자동차를 쓰고 난 후에는 깨끗이 정리하라는 말을 해야겠다는 생각이 들었다. 초보 운전자인 에린에게 필요한 교육일 뿐 아니라 딸아이도 기꺼이 따라줄 것으로 기대했다.

"에린, 너에게 할 말이 있는데."

"내가 무슨 잘못이라도 했나요?"

곧장 그녀는 예민한 반응을 보였다.

"아니, 큰 문제는 아니고 차 안에서 너와 네 친구들이 어지럽힌 깡통과 봉지들을 깨끗이 버려줬으면 좋겠어."

"그런 사소한 일로 왜 그렇게 화를 내세요?"

에린의 목소리가 높아졌다.

"애야, 나는 짜증이 조금 나기는 했지만 화를 낸 것은 아니란다. 그냥……."

"화를 안 냈다니요? 아무 것도 아닌 일에 그렇게 펄펄 뛰시고서는!"

"펄펄 뛴 적은 없어. 나는 이 일에 대해 그저 너와 이야기를 나누고 싶었던 거야."

"그런데 왜 저한테 그렇게 소리를 지르시냐고요!"

나는 침착함을 잃지 않으려고 목소리에까지 신경을 쓰며 말했다.

"나는 소리를 지르지 않았단다. 그저 대화를 나누었을 뿐이지."

"아니에요, 아빠는 소리 질렀어요. 언제나 나한테 소리 지르시잖아요. 나는 아빠를 믿을 수가 없어요!"

오히려 에린이 소리를 지르고 있었다. 그러고 나서는 뒤도 안 돌아보고 자기 방 쪽으로 올라갔고 얼마 후, 방문이 쾅 하고 닫히는 소리가 들렸다. 나는 아내를 바라보았다. 그녀 역시 지금 일어난 일을 모두 목격하고 있었다.

"내가 소리를 질렀어?"

"아니오."

아내는 한 마디로 대답했다. 그녀는 스크램블이 담긴 프라이팬의 불을 끄려고 일어났고 나는 방금 전의 상황을 생각해보기 위해 의자에 앉았다.

"내가 목소리라도 높였나?"

"아녜요, 당신은 아주 태연했어요."

"그럼, 내가 화난 것처럼 보였어?"

"아뇨, 내가 보기에 당신은 기분이 아주 좋아 보였는데요?"

사실 이러한 상황은 10대 자녀를 둔 많은 가정에서 일상적으로 일어난다. 어느 곳에서나, 어떤 이유로나 비슷한 상황으로 이어진다. 엄청난 일이 아니라 아주 사소한 일이 오해를 일으켜 점차 큰 일로 확대된다. 아무 것도 아닌 사소한 문제가 청소년의 분노 화약고에 불을 댕길 수 있다. 사건은 여러 방식으로 시작될 수 있지만 결국 같은 방식으로 끝난다. 즉 10대 자녀가 쿵쾅거리며 걸어가 문을 세게 닫아버리는 것 말이다. 어른의 입장에서 가장 절망감을 느낄 때가 이처럼 자녀와 전혀 다른 대화를 하고 있다는 느낌을 받게 될 때이다.

부모와 청소년 사이의 어긋나는 의사소통은 마치 전설처럼 오래 전부터 전해 내려왔다. 그동안 심리학자들은 부모의 태도를 탓했다. 만약 부모가 의심하는 태도로 대화를 시작했다면 당연히 잘못된 의사소통 방식 때문이라고 비난할 수 있다. 그러나 부모가 잘못된 태도를 보이지 않았다면? 이때는 10대들의 뇌 속에서 일어나고 있는 작용이 원인일 수 있다. 일단 전전두엽 피질과 관련이 있다. 잘못된 의사소통의 이면에 있는 과학적인 설명을 듣기 전, 먼저 부모 체크 포인트로 의사소통 기술에 대해 스스로 평가해보자.

부모 체크 포인트

의사소통 기술

훌륭한 의사소통은 부모 체크 포인트 중 가장 중요한 주제이다. 다음 질문을 통해 자신이 자녀와의 의사소통에 어느 정도의 기술을 가지고 있는지 알아보자.

예	아니오	
☐	☐	1. 나는 자녀의 말을 잘 경청한다.
☐	☐	2. 나는 10대 자녀가 큰 소리를 쳐도 잘 참는다.
☐	☐	3. 나는 10대 자녀를 완력으로 제압하지 않는다.
☐	☐	4. 나는 10대 자녀의 돌발적인 언행에도 평정심을 잃지 않는다.
☐	☐	5. 나는 10대 자녀의 이해할 수 없는 의사소통 방식이 뇌에서 일어나는 어떤 작용 때문이라는 것을 이해하고 있다.
☐	☐	6. 나는 10대 자녀와 이야기할 때 '너는 언제나 그렇다'는 식으로 말하지 않는다.
☐	☐	7. 대화가 격해질 때도 그 시점의 문제에만 초점을 맞춰 이야기를 나눈다.
☐	☐	8. 나는 10대 자녀와 대화할 때 욕을 하거나 비하하지 않는다.
☐	☐	9. 나는 10대 자녀나 타인에게 욕설을 하거나 음담패설을 하지 않는다.
☐	☐	10. 나는 10대 자녀가 폭언하거나 욕설을 하는 것을 허용하지 않는다.

'예'라는 대답이 많았다면 당신이 10대 자녀와 대화할 수 있는 창구를 활짝 열어놓고 있다는 뜻이다. 반대로 '아니오'라는 대답이 많았다면 당신은 10대 자녀와 대화할 수 있는 창구를 닫아두고 생산적인 대화를 하기 어려운 상태라는 뜻이다.

10대들의 뇌는 잘못 해석한다

보스턴 외곽에 있는 맥린McLean 병원의 선임 연구자인 데버러 유르겔론 토드Deborah Yurgelun Todd와 동료 뇌 과학자들은 10대 청소년의 뇌가 성인의 뇌와는 다른 방식으로 타인의 정서를 해석한다는 사실을 밝혀냈다. 이들은 연구 피험자들에게 여러 장의 사진을 보여주는 식으로 연구를 진행했다. 사진은 분노, 놀라움, 슬픔, 공포를 포함해서 다양한 정서를 표현하고 있는 사람들의 얼굴 표정이었고, 피험자들에게 "이 사진 속 사람이 느끼는 정서는 공포인가, 놀라움인가?"라는 식의 질문에 대답하게 했다. 뇌 방사능 분포 사진에 따르면 이와 같이 타인의 얼굴 표정을 해석할 때 성인들은 정서를 읽고 미묘한 차이를 규명하는 데 전전두엽 피질을 사용했다. 성인들은 그림 속의 다양한 정서 상태를 올바르게 구분하고 규명하는 데 반해, 청소년들은 분노를 공포나 놀라움 등으로 잘못 해석하는 경우가 있었다. 그리고 이 연구 자료를 보다 정밀하게 연구한 후 과학자들은 청소년들이 정서 신호를 잘못 해석하는 경우가 많다는 결론을 내렸다.

그밖에도 놀라운 사실이 하나 있었다. 정서를 읽을 때 성인과 청소년은 각각 뇌의 다른 영역을 사용한다는 사실이다. 타인의 얼굴을 보며 감정을 읽을 때 성인들은 전전두엽 피질을 사용하는 반면, 대부분의 10대 청소년들의 뇌는 공포와 분노를 관장하는 편도체가 가장 활발해졌던 것이다. 성인들은 정서를 읽기 위해 뇌의 이성적인 영역을 사용하지만 청소년은 몸에서 충동적으로 나오는 반응과 관련해서 읽었다. 그래서 그들은 타인의 정서를 때때로 잘못 해석하는 것이었다.

물론 나이를 먹으면서 청소년들 뇌의 편도체는 전전두엽에게 점점 자리를 빼앗기게 된다. 성인의 뇌에서는 편도체가 타인의 정서 특히 공포나 분노와 같은 정서를 빈틈없이 알아채는 역할을 하지만 전전두엽 피질이 편도체가 잘못 이해한 해석을 보다 이성적으로 해석한다. 그러나 청소년기에는 전전두엽 피질이 아직 미완성 상태로 발달하고 있으므로 편도체가 타인의 정서를 해석하는 데 지배적인 역할을 하는 것이다.

이와 같이 새로운 연구 결과에 비추어보면 에린이 짜증이라는 나의 표현을 분노와 화로 잘못 이해한 것이 틀림없다. 즉 딸아이가 나의 말소리를 소리치는 것으로 잘못 이해한 것이다. 전형적인 청소년들은 에린처럼 자신의 편도체에서 나오는 정보에 따라 자신의 반응이 완전히 옳다고 느낀다. 정서 단서를 잘못 읽음으로써 실제로 문제가 일어날 수도 있다.

― ― ―

고등학교 교사로 지내던 시절, 나는 어느 날 복도에서 두 명의 학생이 서로에게 소리를 지르며 주먹을 날리려고 하는 모습을 목격했다. 깜짝 놀란 나는 달려가서 둘의 싸움을 말리며 말했다.

"진정들 해라. 얘들아, 도대체 무슨 일로 이러는 거니?"

"이 애가 먼저 싸움을 걸었어요. 나를 밀쳤다니까요!"

"웃기고 있네! 내가 언제 너를 밀었다는 거야?"

"그랬잖아. 이 거짓말쟁이야!"

"난 거짓말한 적 없어. 여기 있는 사람들한테 다 물어봐. 나는 네 옆을 스치지도 않았다고!"

두 아이를 떼어놓고 진정시키기 전까지 그들은 계속해서 이렇게 옥신각신했다.

청소년들과 지내는 시간이 많은 사람이라면 이러한 장면이 익숙할 것이다. 많은 사람들이 있는 복도에서 갑작스러운 충돌이 도전으로 해석되거나, 무심코 내뱉은 한 마디가 심각한 모욕으로 받아들여지고, 상대의 사심 없는 농담이 누군가에게 상처가 되면서 일이 걷잡을 수 없이 커지는 일들 말이다. 10대들은 남에게 '모욕 받는 일'에 엄청나게 흥분하고 혹 그렇게 될까 봐 늘 촉각을 곤두세운다. 뇌의 파수꾼이라고 할 수 있는 편도체는 우리를 보호하고 위험에 대하여 경계하게 만들며 안전한 것과 그렇지 않은 것을 구분하도록 돕는다. 그러나 편도체의 잘못된 해석은 비극적인 결말로 이끄는 폭력을 조장할 수 있으므로 주의해야 한다.

특히 10대 청소년에게 있어서 정서를 정확하게 읽는 일은 매우 어려운 과제일 뿐만 아니라 세 가지의 큰 문제가 있다. 첫째는 청소년의 뇌가 정서를 잘못 읽는다는 것이다. 청소년 스스로는 무슨 일이 일어났는지 정확히 알고 있다고 느낄지라도 그들의 뇌는 그 일에 대해 믿을만한 분석을 하지 못한다. 둘째는 편도체에서 나오는 반응은 감정적이므로 객관적이거나 신중한 생각에서 비롯된 것이 아니라는 것이다. 즉 편도체는 반응을 먼저 하고 그 다음에 제대로 생각을 한다. 셋째는 브레이크가 제대로 말을 듣지 않는다는 것이다. 즉 전전두엽 피질이 제대로 일을 처리하지 못하므로 정서 충동을 조절하지 못하는 것이다. 수학 공식으로 이러한 상황을 설명하자면, '잘못된 해석+본능적 반응+형편없는 브레이크=서툰 의사소통'이라고 말할 수 있다.

10대와의 대화가 처음에는 별다른 문제없이 자연스럽게 진행되다가가 갑자기 감정이 격해져 통제를 잃어버린 것처럼 될 때가 있을 것이다. 이는 그 아이가 다루기 까다로운 아이이거나 나쁜 태도를 가진 아이여서가 아니다. 그는 세상 밖의 사물과 사람들의 정서 메시지를 애써 해석하고 있긴 하지만 잘못 해석하고 있다는 것이 문제다. 따라서 우리가 비난해야 할 것은 10대들이 아니라 10대들의 뇌라는 것을 기억하자.

교사나 부모와 같이 10대들과 생활하는 사람들이 정서를 잘못 해석하고 있는 청소년들의 뇌에 관한 연구 결과를 잘 모르면 문제가 생길 수 있다. 특별한 의도가 없던 말을 위협이나 모욕으로 잘못 해석하는 뇌로 인해 청소년들은 과잉 반응을 하게 되고 부모나 교사를 화나게 만드는 것이다. 결국 어른들이 화를 내게 되면 청소년들로 상황을 더욱 잘못 해석하도록 부추기는 상황이 된다. 이렇게 옥신각신하다가 사소한 문제가 심각하게 확대되어 결국 후회하게 될 결과를 초래하는 것이다.

그렇다면 어떻게 해야 할까? 부모는 10대 자녀가 예의 바르고 건설적인 태도로 의사소통을 할 수 있도록 그 방법을 가르쳐야 한다. 그들이 자신의 감정 통제 불능이 뇌 발달 상 정당하다고 생각하게 해서는 안 된다. 그렇게 되면 효과적인 의사소통 기술을 가르치는 일이 불가능해지기 때문이다. 잘못된 의사소통은 심각한 문제이며 이 문제가 결국 아이들이 분노 통제를 학습하지 못하게 만드는 문제로 이어질 수도 있다. 다음 사례를 함께 보자.

― ― ―

주디는 세 아이들의 편모로서 열여섯 살 큰딸 로라 문제로 내 상담실을 방문했다. 주디와 큰딸의 대화는 언제나 싸움으로 변한다는 게 문제였다. 따라서 상담의 목표를 의사소통의 개선으로 삼았다.

어느 상담시간 주디는 로라와 함께 나를 찾아왔다.

"지난 토요일 밤에는 로라의 태도 때문에 정말 화가 났어요. 애를 쳐다보고 싶지도 않아요!"

의자에 털썩 주저앉으면서 주디가 말했다. 로라는 재킷의 깃을 세우며 의자에 깊숙이 앉았다. 그녀는 차가운 시선으로 엄마를 바라보다가 마룻바닥으로 고개를 떨어뜨렸다. 주디는 말을 이었다.

"로라가 밤 10시에 친구들과 놀러나간다고 하더군요. 전 어디에 갈 것인지 물어봤죠. 그랬더니 타니아 집에 갔다가 영화를 보러 갈 거라고 하더군요. 저는 로라에게 통행시간이 11시니까 영화 보다가 너무 늦지 않도록 하라고 말했죠. 통행시간을 12시로 해주면 안 되냐고 로라가 나긋나긋이 부탁하더군요. 그렇지만 저는 안 된다고 했어요. 정말 영화를 보고 싶었다면 좀 더 일찍 나갔으면 될 것 아니겠어요? 그랬더니 갑자기 로라가 폭발하더라고요!"

"폭발했다는 것이 무슨 뜻이죠?"

"로라는 제가 자기 인생을 망치고 있을 뿐만 아니라 그런 바보 같은 통행시간을 지키는 사람은 친구 중에 자기밖에 없다며 소리쳤어요. 전 지난주에 이성을 잃지 않기로 선생님과 약속한 것을 떠올리며 평정심을 유지하려고 노력했죠. 그리고 우리가 통행금지 시간에 대해 이미 이야기했던 것을 상기시켰는데, 로라는 미친 듯이 제게 소리를 지르고는 뛰쳐나가 버렸어요."

나는 로라를 바라보았다. 그녀는 여전히 마룻바닥만 내려다 보고 있었다.

"로라야, 왜 그랬니? 무슨 일이라도 있었던 거니?"

내가 차분한 목소리로 물었다.

"우리 반 애들 중에 11시까지 집에 들어가야 하는 애는 나 말고는 아무도 없어요."

"그날 일어난 일에 대해서만 이야기하자. 토요일 밤에 있었던 일에 대한 엄마 말씀이 정확한지 확인하는 것이란다."

"네, 맞아요."

나의 질문에 로라가 작은 목소리로 중얼거렸다.

"그렇지만 저는 11시에 집에 돌아왔고, 그렇게 하지 않았다면 엄마는 벌로 외출 금지를 시켰을 게 뻔해요."

나는 다시 로라에게 엄마를 향해 무슨 말을 했는지 물었지만 그녀는 그저 어깨만 으쓱거렸다. 주디가 대답했다.

"로라는 제게 욕을 하고선 제가 너무 밉다며 소리 질렀어요. 그리곤 나가버렸죠. 무슨 일이 일어났는지 생각해보기도 전에 쌩 하고 나가버렸다니까요!"

"로라가 11시까지 집에 돌아왔나요, 주디?"

"네, 그랬어요."

"좋습니다. 그럼, 이제 문제를 해결해보죠. 그날 밤 문제의 핵심은 통행시간도 규칙을 깬 것도 아니군요. 우리가 다루어야할 단 하나의 문제는 화가 폭발하려는 것을 어떻게 조절하는가에 있네요."

그러자 로라가 이의를 제기했다.

"그렇지만 11시는 너무 바보 같아요."

"합리적인 것과 비합리적인 것에 대해서는 다음 시간에 이야기를 나누자꾸나. 오늘은 어떻게 분노를 다루어야 하는지에 대해서 초점을 맞추는 것이 좋겠어. 어떠니?"

그날 우리는 분노를 다루는 방법에 대해 이야기를 나누었다. 로라는 자신이 얼마나 화가 났었는지에 대해 말했고, 눈 깜짝할 사이에 화가 폭발한 자신에 스스로 놀라면서도 인정했다.

"저는요, 엄마가 어디 가는지 물어보기 시작하면 미칠 것같이 화가 나요!"

"요즘 들어 자주 그런 감정이 드는 것 같니?"

나의 질문에 로라는 대답하기 전 잠시 생각을 했다.

"그런 것 같아요. 저는 정말 우리 식구들에게 화가 나서 미치겠어요. 친구들에게까지 소리 지르지는 않지만 때때로 친구들한테도 정말 화가 날 때가 있어요."

"친구들한테는 소리 지르지 않는구나. 그런데 엄마와 동생들한테는 소리를 지르고 말야."

"친구들이 저를 싫어할까 봐 두려워서 그런 것 같아요."

"그럼 집에서 그러는 것은 별로 걱정이 되지 않는 모양이구나, 그렇지? 로라는 네가 가족들을 어떻게 대하든지 가족들이 언제나 네 곁에 있을 것 같은 거야, 그렇지 않니?"

로라는 아무 대답도 하지 않았지만 이 말의 의미를 알아차린 것 같았다. 나는 주디와 로라에게 10대 청소년기의 가장 큰 과제가 즉각적이고 격렬한 분노를 다루는 일이라는 것을 설명해주었다. 그리고 청소년의 뇌 발달에 관한 자세한 내용을 말해주자 그들은 로라가 왜 그런 식으로 느끼고 반응하는지 이해할 수 있게 되었다. 로라 역시 표정이 한결 밝아졌다.

"들었지, 엄마? 나는 정상이라니까."

로라는 처음으로 미소를 보였다. 나는 로라에게 분노를 다루는 요령을 알려주었다.

"네가 스스로 화가 났다는 것을 느끼자마자 마음속으로 아주 큰 빨간 신호등을 떠올려보렴. 그리고 나서 심호흡을 하는 거야. 그리고 네 자신에게 말해보렴. '로라, 냉정해지자!'라고. 네가 화를 통제할 수 있을 때까지 이 말을 되풀이하자. 멈추기, 심호흡하기, 냉정해지기."

"그러면 화가 나지 않을까요?"

"나는 '화를 내지 말라'고 말한 게 아니란다. 화를 표출하는 방법을 바꾸려고 노력하는 것이 중요한 거야. 네가 느끼는 감정이 잘못된 것은 아니란다. 다만 욕하거나 소리 지르고 거칠게 행동하는 것보다는 화를 제대로 표현하는 방법을 배워야 한단다."

로라는 쉽게 수그러들지 않았다.

"그럼, 우리 엄마가 얼마나 비합리적인가에 대해서는 언제 이야기를 나누죠?"

나는 로라에게 그녀가 분노를 표현하는 방법을 제대로 수행해야만 의사소통과 협상기술에 대한 이야기를 나눌 수 있다고 말했다. 그리고 우리가 상담을 하는 동안 갑자기 상대가 욕을 해댄다면 우리가 의사소통을 계속 할 수 있느냐고 물었다. 그랬더니 로라는 내가 자신에게 소리를 지르거나 욕을 한다면 다시는 상담하러 오지 않을 것이라고 말했다.

"맞아, 그렇다고 해도 나는 너를 비난할 수 없을 거야. 그럼 네가 엄마에게 마음이 후련해질 정도로 하고 싶은 말을 다 쏟아내면 엄마의 기분은 어떨까?"

방안이 갑자기 조용해졌다. 주디는 나와 로라의 대화를 그저 듣고만 있었다. 나는 주디를 보며 물었다.

"요즘 들어 계란 위를 걷는 것처럼 위태롭다고 느낀 적이 있나요?"

"늘 그래요."

주디는 쓸쓸한 목소리로 대답했다. 로라가 분노를 적절히 다루기 위해 노력하겠다는 데에 동의하고 그날 상담은 끝났다. 로라는 다음과 같은 글을 아주 크게 썼다. '멈추기, 심호흡하기, 냉정해지기.' 나는 주디에게 딸이 처음부터 완벽하게 바뀌기를 기대하지는 말라고 말했다. 그리고 로라 앞에서 주디에게 딸이 화가 나서 소리 지르며 밖으로 도망가도록 내버려두지 말라고 제안했다.

"지난 토요일과 같은 일이 또 일어나면 소리 지르거나 욕하지 않고 대화를 나눌 수 있을 때까지 둘 다 아무 곳에도 갈 수 없다고 말하세요."

그리고 나는 로라를 바라보며 물었다.

"좋지?"

"네."

그녀는 들릴락 말락 작은 목소리로 대답했다. 그 상담 이후에 로라가 완벽하게 화를 조절하게 된 것은 아니다. 그녀와 주디는 또 다른 사건을 만들었지만 그래도 약간의 진전은 있었다. 처음에 보인 변화 중 하나는 로라가 책임지는 능력을 가지게 되었다는 것이었다. 그로부터 얼마 지나지 않은 상담시간에 로라는 지난주 초에 자신의 화가 폭발했다고 고백하면서 대화를 시작했다.

"엄마가 저한테 친구와의 전화를 끊으라고 말했을 때 저는 또 다시 엄마에게 욕을 하고 소리를 질렀어요."

"로라, 나는 네가 자랑스럽구나!"

내 반응에 그녀는 어리둥절한 표정으로 나를 바라보았고 나는 덧붙여 말했다.

"네가 책임을 지게 되었기 때문이란다. 너는 지금 '내가 폭발했다'고 말했어. 그건 너의 잘못된 행동에 대해 엄마를 비난하지 않은 거야. 그것이 바로 화를 가라앉히는 첫 번째 단계란다."

일단 로라가 화가 치밀어오르는 것을 스스로 제어할 수 있게 되면 의사소통을 향상시킬 수 있게 된다. 주디와 개인 상담을 하면서 나는 그녀에게 10대 청소년과 좋은 의사소통을 이끌어나가는 것이 하루아침에 할 수 있는 일은 아니라고 설명했다. 그리고 많은 시간과 노력이 필요하다고 말했다.

우리가 알아야 할 가장 중요한 사실은 10대 청소년들이 타인의 정서를 해석하는 데 서툴다는 것이다. 이것만 이해해도 문제를 확대하는 것은 피할 수 있다. 냉정을 잃지 않는 것은 부모가 해야 할 몫이다. 이러한 상황에서 청소년의 뇌가 이성을 유지한다는 것은 거의 불가능하기 때문이다. 부모로서 평정심을 잃지 않고 이성적으로 행동하기 위해서는 전전두엽 피질의 기능을 완전히 발휘해야 한다. 10대 자녀가 부모의 말을 올바르게 해석하도록 만들고 싶다면 감정에 대해 자세하고 명쾌하게 표현하라. 예를 들어 내가 딸 에린에게 차 속의 쓰레기에 대해서 말할 때 이런 식으로 말했으면 더 좋았을 것이다.

"내가 화가 나지 않았다는 것을 네가 알았으면 좋겠구나. 그렇지만 지난밤에 네가 차를 엉망으로 해놔서 조금 짜증이 났어."

이렇게 말했다면 에린이 내 말을 제대로 해석하는 데 도움이 되었을 것이다. 만약 당신이 걱정되거나 놀랐다면 정확히 그렇다고 말하라. 또한 내가 로라에게 했던 것처럼 청소년들의 뇌 속에서 일어나고 있는 일에 대하여 자녀에게 설명해주면 잘못된 의사소통으로 인한 충돌을 미연에 방지할 수 있다. 10대의 뇌 발달에 대하여 가르쳐주면 그들이 잘못 해석하거나 과잉 반응하는 경향이 있을 수 있다는 것을 스스로 깨달을 수 있다. 청소년들이 부모나 타인의 정서를 언제나 올바르게 읽을 수 없다는 것을 알게 되면 분노를 표출하기 전에 자신의 상태에 대해서 살펴볼 수 있기 때문이다. 부모 역시 바람직한 의사소통 방법을 연습하고 자녀들에게 역할 모델이 되어보는 것도 도움이 된다. 예를 들어 자녀가 하루 종일 아무 일도 없었다고 말하면 이렇게 물어보면서 확인해보자.

"오늘 아무 일도 없었다고 말하는 것은 네가 하루 종일 지루했다는 거니 아니면 지금 별로 이야기하고 싶지가 않다는 거니?"

만약 자녀와 의사소통하는 데 어려움을 겪고 있다면 당신이 그들과 얼마나 이야기를 나누고 싶어 하는지 보여주어야 한다. 자녀는 물론 부모 역시 서로의 정서를 잘못 읽을 수 있으므로 당신의 해석이 무조건 옳다고 생각하기 전에 확인해볼 필요가 있다. 예를 들어 이렇게 확인할 수 있다.

"내가 보기에 네가 화가 난 것 같은데, 맞니?"

이러한 질문이 자녀의 정서를 잘못 읽었다면 정확하게 읽어내는 연습이 된다. 자녀와 합리적인 대화를 나누며 역할 모델이 되어준다면 그들이 다른 사람들과 관계를 맺을 때 큰 도움이 될 것이다. 10대 시절은 자녀가 앞으로의 인생을 잘 살아가는 데 필요한 의사소통 기술을 학습할 수 있는 기회의 창구이다. 자녀에게 있어 청소년기야말로 갈등을 해결하는 방법을 배우고 대인관계를 형성할 수 있는 기술을 학습할 수 있는 가장 적합한 시기이다. 따라서 가능한 한 자녀와 많은 시간 대화하고 그들의 말을 주의 깊게 경청하라. 그들과 많이 접촉할수록 자녀가 어려운 시기를 순조롭게 극복할 가능성도 커진다.

또한 부모이고 어른이라고 해도 자녀의 정서를 잘못 해석해서 오해를 했을 때는 반드시 사과하라. 청소년들만 상황을 잘못 해석하고 흥분하는 것이 아니다. 때로는 불완전한 상태의 청소년의 전전두엽 피질처럼 성인들도 잘못 판단할 수 있다. 경솔한 언행이나 주체할 수 없는 분노로 자녀를 대했을 때는 실수를 시인하고 바로 사과하는 것이 자녀와의 긴장된 관계를 완화할 수 있는 가장 좋은 방법이며, 자녀에게도 본받을 수 있는 좋은 행동 모델이 될 수 있다. 이러한 현실적인 모습은 자녀들이 행복하고 건강한 어른이 되는 데 큰 도움이 될 것이다.

효과적인 의사소통 방법

10대 자녀와 원활한 의사소통을 위해 필요한 7가지 기술을 소개하고자 한다.

첫째, '너'라는 말보다는 '나'라는 말로 시작하라. '너'라는 말로 시작하는 대화는 상대를 방어적으로 만들 수 있다. "너는 정말 버릇이 없구나"라고 말하는 대신 "나는 정말 화가 났다. 왜냐하면 나와 이야기하고 있을 때 네가 나가버려서 그렇단다"라고 하는 것이 좋다.

둘째, 일반화시켜 말하는 것을 피하라. 10대들은 한 가지 지적을 들으면 바로 머릿속에서 당신을 반박할 증거를 찾기 시작한다. "너는 한 번도 식탁을 치우지 않는구나"라고 말하는 것보다는 "너는 오늘 저녁에 식탁을 치우는 것을 잊었더구나"라고 말하는 것이 좋다.

셋째, 애매모호함을 없애기 위해서 부탁하거나 질문할 때는 아주 상세하게 말하라. "쓰레기 갖다버리는 것을 잊지 마"라고 말하는 대신 "네가 학교 가기 전에 쓰레기를 갖다버려 줬으면 좋겠어"라고 말하라.

넷째, 질문할 때는 한 단어 이상의 대답이 나올 수 있는 질문을 하라. 이러한 질문이 대화를 풍성하게 만든다. 이를테면 "오늘 학교에서 잘 지냈니?"라는 질문보다는 "오늘 학교생활은 어땠니?"라고 질문하는 것이 낫다.

다섯째, 그 시점의 주제에 대해서만 이야기하라. 이를테면 "너의 성적에 대해서 이야기하고 싶구나. 그런데 말이다, 어젯밤에 네가 동생한테 심하게 말하던데……"라고 말하지 말고 "너의 성적에 대해서 이야기를 나누고 싶은데 언제가 좋겠니?"라고 물어보자.

여섯째, 당신과 자녀 모두 긴장 상태에 있을 때는 공격하는 것을 피하고 다음 세 가지 단계를 기억하라.

1단계 : 당신의 감정의 이름을 분명히 밝혀라.

2단계 : 당신이 그러한 감정을 갖게 된 이유를 말하라.

3단계 : 당신은 어떻게 하고 싶은지 말하라.

예를 들면 "너는 정말 다른 사람을 생각도 안 하는구나. 네가 저녁 식사시간에 맞게 오지 않으면 내가 걱정하는 걸 알고 있잖니?"라고 말하지 말고 "나는 화가 났단다. 왜냐하면 네가 저녁식사에 늦었기 때문이야. 늦게 올 것 같으면 미리 전화로 알려주었으면 좋겠어. 그래야 내가 걱정을 하지 않잖니"라고 말하라.

일곱째, 말하는 것보다 중요한 것은 경청하는 것임을 명심하라. 주의 깊게 경청하는 것이 상대를 존중하고 있음을 전달하는 효과가 있다는 연구 결과도 있다. 자녀의 이야기를 경청하다 보면 자동적으로 보다 긍정적인 말투를 갖게 되고 방어적인 태도 역시 사라진다. 10대 자녀와 대화할 때는 다음 여섯 가지를 기억하자.

하나, 시선을 마주치되 오랫동안 응시하지는 말라.

둘, 자녀가 말하는 중간에 끼어들거나 말을 끊지 말라.

셋, '오, 그렇구나', '알겠어' 등의 말을 사용하라. 이런 말들은 10대 자녀가 계속해서 말을 이어가도록 격려하는 표현이다.

넷, 부모의 마음이 열려 있다는 것을 보여주는 태도를 취하고 팔짱을 끼지 않도록 하라.

다섯, "너의 말을 잘 이해 못했는데, 다시 한 번 설명해줄래?"라는 식으로 질문해 자녀가 명확하게 말해주기를 요청하라.

여섯, 당신이 올바르게 이해하고 있는지 확인해보라. 예를 들면 "내가 네 말을 제대로 이해했는지 들어보렴. 그러니까 네 말은 어젯밤에 엄마 때문에 화가 많이 났다는 거지?"라고 물어보자.

물론 위의 조언들을 모두 잘 지킨다고 해도 자녀와 의사소통의 문제를 겪을 수 있다. 10대 청소년의 뇌 속 전전두엽 피질과 편도체가 정서 폭발 뒤에 숨어 있는 범인인 것은 분명하지만 때로는 다른 이유로 그들의 분노가 폭발할 수도 있다. 청소년들은 잠재적으로 흥분하기 쉬운 집단이지만 그들의 불안정성이 반드시 미성숙한 뇌 영역 때문만은 아니라는 것이다. 어떨 때는 그러한 분노 폭발이 청소년들 자신이 어떤 사람이 되려고 하는지를 보여주는 방법이 되기도 한다.

최근 나는 친구 조단과 함께 10대들이 정서를 잘못 해석하는 경향에 대해서 수다를 떨었다. 조단은 과학자들이 어떻게 연구를 설계하고 수행하는지 궁금해했다. 그는 과학자들이 단지 사진만 사용하는지 아니면 실제 생활 속 상황에 대해서도 연구를 하는지 물었다. 나는 이러한 연구 대부분은 사진을 통해 이뤄지며 이는 모든 사람들에게 공통적인 정서 표현을 읽을 수 있는지 알아보기 위해서라고 설명했다. 그러자 조단이 다시 내게 물었다.

"그럼, 그 과학자들이 일부러 정서를 잘못 이해하는 청소년들에 대해서도 연구하니?"

"뭐? 일부러라니 그게 무슨 말이야?"

"글쎄, 어린 시절 부모님과 했던 언쟁을 돌이켜보면 부모님이 하는 말이나 행동에 일부러 구실을 잡고 화를 내기 위해서 내가 의도적으로 잘못 해석하려고 했던 기억이 나거든. 내 안의 또 다른 내가 나의 행동을 통제하는 것처럼 느껴졌어. 그가 내 뒤에서 일어나고 있는 모든 일들을 관찰하고 있는 것 같았지. 한 번은 새아버지가 식기세척기에 접시들을 옮기는 방법을 내게 알려주셨는데, 난 몸을 홱 돌리면서 새아버지가 내게 힘든 일만 시키고 내가 무엇을 잘못했는지 늘 지적하기 바쁘다며 소리쳤거든. 적어도 나는 새아버지가 얼마나 합리적인 분이신지 알고 있었지만 마치 그가 나를 멸시하는 나쁜 사람인 것처럼 행동했지. 정말 내 머릿속 누군가가 그의 말을 잘못 해석하도록 만드는 것 같았어. 물론 그 순간에도 내 반응이 완전 말도 안 된다는 것을 알고 있었지만 말이야."

"조단, 그럼 머릿속에서 뭔가 다른 일이 일어나고 있는 것 같았다는 말이야?"

"아마도. 나는 내 인생의 무엇인가에 대해서 계속 화를 내고 있었던 것 같아. 새아버지와 관련된 문제라면 더 그랬던 것 같기도 하고. 내가 정말로 원하는 것을 해보려고 노력한 것 같은데 내 안에서 밑도 끝도 없이 일어나는 분노엔 무언가가 있었던 것 같아. 그때 내가 느꼈던 감정과 좀 더 자란 후에 느낀 감정은 정말 완전히 다른 문제였지만."

그는 먼 산을 보는 것 같더니 잠시 후 이렇게 말했다.

"정말 어리석게 들리겠지만 의도적으로 부모님의 언행을 잘못 해석하는 것이 바로 그들 옆에 나를 동등하게 세워놓는 방법이라고 생각했어. 마치 내가 어른인 것처럼 행동하는 방법이었던 거지."

조단처럼 아주 사소한 것까지 구실로 삼아 권위의 대상에게 도전하는 것은 청소년기의 전형적인 행동이다. 그 뿌리가 인간의 뇌에서 나왔는지 인간의 문화에서 나왔는지는 명확하지 않다. 천성 대 양육의 논쟁으로 이야기하자면 아마도 양쪽 모두 원인일 것이다. 그의 뇌가 잘못 해석하는 것과 새아버지의 말 이면의 감정을 규명하려는 조단의 생각은 모두 같은 시기에 일어났다. 그의 편도체는 분노 반응을 자극했을 것이고 잠시 후 그의 약하디약한 전전두엽 피질은 실제로 일어난 일에 대해 면면히 뜯어보고 나서는 이 상황에서 도망쳐야겠다고 결정을 내렸던 것이다. 그것은 진정 그가 자신을 성장하게 하는 방법이었다. 분노뿐만 아니라 다른 감정들을 표현하는 방법을 배우는 것은 성인이 되는 필수 과정이다.

조단의 새아버지는 식기세척기 때문에 아이가 화를 내도 인내할 줄 아는 관용을 베풀었지만, 앞의 사례에서 주디는 귀가시간 문제로 딸과 정면으로 부딪혔다. 청소년과 의사소통을 할 때는 현명하게 균형을 맞춰야 한다. 자녀가 목소리를 높일 때마다 당신이 화를 낸다면 계속해서 싸움을 하게 될 것이고 관계가 더욱 나빠지면서 둘 사이의 의사소통이 완전히 단절될 수도 있다. 부모로서 우리는 자녀들이 어느 정도 분노를 방출할 수 있게 해줄 필요가 있다. 자녀가 대화의 주제에서 벗어나 흥분한 나머지 도저히 대화가 이루어지지 않을 때는 이렇게 말하는 것이 좋다.

"나는 이 문제에 관해서 더 이야기를 나누고 싶지만 누가 더 크게 소리 지를 수 있는지 겨루고 싶지는 않구나. 네가 소리 지르지 않고 이야기할 준비가 되면 그때 이야기하자."

부모의 입장에서 이런 생각이 들 수도 있다. '내가 조금만 더 소리를 높여서 이야기하거나 조금 더 세게 강조해서 말하면 우리 아이가 내 말을 알아듣고 그렇게 행동하겠지!' 그러나 절대 그렇지 않다. 당신이 그렇게 한다면 자녀와 소리 지르면서 힘 겨루는 일만 남았다. 일단 소리 지르기 시작하면 다른 사람의 말을 듣는 사람은 아무도 없게 된다. 경청하는 사람이 하나도 없다면 의사소통하는 사람도 아무도 없는 것이다.

또 청소년 자녀가 욕을 하고 무엇인가를 던지고 부술 때는 그들이 중요한 선을 지금 넘고 있다는 것을 알려줄 필요가 있다. 부모로서 이러한 행동은 허용하지 않겠다는 것을 분명히 해야 한다. 10대 자녀가 통제를 벗어나서 행동하는 것을 미연에 방지하기 위해서 첫 번째 알아야 할 것이 바로 '모델링'이다. 부모가 욕하고 무엇인가를 집어던지는 행동을 하지 않는다면 자녀가 유사한 행동을 하는 횟수도 현저하게 줄어들 것이다. 두 번째로 청소년 자녀가 부모에게 정중한 태도를 취하지 않으면 그들이 원하는 바를 결코 얻을 수 없다는 것을 알게 해야 한다. 예를 들어 고함을 치면서 말하면 의사소통을 그만두어야 한다. 무엇인가를 던지고 부수는 청소년에게는 권리를 박탈하고 원래의 상태대로 되돌려놓는 것을 강제하여 책임을 지게 해야 한다.

  부모는 명확하게 입장을 밝히는 데에 많은 노력을 해야 하지만 경청도 그만큼이나 중요하다는 사실을 기억하자. 만약 자녀를 판단하거나 공격하지 않고 경청하는 시간을 갖는다면 마침내 진정한 대화를 나눌 수 있게 될 것이다. 진지하게 대화하고 서로의 이야기를 경청하는 단계에 이른다면 그때부터 모든 것이 쉬워질 것이다.

  10대 자녀와 부모가 새로운 관계를 형성하기 위해서는 서로에 대해 새로운 입장을 정립하고 새로운 접근법을 찾을 필요가 있다. 앞서 밝힌 나의 사례에서 딸 에린에게 내가 명확하게 감정을 표현했더라면 상황이 더 나았을 것이다. 나는 곧 마음을 진정시켰고 잠시 후 아래층으로 내려온 에린과 조금 전에 일어난 일에 관해 대화를 나누었다. 딸아이 역시 내가 화가 난 것이 아니라는 말을 할 때 경청할 수 있을 정도로 충분히 마음이 진정된 상태였다. 에린은 내게 사과를 했고 우리는 다시 평화로운 오후를 맞이했다. 이 사건으로 에린과의 관계에서 잘못된 정서 해석으로 인한 언쟁이 사라진 것은 아니다. 그렇지만 대화를 풀어내는 데 있어 가장 필요한 평정심을 유지하려는 내 모습을 통해 에린은 사랑하는 대상에게 화를 어떻게 표현하고 어떻게 화해를 해야 하는지 학습할 수 있었을 것이다.

해야 할 일과 하지 말아야 할 일

해야 할 일
- 경청, 경청, 또 경청하라.
- 잘못된 해석을 방지하기 위해 부모가 느낀 감정을 명확하게 표현하라.
- 훌륭하고 분명한 의사소통 기술을 모델링하라.
- 10대 자녀의 막무가내식 감정 표출을 예상하고 인내하라.
- 잘못했을 때는 반드시 자녀에게 사과하라.
- 대화가 격해지고 언성이 높아질 때는 잠시 대화를 중단하라.

하지 말아야 할 일
- 청소년 자녀에게 욕하거나 부정적인 언어를 쓰지 말라.
- 자녀가 욕설이나 음담패설을 하는 것을 허용하지 말라.
- 자녀를 비난하거나 모욕하는 행동을 하지 말라.
- 자녀가 언성을 높인다고 같이 소리 지르지 말라.
- 해결이 되지 않는 의견 충돌은 방치하지 말라.

자신의 양육 방식 중 계속해서 유지하고 싶은 것은 무엇인가?

바꾸고 싶은 것은 무엇인가?

깊숙이 들여다보기

표정을 해석하는 10대의 뇌

10대 청소년의 정서 해석과 관련한 최근 연구에 따르면 청소년은 성인과 달리 얼굴 표정에 나타난 정서를 잘못 해석하거나 정서를 잘 읽어내지 못한다고 한다. 맥린 병원의 생리심리부서의 선임연구원인 데버러 유르겔론 토드가 실행한 최근 실험에서는 아래와 같은 얼굴 표정의 사진을 연구 대상자들에게 보여주었다. 성인들은 이 사진 속의 정서가 바로 '공포'라고 정확하게 규명한 반면, 10대 대상자 중 절반 이상은 이 사진 속의 정서가 '슬픔', 혹은 '충격', '혼란스러움'이라고 응답했다. 이 사진을 보고 있는 동안 연구 대상자들의 뇌 사진을 촬영해본 결과 성인은 사진을 보고 있을 때 전전두엽 피질을 사용하여 정서를 해석하는 반면, 10대들의 경우 편도체를 사용하고 있는 것으로 나타났다.

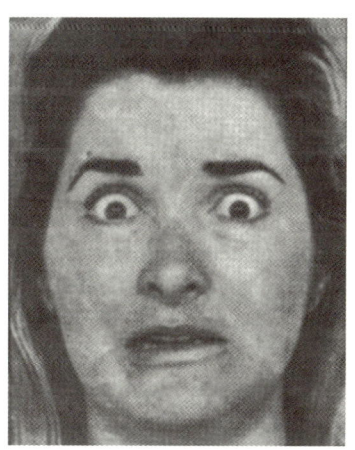

6장
소년과 소녀의 뇌

Why do they act that way?

"사랑한다는 것은 관심을 갖는 것이며 존중하는 것이다.
사랑한다는 것은 책임감을 느끼는 것이며 이해하는 것이고,
사랑은 지배하는 것이 아니라 자유를 주는 것이다."

-에리히 프롬 Erich Pinchas Fromm

　무섭도록 추운 미네소타의 어느 겨울 저녁, 나의 여섯 살짜리 아들 브라이언과 네 살짜리 딸 에린은 자신들이 만든 게임을 하고 있었다. 가족들이 저녁식사를 막 끝낸 후라 아내와 나는 아래층 부엌에서 식탁을 치우고 설거지를 했다. 집안일을 마쳤을 때 위층에서 타닥타닥거리는 작은 발자국 소리가 들렸다. 브라이언의 방은 2층 복도 입구에 있었고 우리 부부 침실은 복도 끝에 있었는데, 게임은 브라이언 방 앞쪽 벽에서 출발해 복도를 지나 우리 침실 뒤쪽 벽까지 먼저 도착하는 것이었다. 두 아이는 벽에 한 손을 대고 숫자를 세기 시작했다. "셋, 둘, 하나, 출발!" 그리고 그들은 총알처럼 튀어나가 웃고 소리 지르면서 집의 반대 끝을 향해 달려갔다. 위층에서 쿵쾅거려 찬장에 있는 접시들이 들썩거릴 때마다 아내와 나는 불안한 눈빛으로 서로 바라보았지만 특별한 제지는 하지 않았다. 연일 계속되는 추운 날씨 탓에 에린과 브라이언은 몇 날 며칠을 집안에서만 지냈고 덕분에 에너

소년과 소녀의 뇌

지가 많이 쌓인 아이들이 열을 발산할 필요가 있다고 생각한 것이다.

　몇 번의 경기를 했지만 브라이언과 에린은 막상막하였고 이대로 게임을 끝낼 수는 없었던지 누가 더 빠른지 결정하기 위해 마지막 우승 쟁탈전을 치르기로 하였다. 한 번의 경주, 한 사람의 승자, 하나의 우승. 그들은 함께 큰 소리로 숫자를 세기 시작했다. "셋, 둘, 하나!" 튀어나가 달리기 시작한 그들은 거의 비등하게 복도를 내달렸지만 우리 침실 문을 통과할 때 브라이언이 근소한 차이로 앞섰고 에린은 승리를 거머쥐기 위해 특단의 조치가 필요했다. 브라이언이 퀸 사이즈 침대를 기어오를 때 에린은 침대를 폴짝 뛰어넘어 결승선으로 손을 쭉 뻗었다. 에린은 정말 극적으로 먼저 벽에 도착했다. 그렇지만 불행하게도 그녀의 팔뚝이 창턱 모서리에 세게 부딪히고 말았다. 브라이언이 에린의 부상을 우리에게 알려주려고 아래층으로 뛰어내려오면서 뱉은 첫 마디는 "내가 안 그랬어요"였다.

　아내와 나는 에린의 울부짖는 소리를 듣고서 번개같이 위층으로 올라가 간단한 응급조치를 한 뒤 에린을 안고서 응급실로 달려갔다. 두 시간 후, 에린은 부러진 팔에 깁스를 한 채 집으로 돌아왔다. 네 살밖에 안 된 여자애가 벌써 세 번째 팔을 부러뜨린 것이었다! 어떻게 이렇게 사랑스러운 아이가 학교에 입학하기도 전에 세 번이나 팔이 부러졌을까?

　그렇게 자란 말괄량이 에린은 고등학교에 들어가 미네소타 주 대표 고등학교 하키선수가 되었다. 졸업반이 되었을 때 에린과 가장 친한 친구 그레첸은 팀의 주장이 되었다. 소녀들이 저돌적이고 땀으로 뒤범벅되는 게임을 별로 좋아하지 않는다고 단정 짓는 사람들은 아직 그들의 운동경기를 제대로 보지 못했기 때문에 그런 말을 하는 것이다.

소녀와 소년의 절대적인 차이가 무엇인지 밝히는 것은 까다로운 일이다. 소녀와 소년이 무엇을 좋아하는지 설명하기엔 사실 많은 예외가 존재하기 때문이다. 어떤 범주이건 딱 들어맞는 사람은 거의 없지만 성에 대한 고정관념으로 인해 소녀와 여자를 평가절하해온 것도 사실이다. 예를 들어 과학자들은 오래 전에 남성의 뇌가 여성의 뇌보다 평균 10에서 15퍼센트 정도 크다는 사실을 발견했다. 그후로 남자가 여자보다 똑똑하며 우월하다고 잘못 알고 있는 사람들이 그 정보를 증거로 내세우곤 한다. 오늘날 과학자들은 이러한 주장이 터무니없다는 사실을 알고 있을 것이다. 즉 뇌가 크다고 해서 지능이 높다고 볼 수는 없는 것이다.

성 고정관념으로 비롯된 오해와 잘못들을 바로 잡기 위해 성별 간의 차이를 없애야 한다고 주장하는 사람들도 있다. 1970년대와 1980년대에는 남성과 여성의 뇌가 정확하게 같다는 정치적 주장도 있었다. 그러나 이 역시 결함이 많은 주장이다. 남성과 여성의 뇌가 차이가 없다면 인식도 그러해야 할 것이며, 남성이 우월하다는 논쟁도 더 이상 없어질 것이다. 그런데 문제는 유의미한 차이가 분명히 존재하며 이러한 차이를 무시하면 남성과 여성 모두에게 불이익을 줄 수 있다는 것이다.

부모 체크 포인트

10대들의 성 정체성

이번 체크 포인트는 자녀의 성별에 따른 욕구와 성 정체성 문제에 초점을 맞췄다.

예　아니오

☐　☐　1. 소녀와 소년의 뇌는 생물학적으로 차이가 있다.

☐　☐　2. 나는 성별에 관계없이 10대 자녀들에게 자신의 관심과 흥미에 따르라고 격려한다.

☐　☐　3. 아들과 딸이 어려워하는 과목은 다르다.

☐　☐　4. 나는 10대 딸의 기분이 나쁘거나 우울해할 때 기분을 전환할 수 있는 방법을 알려준다.

☐　☐　5. 나는 10대 아들이 공격성과 분노를 조절할 수 있도록 도와주고 있다.

☐　☐　6. 나는 성 정체성에 혼란을 느끼며 성에 호기심이 많은 10대 자녀와 대화를 나누고 있다.

☐　☐　7. 나는 동성애자와 트랜스젠더를 존중하는 자세로 이야기한다.

☐　☐　8. 나는 자녀가 성 정체성에 혼란을 겪어도 받아들이고 사랑할 것이다.

이 체크 포인트의 항목들에서 제시하고 있듯이 개방적인 부모의 태도야말로 10대 자녀를 양육하는 데 있어 가장 중요하다. 모든 10대는 사랑과, 수용, 지지를 필요로 한다. 만약 당신이 '아니오'라

는 대답을 많이 했다면 자녀의 성 정체성 형성에 필요한 '지지하는 마음'을 갖기 위해 보다 열린 자세를 가지도록 노력해야 할 것이다.

소년의 뇌와 소녀의 뇌

성별에 따라 뇌가 같지 않다는 것을 기억하기 바란다. 일반적인 차이를 규명하기 위해서 노력하겠지만 소년, 소녀, 남성의 뇌, 여성의 뇌라는 단어를 사용할 때마다 그 단어 앞에는 '평균'이라는 단어를 덧붙여야 한다는 것을 명심하자. 통계적으로 볼 때 내가 알고 있는 성의 차이가 맞을 수도 있지만 소녀의 특징이 소년에게서 나타날 수도 있다. 내가 기술하고자 하는 차이는 단지 경향성일 뿐이다. 엄격하게 볼 때 그 차이란 신체적인 것이며 행동과 관련된 것이다. 따라서 그러한 차이로 어느 한 쪽의 성이 우월하거나 도덕적이라고 말할 순 없는 것이다. 즉 더 낫거나 더 안 좋은 성은 없으며 그들은 그저 다를 뿐이다. 소년의 뇌가 소녀의 뇌보다 크긴 하지만 더 낫다고 말할 수 있는 근거도 없다.

생물학적인 차이는 운명 같은 것이 아니다. 경험이 뇌를 형성하는 데 중요한 역할을 하며 이는 호르몬의 수준과 뇌의 구조까지도 바꿀 수 있다. 소녀의 뇌는 소년의 뇌보다 언어 기술을 습득하는 데 더 용이할 수도 있지만 어떤 소년이 경험을 통해 학습을 뒷받침받는다면 소녀들보다 언어를 더 빨리 배울 수 있을 것이다. 이처럼 예외는 분명히 있으며 소년과 소녀의 차이는 각 개인의 경험에 따라 변화될 수도 있다.

　마지막으로 내가 강조하고 싶은 것은 성별에 따라 존재하는 차이는 임의적인 것이며 앞으로의 연구 결과가 어떻게 나올지는 아무도 모른다는 점이다. 이를테면 20년 전 많은 과학자들은 예외가 있기는 하지만 소년 집단이 소녀 집단보다 수학을 더 잘한다고 생각했다. 과학자들은 이 이론을 뒷받침하기 위해 연구를 했고 객관식 검사 점수와 학점을 비교했을 때 실제로 소년이 소녀보다 수학을 잘하는 것으로 나타났다. 그후 교수법이 바뀌었고 남성이 여성보다 수학에서 우월하다는 가정은 점점 무너졌다. 수학에 있어서 소년과 소녀의 차이는 생물학적으로 타고난 것이기보다는 사회적으로 길러졌다는 것이다.

　차이에 지나치게 집중하다 보면 소년과 소녀의 비슷한 점을 보지 못하게 된다. 예를 들면 소년과 소녀는 모두 지능을 가지고 있다. 성별에 따른 뇌의 차이를 이용해 소년이 소녀보다 똑똑하다고 주장하는 사람도 있지만 소년의 뇌의 크기가 소녀의 뇌보다 약간 크다고 해서 그것이 똑똑함을 의미한다는 근거는 전혀 찾아볼 수 없다. 또 소녀의 뇌가 소년의 뇌보다 더욱 빠른 속도로 발달하지만 그 역시 소녀가 소년보다 더 똑똑하다고 할 수 있는 증거가 될 수 없다.

　그렇다면 자녀를 양육할 때 아이의 성별은 전혀 문제가 되지 않는 것일까? 그것은 아니다. 성별에 따른 차이를 중요하게 다루어야 한다는 근거와 주장들이 점점 증가하고 있기 때문이다. 성별에 따른 뇌의 차이에 대한 연구는 아직 시작 단계이므로 그러한 증거를 어떻게 사용할지에 대하여 숙고해볼 필요가 있다. 성별에 대한 새로운 지식을 우리 아들과 딸의 행동을 분석하는 데에만 사용할 것이 아니라, 우리 주변의 청소년을 이해하는 데 적용해볼 필요가 있다는 것이다.

소녀의 뇌가 소년의 뇌보다 더 빨리 발달한다는 근거는 소녀가 사춘기를 먼저 겪게 된다는 발달 이론에서 비롯되었다. 성장하면서 정서를 처리하는 영역이 편도체에서 전전두엽 피질로 점진적인 이동을 하게 되는데, 이러한 이동이 소년보다 소녀에게 먼저 일어나는 것이다. 그래서 "방을 깨끗이 청소해!"라는 부모님의 잔소리에 열다섯 살의 소년의 뇌는 빠르게 반응해 화를 폭발시키는 반면, 전전두엽 피질이 보다 잘 연결되어 있는 열다섯 살 소녀는 그러한 요청을 순순히 받아들인다. 이러한 차이는 뉴런 사슬의 절연을 담당하는 미엘린화가 소년보다 소녀에게서 더 빨리 진척되기 때문에 발생한다. 그러나 청소년기가 끝날 무렵 대부분의 소년의 뇌는 소녀의 뇌와 비슷한 정도로 발달하게 된다.

뇌 발달에 있어 가장 중요한 첫 번째 시기는 유아기인데, 이때 여자 아이는 우반구보다 좌반구가 먼저 발달한다. 또 남자 아이는 그 반대로 발달한다. 즉 우반구가 좌반구보다 먼저 발달하는 것이다. 좌반구의 핵심은 언어 능력이므로 초기 성장기에 소녀의 언어 영역 발달 수준은 청소년기까지 진행되어 장기적으로 소년보다 언어가 유창하다는 경향성을 갖게 되는 것이다. 반대로 남자 아이는 우반구의 핵심 능력인 공간 사고력이 일찍 발달하므로 항해와 물체의 회전과 같은 입체적 공간에 대해 쉽게 이해한다. 일반적으로 소년은 청소년기부터 성인에 이르기까지 이와 관계된 과업을 여성보다 잘 해내는 경향이 있다. 물론 예외도 분명히 존재한다. 위대한 남자 시인도 있고 뛰어난 여자 엔지니어도 있기 때문이다. 그러나 일반적으로 소녀는 언어에 솜씨가 있는 반면 소년은 삼차원에서 물체를 조작하는 데 재능을 보인다.

좌반구와 우반구 사이 뉴런 섬유의 연결인 뇌량$^{corpus\ callusum}$은 같은 연령의 남성보다 여성의 뇌에서 두꺼운 편이다. 연구자들은 뇌량이 두꺼울수록 두 반구 간의 의사전달이 보다 용이하게 일어난다고 주장한다. 따라서 여성은 직관적인 우반구와 분석적이고 언어적인 좌반구 간의 연결이 보다 잘 이루어지는 이점이 있다. 동일한 인지 과제를 수행하는 여성과 남성의 뇌를 관찰해보면, 여성은 두 반구를 동시에 사용하는 반면 남성은 과제에 따라 뇌의 활동이 한 쪽 반구에서만 집중되어 나타나는 것을 알 수 있다. 이는 당연한 결과이다.

시상하부의 앞쪽 세 번째 세포핵이라는 INAH-3의 크기는 사춘기 전까지는 소년과 소녀 모두 같다. 그러나 사춘기를 지나면서 소년의 뇌에 있는 INAH-3이 커지기 시작한다. 지난 몇 년 동안의 뇌 연구 결과 INAH-3은 성적 관심, 욕망, 성적 충동과 관련이 있다는 것이 밝혀졌다. 소년들이 청소년기가 되면서 성적 사고와 환상에 몰두하게 되는 것은 단지 호르몬 때문만이 아니라 뇌의 구조적인 차이 때문인 것이다.

남성과 여성이 모두 가지고 있는 테스토스테론, 에스트로겐, 프로게스테론의 수준이 다르므로 호르몬이 남성과 여성의 뇌의 차이를 만드는 데 큰 역할을 한다. 또한 각 호르몬은 사춘기와 청소년기 동안 증가한다.

소년의 경우, 테스토스테론 수치가 에스트로겐과 프로게스테론의 수치보다 매우 높다. 남성 호르몬으로 알려진 테스토스테론은 경쟁적인 행동, 큰 승부욕, 거친 놀이 등 남성적 특질과 깊은 관련이 있다. 테스토스테론에 의한 공격성 증가와 좌뇌 발달 지체에 따른 언어기술 부족이 합해지면서 학교에서 많은 소년들은 어려움을 겪고 좌절한다. 이러한 연구 결과를 통해 우리는 오늘날 소년들이 소녀들의 학문적 성취를 따라 잡기 위해 얼마나 고군분투하고 있는지 짐작해볼 수 있다.

많은 문화권에서 남성들이 학문적인 성취를 이루기를 지지하고 있지만 소녀와 여성들은 그런 지지를 받지 못한다. 20세기에 들어서서 미국 여성과 소녀들은 남성들이나 소년들과 똑같이 교육을 받을 수 있게 되었지만 한동안 많은 교과 분야에서 여성이 남성에게 뒤떨어지는 것으로 나타났다. 그러나 요즘은 어떤가? 소년들이 많은 과목과 영역에서 소녀들에게 뒤쳐진다. 예를 들어 읽기와 언어 수업은 많은 소년들에게 문제가 되는 과목이다. 시험 점수와 성적이 소녀에 비해 점점 떨어지고 있다. 미국에서는 학사 학위를 받기 위하여 100명의 소년이 공부하는 동안 133명의 소녀가 학사 학위를 받는다. 보충 수업반의 학생 10명 중 7명이 남자이다. 교사들은 소년들이 또래 소녀들보다 수업 참여가 저조한 경향이 있다고 입을 모아 말한다. 이러한 교육적 차이는 점점 문제가 되고 있다.

남학생의 학업 성취도가 여학생에 비해 떨어지는 이유는 무엇일까? 많은 주장 중에 1970년대 이후로 교육자들이 소녀들에게 적합한 교수법을 활용했기 때문이라는 의견이 있다. 불행하게도 10대 소년들에게 적합한 교수법을 개발하기 위한 노력은 어디에도 없었다. 또 다른 가능성 있는 설명은 남성과 여성의 뇌 발달 차이로 인해 평균 소년보다 평균 소녀들이 보다 쉽게 언어 수업을 이해할 수 있게 되었다는 것이다.

소년의 학업 성취도가 소녀에 비해 떨어지는 이유가 무엇이든 10대 소년들을 위해서 단계적인 노력이 필요하다. 부모는 아들의 선생님과 지속적으로 연락하고 교사 간담회와 학교 여러 행사에 참여하는 것이 좋다. 논픽션 책이나 운동, 자동차, 취미 관련 글과 같이 10대 소년들이 관심을 갖는 분야의 책이나 잡지를 구해주고 읽게끔 격려하라. 소년들은 소설을 읽을 때도 많은 모험과 액션이 들어 있는 이야기를 선호하는 경향이 있다. 그리고 그들이 흥미를 느낄만한 기삿거리를 알려주며 토론을 시도해보라. 스포츠면의 기사를 읽는 것 역시 그들의 읽기 능력을 향상시킬 것이다. 또 그들이 작문 숙제로 곤란해할 때는 그들을 도와주라. 이와 같은 경험들이 소년들의 언어 능력에 관한 뇌 발달을 촉진시킨다.

신체활동 역시 소년들의 학습을 돕는 열쇠이다. 소년들의 뇌는 대근육 운동을 실행하고 싶어 한다. 어떤 전문가들은 학생들을 교실 책상에 하루 종일 가만히 앉아 있게 하는 것은 성별과 관계없이 좋지 않으며, 소녀들이 이를 더 잘 참아내는 반면 소년들은 좌절감을 느끼거나 학교생활에 흥미를 잃게 될 가능성이 크다고 말했다.

교육자들은 소년과 소녀의 학업능력 차이에 대한 연구 결과를 고려하여 아이들을 가르치는 방법을 변화시킬 필요가 있다. 소년과 소녀가 각기 잘할 수 있는 문제 해결 방법과 교과 분야에 초점을 맞춘다면, '암기와 공부, 시험 보기' 등과 같은 교육 패러다임에 새로운 변화가 생길 수 있다. 물론 이러한 변화가 몇 년 안에 금방 일어나지는 않을 것이다. 부모와 교사 그리고 청소년 양육자는 소년들이 학교에 잘 적응하고 참여하도록 도와야 한다. 전통적으로 존재해온 여성에 대한 고정관념에서 우리 딸들을 자유롭게 만드는 것이 중요하듯이 우리 아들들을 돕는 것 역시 중요하다. 많은 부모들이 아들에게는 주로 운동과 관련된 활동을 권유해왔지만 연극이나 음악, 언론과 방송, 학생회 등과 같은 방과 후 활동에 소년들이 참여하도록 유도할 필요가 있다. 균형 잡힌 교육을 받은 남성들이 그렇지 못한 사람들에 비해 안정적인 가정을 만들고 높은 월급을 받으며 행복하게 살아갈 가능성이 크다는 사실도 기억하자.

테스토스테론과 소년

10대 소년들의 테스토스테론 수준이 절정에 이르면 공격성과 분노가 폭발한다. 뇌의 분노와 공포 영역인 편도체에 테스토스테론 양이 많아지기 때문이다. 일부 10대 소년들의 경우 공격성이 폭력으로 이어지기도 하는데, 알렌의 경우가 바로 그러했다.

― ― ―

알렌이 열네 살이었을 때 우리는 상담실에서 처음 만났다. 또래에 비해 키가 크고 건장한 그는 고등학생들 사이에서 이미 '깡패'라고 불리며 악명이 높았다. 몇 번의 싸움으로 정학을 받기도 했지만 정말 심각한 사건은 그가 고등학교에 들어온 지 몇 달 되지 않았을 때 일어났다. 알렌은 파티에서 어떤 한 남학생이 자신을 모욕했다는 이유로 그에게 결투를 신청했고 어리석게도 그 소년도 이에 응했다. 싸움이 시작되자 누군가 경찰에 신고했지만 경찰이 도착하기도 전에 알렌은 그 소년이 의식을 잃을 때까지 두들겨 팼다. 알렌은 수갑을 찬 상태로 경찰서에 끌려갔고 의식을 잃은 소년은 병원에 실려갔다. 폭행범으로 처리되어 알렌은 소년범 집행유예로 경관의 감시를 받게 되었고 마침내 알렌의 엄마가 아들을 데리고 나를 찾아온 것이었다.

알렌과 몇 마디 주고받으면서 나는 그가 평상시에도 화가 나 있는 상태라는 것을 간파했다. 오래지 않아 그 이유도 알게 되었다. 그는 아동기 내내 늘 부부싸움을 하는 부모 사이에서 자랐다. 서로에게 고함치고 폭언과 폭행을 일삼는 부모들 사이에서 매일 밤 잠을 이루기 위해 기를 썼다. 제발 그만 좀 싸우라고 부모에게 애걸복걸했던 적도 여러 번 있었다고 했다. 엄마가 법원에 이혼 소송을 냈고 결국 알렌이 두 어른 사이에서 똑같이 시간을 나누어 보내기로 하면서 이 길고 긴 싸움은 끝이 났다.

그는 일주일에 몇 시간을 아빠가 쏟아내는 엄마에 대한 심한 욕설을 들어야 했고, 엄마와 있을 때에도 마찬가지였다. 부모 중 어느 누구도 알렌이 이런 상황에서 얼마나 화가 나고 고통스러울지에 대해서는 알지 못했다. 그리고 청소년기가 되자 편도체에 테스토스테론이 가득 차오르면서 알렌의 분노가 폭력으로 이어지고 말았다.

다행히 알렌과 나는 말이 잘 통해 서로를 신뢰하며 친밀감을 쌓을 수 있었다. 몇 번의 상담을 하며 나는 그와의 대결을 준비했다.

"알렌, 나는 네가 화를 내는 것을 비난할 생각은 없단다. 부모님이 자신들의 문제 속에 너를 끼워놓은 것은 정말 잘못된 거야. 다만 우리가 이를 고칠 수 있는지 알아보고 싶어. 그리고 네가 아이들과 싸우고 깡패처럼 구는 것에 대해 어떤 조치를 해야 한다고 생각해."

내가 그에게 '깡패'라는 단어를 사용한 것은 그때가 처음이었다.

"깡패라니요, 그게 무슨 뜻이에요? 나는 깡패가 아니에요. 그저 내 자신을 보호했을 뿐이죠. 진짜 그것뿐이라니까요?"

"너의 담임선생님에게 들은 바로는 네가 고등학생이 된 후부터 친구들에게 욕하고 위협하며 때리기도 했다는데, 그럼 너는 이런 행동을 뭐라고 부를 거니?"

알렌은 아무 말 없이 바닥만 내려다보고 있을 뿐이었다.

"나는 그런 부류의 행동을 깡패 짓이라고 부르는데?"

내가 이어서 말했다. 침묵의 시간이 이어졌고 나 역시 아무 말 없이 가만히 있었다. 얼마 간 시간이 흐른 후 다시 내가 말을 꺼냈다.

"넌 어떠니? 그 행동을 멈추고 싶니?"

알렌은 여전히 침묵했고 나는 다른 접근법을 시도하기로 했다.

"알렌, 너는 어릴 때부터 부모님들이 서로에게 욕하고 위협하고 싸우는 것을 봐왔을 거야. 나는 네가 아직은 어리기 때문에 결혼에 대해 생각해보지 않았을 거라고 생각하지만, 나중에 네가 결혼을 해서 아이들을 낳고 키울 때 네가 처했던 상황에서 너의 아이들이 자랄 수도 있다고 상상해본 적 있니?"

알렌은 마침내 침묵을 깨고 입을 열었다.

"나는 절대로 우리 엄마나 아빠처럼 우리 아이들을 대하지 않을 거예요."

"나도 그러기를 바란다. 그렇지만 고등학생인 네가 한 행동이 너희 엄마나 아빠의 행동과 똑같다는 것을 모르니?"

나는 깡패 같은 행동이 내면의 분노를 분출하는 하나의 방식이라는 것을 알렌에게 설명해주었다.

"다른 애들이 너를 두려워할 때 너는 그것을 알고 있었을 거야, 맞지?"

"네."

"그럴 때마다 네가 그들보다 강하다고 느꼈니?"

"네."

"좋아, 아마도 그건 네가 부모님 때문에 참을 수 없는 분노를 느낀 후부터 네가 너 스스로를 통제하는 방식이 된 것 같구나."

알렌은 점점 마음을 열기 시작했다. 우선 그는 내가 부모님들을 개인적으로 만나 이야기하는 것에 동의했다. 그동안 나는 이혼한 부모가 아이들을 사이에 두고 싸움을 벌이는 것을 여러 번 봤고 이러한 상황을 너무나 안타깝게 생각해왔다. 그래서 알렌의 부모를 만났을 때 그들의 행동이 얼마나 파괴적인지에 대해서 말하며 제발 알렌을 그 속에 몰아넣지 말라고 간청했다.

"저는 알렌이 분노를 보다 잘 조절할 수 있도록 최선을 다할 겁니다. 그렇지만 무엇보다 두 분께서 아들의 정신 건강을 해치는 일을 그만두셔야 합니다. 제발 두 분의 싸움에 알렌을 끼워 넣지 마십시오.

다행히도 이번에 알렌이 때린 소년은 곧 회복될 거라고 합니다. 그러나 알렌이 분노를 통제하지 못하면 앞으로도 이보다 심각한 문제는 얼마든지 일어날 수 있습니다."

그 후 알렌과 나는 폭력적인 행동을 통제하기 위해 많은 노력을 했다. 분노를 조절하기 위해서는 상당한 연습이 필요하다고 설명했다.

"네가 해야 할 첫 번째 일은 네가 화를 분출하기 전에 스스로 화가 난 것을 깨닫는 거란다. 분노는 언제나 신체적인 신호를 수반해. 심장이 빨리 뛰고 위가 팽팽해지는 것 같고 숨이 차는 등, 이런 신호 중 어떤 것이라도 감지되면 몸의 긴장이 풀어지도록 숨을 깊이 들이마시렴. 하나부터 열까지 세는 것도 정말 도움이 된단다. 그렇게 하면 마음도 진정되고 산소가 뇌에 공급되어 이성적인 생각을 할 수 있게 되거든. 그 다음에 할 일은 잘 생각해보는 거야. 화가 났을 때 바로 너에게 이렇게 물어보렴. '내가 왜 화가 났지? 폭력을 쓰지 않고 이를 다룰 수 있는 방법은 없을까?' 라고 말이야."

나는 학교에서 분노와 폭력을 통제하는 데 도움이 되는 세 가지 전략을 알렌에게 알려주었다. 첫 번째는 학교에서 주먹을 휘두르고 싶을 정도로 화가 날 때는 마음을 진정시키기 위해 언제든지 담임선생님을 비롯한 다른 선생님들을 찾아가는 것이다. 물론 교사들도 이에 모두 동의했다. 두 번째는 갈등해결 기술을 학습하는 프로그램에 참여하는 것이고, 세 번째로 레슬링 팀에 들어가 그의 분노를 적절한 방법으로 분출하는 것이었다.

신체활동은 공격성을 조절하는 기술을 배우는 데 도움이 된다.

소년들은 운동장이나 체육관에서 운동하며 또 외부에서 자전거를 타거나 스케이트를 타며 쌓인 에너지를 충분히 발산할 수 있다. 나는 이와 같은 방법으로 누적된 에너지만 분출해도 10대들이 공격 행동으로 곤란한 일에 빠지는 일에서 해방될 수 있다고 생각한다. 운동을 하다보면 주먹을 날리는 일조차 피곤하게 느껴질 수 있다. 그런데 테스토스테론 방출이 가져오는 악영향은 공격성뿐만이 아니다.

― ― ―

열세 살 앤디는 언덕길에서 움직이는 차 사이로 스케이트보드를 타고 내려오기 위해 막 자세를 취했다. 앤디와 친구들이 스케이트보드를 타고 도로 근처에서 튀어나오는 바람에 운전자들은 깜짝 놀랐다. 경찰서에 신고가 들어왔고 그곳으로 경찰관이 출동했다. 경찰관은 충분히 알아듣기 좋게 언덕길에서 스케이트보드를 타는 일은 어리석고 위험한 행동이므로 심각한 사고가 일어날 수 있다며 그들에게 경고했다. 앤디와 친구들 역시 경찰관의 말을 이해했다며 다른 놀이를 찾아보겠다고 말했다.

그러나 경찰차가 시야에서 사라지자마자 그들은 보드를 타고 언덕에서부터 최대한 빨리 내려와 보기로 했다. 10분 후 앤디는 언덕길을 지그재그로 내려오다가 지나가는 자동차와 부딪혀 공중으로 3미터나 튀어 올랐다가 떨어지고 말았다. 다행히 영구적인 장애를 갖게 되진 않았지만 그는 나머지 여름방학을 심하게 부러진 다리의 깁스를 긁으며 보내야 했다. 그의 뇌가 테스토스테론으로 뒤범벅되지만 않았더라도 그런 어리석은 행동은 결코 하지 않았을 것이 틀림없다.

에스트로겐, 프로게스테론 그리고 소녀들

사춘기의 에스트로겐과 프로게스테론은 소녀들의 뇌와 행동에 강력한 영향을 미친다. 이 호르몬들은 주로 기분에 영향을 주는데 이는 청소년기에 신경전달물질들에 영향을 미쳐 우울증에 걸릴 수 있는 위험을 증폭시킨다. 이러한 이유로 10대 소녀들은 소년들보다 우울함을 더 많이 느끼는 경향이 있다.

마사는 어릴 때 이 세상 어느 누구보다도 행복한 아이였다. 그녀의 어린 시절 사진에는 항상 미소가 가득했다. 그러나 청소년기에 들어서자 마사의 얼굴에서 미소가 사라지고 말았다. 그녀는 우울증에 빠져 학교에서 친구를 사귀는 데 문제를 겪었다. 또 생리 주기가 되면 에스트로겐과 프로게스테론의 수준이 최고치에 이르면서 때로는 생리통으로 침대에서 몸을 구부리고 베개에 얼굴을 파묻은 채 흐느끼며 시간을 보냈다. 부모님도 어쩔 줄 몰라 했다. 그들은 그녀에게 적합한 방과 후 활동들을 알아보고 새로운 친구를 사귈 수 있는 온갖 방법을 동원했다. 또 그녀가 좋아할 만한 운동모임에 가입해서 실외에서 지내도록 격려했다. 학교도 옮기고 치료를 받으면서 잠시 동안이나마 마사의 기분이 나아지는 것처럼 보였다. 그러나 그녀는 다시 우울증에 빠져들었다. 세상에서 가장 행복한 아이가 가장 슬픈 사람이 되고 만 것이다.

마사는 청소년기의 불안정한 호르몬의 영향을 크게 받은 극단적인 경우이다. 신경전달물질의 불안정한 방출로 인해 혼란스러운 메시지가 쏟아져 나온 것이다. 다행히 20대 중반이 된 지금의 마사는 청소년기 때보다 훨씬 상태가 좋아졌다. 설명할 수 없는 슬픔이 몰려올 때도 있지만 횟수가 현저히 줄었고 그 지속 시간도 짧아졌다. 다시 그녀는 많은 시간을 행복한 미소를 지으며 자신감과 카리스마 넘치는 행동으로 유쾌하게 지내고 있다. 그녀의 뇌가 청소년기를 지나면서 성장과 발달이 완료되었기 때문이다.

소년과 소녀의 뇌 차이로 인해 부모나 다른 어른들이 10대를 지도할 때 예상치 못한 도전을 받기도 한다. 아이들마다 개성이 모두 다르긴 하지만 성별에 따른 뇌의 특성이 청소년기에 명백하게 드러나기 때문이다. 소녀들은 여전히 사라지지 않는 여성에 대한 문화적 장벽과 차별을 극복해야 한다. 법령에서는 남녀의 공평한 스포츠 참여를 권장하지만 현실에서는 소녀들이 운동경기에서 영향을 미칠 수 있는 비중이 작은 것도 사실이다.

신체활동은 신체와 정신 건강의 핵심이다. 운동은 폐와 근육은 물론 뇌를 포함한 모든 기관에 좋은 영향을 미친다. 격렬한 운동은 행복과 기분 상승을 유도하는 신경전달물질인 엔도르핀을 증가시킨다. 이것이 바로 운동을 하는 소녀들이 그렇지 않은 소녀들보다 밝고 명랑한 이유이다. 운동은 소녀들이 건강한 사회 구성원이 될 수 있는 기회를 제공한다. 청소년기의 중요한 과업 중 하나가 바로 사회화인데, 운동을 통해 자연스럽게 사회관계를 맺을 수 있으므로 어른이 되어서도 건전한 인간관계를 형성하는 데 큰 도움이 된다.

많은 사람들의 잘못된 인식과 사회 문화로 인해 소녀들은 청소년기부터 외모에 큰 가치를 두게 된다. 이러한 가치관으로 인해 소녀들은 섭식 장애를 겪기도 하며, 외모를 치장하며 나이보다 성숙하게 보이려는 압력을 받기도 한다. 거기에 불균형한 영양 상태, 이른 시기에 겪게 되는 성 경험, 자존감 손상 등까지 겹치게 되면 문제는 더 악화된다. 우리 어른들은 소녀들이 단지 보이는 외모를 가꾸는 것보다 인성을 계발하도록 격려해야 한다.

내 친구 바니와 그녀의 열다섯 살짜리 딸 멜라니는 학교 댄스파티에 입고 갈 옷을 고르기 위해 함께 옷가게에 갔다. 엄마로서 바니가 난감한 상황을 얼마나 잘 다루었는지 보자.

가게에 들어가기 전 바니는 딸 멜라니에게 다음과 같이 말했다.

"나는 네가 정말로 맘에 드는 예쁜 옷을 샀으면 좋겠구나. 파티에 입고 가기엔 다소 평범한 옷도 있고 네 나이엔 맞지 않게 몸매가 훤히 드러나는 옷도 있을 거야. 우리는 그 중간쯤 되는 옷을 골랐으면 좋겠어. 네가 몸매가 너무 드러나는 옷을 고집하지만 않는다면 나도 평범한 옷을 고르라고 고집부리지 않을게. 하지만 엄마에겐 거부권을 행사할 힘이 있다는 걸 알지? 만약 우리 의견이 일치하지 않는다면 쇼핑은 그 자리에서 끝낼 것이고, 다른 날 쇼핑을 해야 할 거야."

10대 소녀들은 자신의 기분을 말로 표현하는 경향이 있으므로 자신이 우울할 때 쉽게 주위 사람에게 말하기도 한다. 때로는 마음속의 생각을 말하고 또 말하면서 전달하다 보니 원래 사실과 다른 소문이 퍼질 때도 있다. 소녀들은 기분 좋은 상태를 유지하기 위해 불안정한 호르몬과 신경전달물질을 극복해야 한다. 따라서 그들이 주위에 기분이 안 좋다고 할 때는 그 상태를 극복할 수 있도록 누군가가 도와주어야 한다. 우리의 딸들이 정서적인 상처를 입었을 때는 그들의 말을 경청하고 우울한 감정의 소용돌이에서 벗어날 수 있도록 격려해야 한다.

딸아이가 기분이 침체되어 우울해할 때 도움이 되는 대화를 소개하고자 한다.

"엄마는 네가 연극부에 들어가지 못해서 얼마나 실망했는지 이해할 수 있단다. 나도 너무 슬프다. 올해는 다른 고등학교에서 2학년 학생이 새로 전학을 오는 바람에 경쟁이 더욱 심해진 것 같구나. 그렇지만 너와 친한 친구들도 연극부에 들어가지 못했잖니. 다른 동아리 활동은 어떠니? 문예부에도 들어갈 수도 있을 것 같은데. 엄마도 학창시절에 문예부에서 정말 즐겁게 지냈거든. 연극 시나리오나 시를 써서 발표할 수도 있고 말이야."

"엄마는 이해 못해요. 나는 정말 연극부에 들어가고 싶었단 말에요. 나는 시를 어떻게 쓰는지도 모른단 말이에요!"

"그래, 나도 알아. 그리고 너에게 문예부에 들어가라고 강요하는 건 아니야. 나는 단지 네가 이번에 다른 것도 할 수 있지 않을까 하는 생각이 들어서 이야기해본 거란다. 그런데 엄마는 원하는 대로 되지 않을 때 다른 가능성에 대해서 생각해보면 마음을 진정시키는 데 도움이 되더구나. 물론 오늘밤에 당장 무엇을 결정하라는 건 아니야. 오늘밤은 그저 재미있게 할 수 있는 일을 찾아보자. 엄마가 사과 파이를 구우려고 하는데 같이 하지 않을래? 그리고 같이 파이를 만드는 동안 네가 좋아하는 음악을 함께 들으면 어떨까?"

"그렇지만 엄마는 음악을 싫어하잖아요."

"음악을 싫어하다니? 집에 아무도 없을 때 엄마는 언제나 음악을 듣는단다. 엄마가 그냥 너한테 이야기할 기회가 없었을 뿐이야."

"정말요? 몰랐어요."

"애야, 우리 이렇게 하자. 사과 파이를 같이 구우면서 네가 좋아하는 음악을 네가 원하는 대로 크게 틀어보렴. 엄마가 아무 말도 하지 않을게. 함께 사과 파이를 구우면서 즐거운 시간을 보내면 좋을 것 같아."

"그럼 엄마, 리사를 초대해도 되나요? 그 애도 그냥 집에서 빈둥거리고 있을 것 같은데."

"물론이지. 리사에게 지금 전화해서 올 수 있을지 물어보렴."

지난 몇 년 동안 10대 청소년들의 성별에 따른 차이에 관한 많은 논쟁이 오고갔다. 그러면서 소녀와 소년은 생각도 다르고 행동도 다르며 관심사도 다르다는 식으로 생각이 굳어졌다. 그러나 최근 연구들에서 알 수 있듯이 남녀의 차이는 존재하지만 소년과 소녀 중 누가 더 우월하다고는 말할 수 없다. 다만 남녀 차이에 대한 바른 이해를 바탕으로 그들에게 각각 필요한 도움을 적절하게 줄 필요가 있다. 소년과 소녀의 뇌 발달에 있어 차이는 명백하므로 어른들은 개별적으로 세세한 배려를 해야 한다. 다만 성별과 관계없이 그들 모두에게 가장 필요한 것은 사랑과 지도라는 점을 잊지 말자.

성 정체성 이해하기

10대 청소년이 성 정체성 혼란을 겪게 되면 부모로서 이들을 어떻게 사랑하고 지도해야 할지에 대해서 더욱 진지하게 생각해야 한다. 청소년기의 중요한 발달과업 중 하나는 발달 심리학자인 에릭 에릭슨Erik Eeikson이 말했듯이 자아 정체성을 찾는 것이다. 10대들은 자신들이 무엇을 좋아하고 무엇을 할 때 가장 만족하는지 등을 알아보기 위해 애쓴다. 그들은 "나는 어떤 역할을 할 때 가장 큰 편안함을 느끼는가?"라는 질문에 리더, 선동가, 지성인, 괴짜, 운동선수, 아니면 아주 평범한 사람과 같은 답변을 찾기 위해 다양한 시도를 하게 된다.

어느 날, 나는 학교 담벼락에서 고등학생들의 주고받는 이야기를 우연히 듣게 되었다. 한 소년이 지난 주말에 고학년 학생들과 변두리 공원에서 술을 마셨는데 경찰이 자신들을 체포하기 위해 출동했다는 모험담을 친구들에게 들려주고 있었다. 그는 자신이 얼마나 영리하고 재빠르게 도망가서 경찰에게 체포되지 않았는지 세세하게 이야기했다. 다른 친구들도 그의 모험담에 매료되어 정신없이 듣고 있었다. 나중에 안 사실이지만 이 이야기의 전부는 그가 꾸며낸 것이었다. 그는 단지 친구들 앞에서 영웅이 되고 싶었던 것이다. 또 이 소년은 새로 전학을 온 친구와 함께 자신이 운동선수가 되기에 소질이 충분한지 알고 싶어 여러 번 운동경기에 참여하기도 했다. 그러나 경기에 나갈 때마다 마음이 편하지 않았고 즐겁지도 않았다. 그는 점점 다른 역할 즉, 리더의 역할을 발전시켰다. 졸업반이 되었을 때 그는 학생회장이 되었고 법과 대학에 들어가 장학금을 받으며 졸업한 후, 현재 주목받는 유명한 변호사가 되었다. 어떤 역할이 다른 역할보다 편안하게 느껴지는 것은 그 사람의 기질과 교육, 사회의 기대, 또래의 인정, 뇌 발달 등이 이유가 될 수 있다.

이 밖에도 청소년기는 성^性에 눈을 뜨는 시기이므로 성 정체성에 대한 의문은 청소년들의 마음속에 핵심적인 부분을 차지하게 된다. 또한 대부분의 10대 청소년의 관심사에는 어떻게 이성과 성관계를 할 수 있는지도 포함되어 있다. 성 정체성에 대한 의문은 단순히 다른 이와 성관계를 하는 방법에 국한된 문제가 아니다. 즉 누구와 관계를 형성하게 되는가에 초점이 맞추어져 있다는 것이다. 모든 사람들에게는 성에 대한 지향성이 있다. 대부분의 소녀들은 소년들에게 성적으로 매력을 느끼며 소년들은 소녀들에게 그렇다. 그러나 어떤 10대 청소년들은 자신의 성적 관심의 대상이 동성 또는 동성과 이성 모두라는 것을 발견하게 된다. 그래서 어떤 아이는 자신이 잘못된 몸을 가지고 태어났다고 느끼기도 하고 보수적인 문화에서는 더 없이 죄스럽고 고통스러운 혼란을 겪기도 한다.

동성애와 양성애, 성전환에 관한 문제는 정서적은 물론 정치적인 부분까지 관련되어 있는 주제이다. 어떤 사람들은 동성애자나 양성애자에게 폭력적이기까지 한 편견을 가지고 있다. 따라서 많은 청소년들은 동성애와 관련된 농담이나 모욕적인 언급, 또 증오가 뒤섞인 이야기들을 들으면서 성장해왔다. 따라서 자신이 동성애자라는 사실을 깨닫는 청소년들은 맨 처음 두려움을 느끼게 된다. 자신이 사회에서 인정받기에 적합한 사람인가에 대한 고민이 가장 큰 이 시기에 자신이 동성애자일지 모른다는 생각은 이들을 고통스럽게 만드는 것이다. 따라서 동성애자인 청소년들은 정서적으로나 심리적으로 매우 괴롭고 힘겹게 이 시기를 버텨내야 한다. 자살하는 10대 청소년 중 3분의 1이 동성애자라는 연구 결과도 있다. 그들은 친구나 가족에게 변태로 취급받고 그러한 감정이 죄악이며 수치스럽다고 손가락질 받느니보다 죽는 것이 낫다고 생각한 것이다.

성적 지향성을 둘러싼 혼란에서 벗어나고 어떤 수치심도 없이 차별에 맞서는 데에 뇌 과학이 도움을 줄 수 있다. 동성을 좋아하는 성적 지향성에 관한 문제는 새로운 것이 아니다. 인류학자들은 현존하는 역사적 기록 속에서 동성애가 인간 문화의 일부분이라는 사실을 검증해냈다. 사실 동성에 매력을 느끼는 것이 인간에게만 독특하게 나타나는 일은 아니다. 과학자들은 60개의 다양한 동물 종에서 이러한 점을 발견했다. 이성애와 동성애라는 성적 지향성은 뇌에서 그 기원을 찾을 수 있는데, 사실 매우 복잡하다. 쌍둥이와 기타 유전 연구에서 성적 지향성에 대한 유전적 구성요소를 발견했다. 뇌에 여성성 혹은 남성성이 형성되어 발달해가는 결정적 시기에 유전자 조합이 뇌 속의 성 호르몬을 다양한 농도로 촉발시킨다는 것이다. 어떤 사람들은 그 결정적 시기가 임신기간이라고 하기도 하고, 어떤 이들은 생후 1년이라고 주장한다. 그들의 말은 모두 옳다. 왜냐하면 성적 지향성이란 뇌 속에서 일어나는 서너 번 정도의 결정적 시기 동안 만들어진 결과물이기 때문이다.

유전, 호르몬, 뇌 해부학 관련 연구에서 대부분의 과학자들은 성적 지향성의 원인이 뇌에 있다고 밝혔다. 즉 선택의 문제나 성적 학대 혹은 생의 초기에 부모와 자녀 간의 상호작용으로 빚어진 결과가 아니라는 말이다. 미국의학협회, 미국정신의학회, 미국심리학회, 미국소아과연구회 등을 포함하여 주요한 과학협회들 중 어느 곳에서도 동성애를 장애로 간주하지 않는다. 동성애자들은 동성애자가 되도록 훈련을 받은 것도 아니며 타락한 것도 아니다.

그렇다면 부모들은 어떻게 자녀들에게 성 정체성과 관련된 감정을 있는 그대로 수용하도록 도와주고 지도해야 할까? 가장 중요한 것은 무엇보다 부모와 교사들이 동성애자나 양성애자에 대한 자신들의 태도를 합리적으로 설명할 수 있어야 한다는 것이다. 10대들은 어떤 상황에서든 부모가 자신에게 어떤 문제에 관해 질문하거나 자녀들에 대한 걱정을 이야기하면 매우 위협적으로 느낀다. 게다가 부모가 동성애자에 관해 부정적으로 언급한 적이 있다면 자신의 고민을 털어놓는 것을 더욱 힘들어할 것이다. 그 다음으로 중요한 것은 청소년들에게 자신들의 성적 지향성에 대해 의문을 갖는 것은 당연한 일이라는 점을 알려주는 것이다. 또 동성을 가진 사람에게 매력을 느낄 수도 있으며 이에 대한 놀라움과 걱정 역시 정상적이며 이러한 상황이 청년기 초기까지 계속될 수 있다는 점도 설명해줘야 한다. 마지막으로 그들의 성 정체성이 어떻든 자신을 사랑하고 소중히 여길 줄 알아야 한다고 말해줘야 한다.

― ― ―

열일곱 살이 된 린다는 자신이 동성애자라는 사실을 깨닫고 고민하기 시작했다. 그녀는 언제나 여학생에게만 사랑의 감정을 느끼고 성적 충동을 느꼈다. 몇 년 동안 이런 자신을 지켜보면서 고민해왔지만 이를 무시하기가 어려웠다. 남학생은 물론 여학생 사이에서도 인기가 많아 반장이었던 린다는 많은 친구들과 적극적으로 인간관계를 맺으며 바쁘게 지냈다. 그러다 홀로 되는 밤이 되면 동성에게 느껴지는 성적 충동에 대한 고민과 두려움으로 어느 누구에게도 털어놓을 수 없어 끙끙대며 잠이 들었다.

고등학교 2학년을 마칠 무렵 린다는 자신이 여자친구 카렌을 사랑하고 있다는 것을 깨달았다. 그녀의 머릿속에는 카렌에 대한 생각이 떠나지 않았으며 눈앞에 그녀가 나타나면 가슴이 쿵쾅거리는 것을 느꼈다. 그것은 너무도 짜릿하고 흥분되는 일이었다. 결국 그녀는 신부님을 찾아가서 이야기하기로 결심했다. 성당의 청년부 모임을 통해 신부님과 친분을 쌓은 덕분에 이야기를 털어놓는 게 보다 쉬울 것 같았다. 신부님이 자신을 잘 이해해주고 도움을 줄 것이라고 믿었지만 정작 신부님과 마주 앉자 린다의 머릿속은 하얘졌다. 불안한 마음에 앞뒤가 맞지 않는 이야기를 정신없이 떠들어대는 그녀를 신부님이 제지했다.

"린다, 넌 지금 무언가를 몹시 두려워하는 것처럼 보이는구나. 무슨 일이니?"

그녀는 심장이 쪼그라드는 것만 같았다. 신부님은 무슨 이야기라도 괜찮으니 용기를 내어 이야기를 해보라고 격려했다. 몇 초 후, 그녀는 눈물을 흘리며 자신의 이야기를 쏟아냈다. 신부님이 자신에게 소리 지르며 죄인이라고 비난하면 어쩔까 걱정했지만 그는 그 어떤 행동도

하지 않았다. 그러다 고요히 그녀를 바라보며 미소를 짓고 말했다.

"자, 린다. 너는 정말 굉장한 소녀로구나. 너는 조만간 이 일을 잘 처리할 수 있을 거다. 그리고 그 결과가 무엇이든 하느님은 너를 사랑하신다."

그날 신부님의 말을 듣고 그녀는 몇 시간 동안 울었다고 했다. 그리고 신부님과 일주일에 한 번씩 네 번을 만났을 때, 신부님은 그녀가 부모님에게 말할 때가 된 것 같다고 그녀를 설득했다.

"린다야, 부모님께 네가 앞으로 겪게 될 일에 대하여 말할 필요가 있단다."

그녀는 마지못해 동의하였다. 며칠 후, 부모님과 함께 저녁식사를 한 후 세 가족은 거실에 둘러앉았다. 린다는 숨조차 쉴 수 없었고 모든 상황이 두렵기만 했다. 갑자기 린다는 걷잡을 수 없이 흐느끼기 시작하였다. 엄마가 그녀를 안으며 계속해서 물었다.

"린다, 도대체 왜 그러니? 무슨 일이야?"

린다는 결국 말해버리고 말았다.

"엄마, 저는 레즈비언이에요."

부모님은 마치 린다가 큰 실수라도 저지른 양 얼굴을 심하게 일그러뜨렸다. 떨리는 목소리로 질문과 대답이 이어졌다.

"무슨 뜻이니? 아니야, 그럴 리가 없어. 네가 그걸 어떻게 아니? 난 지금 너무 혼란스럽구나. 오, 세상에! 그럴 리가 없어!"

긴 시간 동안 대화가 이어졌지만 상황은 조금도 나아지지 않았다. 린다의 부모님은 그녀가 진짜 동성애자일지도 모른다는 것에 대해서 한 번쯤 생각해보는 것조차 거부했다. 그들은 린다를 상담해줄 상담가를 찾아보겠다고 말하면서 어느 누구에게도 이 일을 발설해서는 안 된다고 그녀에게 당부했다. 그렇게 부모님께 동성애자임을 고백한 후 4년이 흘렀고 린다는 스물한 살이 되어 지금 나와 마주 앉아 이 일들에 대하여 이야기하고 있다. 그녀에게 부모님과 지금은 어떻게 지내는지 물어보았다.

"예상하시겠지만 정말 우리 부모님은 변하지 않아요. 그것에 대하여 이야기하는 것도 거부하시죠. 내가 데이트하는 여자친구에 대한 이야기도 아예 듣지 않으려고 해요. 부모님은 내가 안 가겠다고 버틸 때까지 거의 1년을 심리치료사에게 나를 보내셨어요. 지금은 그 어떤 언쟁도 하지 않게 되어 그때보다 한결 편해졌지요. 그렇지만 엄마 아빠는 여전히 제가 정신 차리고 똑바로 살게 되기를 기도하고 계세요."

"네 기분은 어떠니?"

"무엇에 대한 기분이요? 레즈비언에 대한 것이요, 아니면 부모님에 대한 것이요?"

"그 둘 다에 대한 기분 말이야."

"전 제가 레즈비언이라는 것을 인정하고 받아들이면서 편안해졌어요. 우리 오빠나 언니 그리고 친구들도 그 사실을 인정했고요. 그들은 모두 굉장한 사람들이죠. 부모님만 아니면 저는 행복하답니다. 사실 엄마 아빠와 이렇게 사이가 멀어질 줄은 생각도 못했죠. 제가 레즈비언이라는 사실을 알리기 전까지 우리는 정말 가까웠거든요. 아직 저를 인정해주지 않아서 여전히 조금 슬프긴 해요."

린다의 이야기를 들으며 나도 슬펐다. 린다가 일으킨 갈등을 회피하기 위하여 부모님은 그녀의 인생에서 자신들을 일부러 떼어놓은 셈이 되었다. 린다는 청소년기에 자신의 성적 지향성과 성 정체성을 찾고 성숙하고 사랑스러운 어른이 되었지만 부모님은 린다와 자신들 사이에 벽을 만들고 사랑하는 딸의 인생을 함께 나누지 못하고 있다는 사실이 안타깝다.

가장 중요한 것은 10대 청소년들이 동성애자이든 아니든 자신의 성 정체성에 대하여 공평하게 존중받으며 사랑으로 받아들여져야 한다는 것이다. 그리고 그들에게는 그들을 존중하고 인정해줄 부모와 어른들이 필요하다. 우리의 아이들이 소녀이든 소년이든, 동성애자이든 양성애자이든, 또는 그 무엇이든 간에 그들은 우리의 도움과 지지가 필요하다.

해야 할 일과 하지 말아야 할 일

해야 할 일

- 딸아이가 운동경기에 참여하도록 격려하라.
- 아들, 딸이 다양한 활동에 참여하는 것을 적극적으로 권하라.
- 아들, 딸이 독서를 싫어한다면 흥미 있어 하는 주제를 담은 책이나 잡지를 찾아주라. 아들이 운동을 좋아한다면 스포츠 잡지를, 딸이 악기를 좋아한다면 음악잡지를 선물하라.
- 아들, 딸이 학교에서 성취해내는 일들에 주의를 기울이고 그것에 흥미를 잃지 않도록 관심을 가져주라.

- 딸아이의 기분이 안 좋아지거나 우울해졌을 때 해법을 찾아보라. 당신의 딸을 괴롭히는 일이나 상황에서 무엇을 했으면 좋겠는지 물어보라.
- 아들이 어떤 감정을 느끼고 있는지 분명하게 명명하고 그에 대하여 이야기하도록 격려하라. "이 사용법을 이해할 수가 없어서 좌절감을 느낀다"거나 "오늘밤에 있을 그 경기 때문에 몹시 흥분된다" 등과 같은 대화를 이끌어 아들이 정서와 관련된 용어들을 사용할 수 있도록 모델이 돼라. 그리고 감정에 대하여 아들과 이야기를 나누고 싶을 때는 이런 식의 질문을 하라. "수학 시험에서 낮은 점수를 받으면 어떤 기분이 들까?"

하지 말아야 할 일

- 10대 청소년 자녀에게 성에 대한 고정관념으로 일관된 목표만을 갖게 제한하지 말라.
- 아들이 물건이나 사람에게 파괴적인 행동을 하였을 때 공격적인 행동을 그냥 참아 넘기지 말라. 금지하는 행동에 대한 분명한 기준을 세우고 그러한 행동을 하지 못하도록 초기에 약속을 하라. 가령 "네가 화났다는 것은 이해하지만 동생을 때려서는 안 된다"라고 말할 수 있다. 최후통첩을 하는 대신 감내해야 할 벌에 대하여 미리 말하라. 이를테면 "네가 다시 동생을 때리면 이번 주에 친구들과 외출할 수 없다는 것을 명심해라"라고 말이다.
- 평소에도 동성애자나 양성애자 혹은 트랜스젠더에 대해 경멸하는 언사는 피하라.

자신의 양육 방식 중 계속해서 유지하고 싶은 것은 무엇인가?

바꾸고 싶은 것은 무엇인가?

7장
사랑과 섹스 그리고 10대의 뇌

Why do they act that way?

"10대 자녀의 몸은 성인과 같지만 그들의 마음은
어린아이와 같다는 것을 늘 기억하라.
마치 연을 날리듯 그들이 안전하게
스스로 날기를 배울 때까지 끈을 놓쳐서는 안 된다."
― 작자 미상

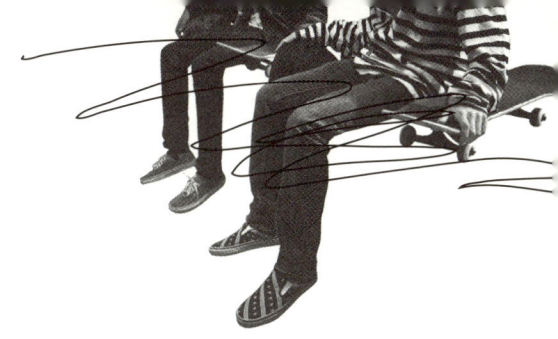

고등학교 상담교사로 처음 부임한 해 11월, 나는 마크라는 학생과 상담을 시작했다. 그는 우울한 기분이 계속되고 그 기분을 떨쳐낼 수가 없다며 나를 찾아왔다. 나는 전 학기에 그를 가르쳤는데 약간 말이 없기는 했지만 그 당시 마크는 좋은 성품을 가진 행복해 보이는 소년이었다. 그러나 몇 분 동안 그와 이야기를 하면서 나는 그가 예전의 마크가 아니라는 사실에 놀랐다. 한눈에도 그는 매우 고통스러워 보였다. 우리는 그후로도 몇 주 동안 두어 번 더 만나 상담을 했지만 그의 우울증을 설명할 수 있는 특별한 원인을 발견하지 못했다. 겨울방학이 시작되어 상담은 중단되었고 그때까지도 마크의 상황은 전혀 나아진 것이 없었다.

방학이 끝난 후 마크를 만났을 때, 그는 완전히 변해 예전의 그로 다시 돌아온 것 같았다. 그는 매사에 낙관적인 태도를 보였고 활력이 넘쳤으며 행복해 보였다. 마크에겐 더 이상의 상담이 필요 없을 것 같앉다.

"그래, 너의 기분이 이렇게 좋아졌으니 더 이상 우리는 상담할 필요가 없겠구나. 그런데 한 가지만 말해보렴, 마크. 그 애 이름이 뭐니?"

나는 전날 그가 복도에서 한 소녀와 생기 넘친 표정으로 대화를 나누고 있는 모습을 보았고 이로써 무슨 좋은 일이 생겼음을 감지했던 것이다.

"누구 이름이요?"

마크가 볼에 홍조를 띠며 당황한 듯 말했다.

"네 인생의 활력을 가져다준 그 소녀 말이야."

그는 귓불까지 붉히며 스테파니에 대한 이야기를 시작했다. 스테파니는 10월 말 우리 학교로 전학을 왔고 전학 온 첫날, 역사시간에 교실에 들어서는 그녀를 보자 마크는 가슴이 뛰었다고 했다. 매일 그는 자주 스테파니를 생각하게 되었지만 그녀와 대화를 나눌 엄두도 내지 못하고 있었다. 몇 번 용기를 내어 인사를 건넸지만 그녀는 자신보다 더 근사하고 활달한 다른 남자애에게 관심이 있는 것 같았다.

그런데 겨울방학 동안 우연히 한 파티에서 마크는 스테파니를 만나게 되었다. 놀랍게도 그녀가 먼저 마크에게 다가와 말을 걸었고 그들은 대화를 시작했다. 파티 내내 그들은 함께 이야기를 나누며 웃고, 서로에 대해 많은 것을 알게 되었다. 파티가 끝났을 즈음 마크는 완전히 예전의 활발한 모습으로 돌아왔다. 스테파니가 그에게 관심을 보이자 그의 인생 모든 것이 달라진 것이었다. 2주 동안 마크는 스테파니와 전화 통화도 자주하고 함께 숙제를 하며 함께 웃었다. 그 결과 마크는 이렇게 예전보다 더 행복해지고 더욱 활기 넘치게 된 것이었다. 마크의 이야기를 들으면서 나는 미소를 지었다. 그리고 몇 가지 질문을 했다.

"그럼, 온종일 그 애 생각을 하니?"

"네, 매일매일요."

"네가 만나본 소녀들 중에 스테파니가 가장 예쁘니?"

"가장 예쁘냐고요? 그런 생각까지 해본 적은 없지만 맞아요, 스테파니는 예뻐요. 그녀는 제가 만나본 애들 중 가장 근사해요."

"마크, 잘 되었구나. 나도 기쁘다. 그 애를 한 번 여기에 데려와서 소개해주렴. 몇 번 복도에서 본 적은 있는데 아직 인사를 나누지는 못했거든."

그는 그렇게 하겠다고 약속하며 대화를 끝냈다. 복도로 걸어 나가는 그의 뒷모습을 보며 나는 머리를 흔들었다. '맞아, 왜 내가 이 생각을 못했을까?' 마크는 사랑에 빠졌고 이것이 그의 인생을 달라지게 만든 것이었다.

부모 체크 포인트
섹스와 성 그리고 가치

자녀의 성 문제는 부모가 가장 다루기 힘들어하고 어려워하는 주제이지만 10대 자녀가 성에 대해서 올바른 지식을 가지고 건전한 태도를 가질 수 있게 하기 위해서는 이 주제를 반드시 짚고 넘어가야 한다. 이처럼 중요한 영역에서 당신이 자녀를 도울 수 있는지 알아보기 위해 다음 체크 포인트를 활용해보자.

예	아니오	
□	□	1. 나는 10대 자녀와 성과 섹스에 대해 터놓고 이야기하고 있다.
□	□	2. 나는 10대 자녀에게 성행위를 통해서 전염되는 여러 가지 질병에 대해 이야기해주었다.
□	□	3. 나는 10대들의 성행위에 대한 통계를 잘 알고 있고 10대들이 성적으로 적극적인 경향이 있다는 점도 알고 있다.
□	□	4. 나와 배우자는 성과 섹스와 관련하여 우리 가족이 가져야 할 가치에 대하여 일치하는 견해를 가지고 있다.
□	□	5. 나는 아이들이 성에 대한 잘못된 지식을 얻는 것보다 성에 대해 정확히 아는 것이 중요하다고 생각하므로 다소 불편하더라도 섹스에 대한 이야기를 기꺼이 아이들과 나눌 것이다.

이 체크 포인트에 '예'라는 대답이 많다면 당신은 부모로서 성과 관련된 중요한 문제를 10대 자녀가 제대로 이해할 수 있도록 열심히 노력하고 있는 부모일 것이다. 반면 '아니오'라는 대답을 많이 했다면 당신의 자녀가 잘못된 성에 대한 가치와 정보를 또래나 대중매체를 통해 받아들일 가능성이 크며 이는 위험스러운 상황이 될 수도 있다.

연애하는 뇌

부모들은 언젠가 자녀가 행복한 사랑에 빠지기를 바란다. 그러나 실제로 청소년 자녀에게 그런 일이 일어나면 부모들은 양가감정을 느끼는 경향이 있다. 마음 한쪽으로는 자신의 아이가 인생의 최대 기쁨 중 하나를 발견하고 설레는 모험을 시작한 것을 축복해주고 싶지만, 또 마음 한쪽에서는 사랑에 빠진 자녀로 인해 또 다른 걱정이 시작된다. 나의 아들이나 딸이 상처를 받게 되면 어쩌나, 어떤 사람과 사랑에 빠진 걸까, 우리 아이의 연령에서 관계를 어느 정도까지 허용하는 것이 옳을까 등 온갖 걱정이 앞서는 것이다. 성적인 접촉이나 10대 임신 그리고 성행위로 전염되는 질병 등 모든 가능성도 성큼 다가와 현실이 된다.

10대 자녀의 연애가 시작되면 모든 어른들은 자신이 마치 전문가라도 된 것처럼 생각한다. 그러나 그들 중 대부분은 그 연애 현상 이면에 숨겨진 뇌 과학 분야에 관해서는 전문가가 아니다. 뇌 구조와 뇌 화학물질은 모두 청소년이 연애에 빠지는 데 영향을 미친다.

사실 연애에 눈을 뜨는 현상은 사춘기 이전부터 시작된다. 열 살 정도가 되면 안드로겐^{androgen}이라는 뇌의 호르몬이 생성되면서 신체 발달이 일어난다. 안드로겐 중에서도 특히 DHEA^{dehydroepiandrosterone}가 증가함에 따라 소년과 소녀는 서로에게 반하는 경험을 하게 된다. 첫눈에 반한 감정이 낭만적인 행동으로 옮겨가는 것도 사춘기에 시작된다. 바로 이때가 성적인 관심과 성적 충동에 대해 실제로 눈뜨기 시작하는 때이기도 하다. 또 처음으로 누구에게 몰두하여 사랑에 빠지는 경험을 하게 되는 시기다.

　소년의 경우는 시상하부의 INAH-3가 빠르게 발달하면서 공부나 잡다한 심부름 등에 대한 생각을 몰아내고 머릿속을 성적인 생각으로 가득 채운다. 시상하부에 있는 성숙한 INAH-3와 테스토스테론이 조합되면서 성에 대한 관심이 커지고 자연스럽게 성적인 환상, 상상, 호기심이 발동한다. 이 단계에서 10대 소년은 성과 관련한 꿈을 꾸기 시작하고 성적 발달을 촉진하는 새로운 호르몬으로 인해 몽정을 하게 되면서 당황스러움과 혼란을 느낀다. 또한 자위는 청소년기 소년에게는 일반적인 일이 되며, 동시에 그들은 성적인 생각과 환상에 집착하게 된다. 소년과 소녀의 성 충동은 감정을 즐겁게 만드는 호르몬인 도파민과 관련이 있다. 기분을 좋게 만드는 도파민의 방출로 섹스를 매우 유쾌한 일로 여기게 되는 것이다.

　10대 청소년기의 소녀 역시 시상하부에 의해 성적 각성을 담당하는 호르몬 수치에 변화가 생긴다. 테스토스테론은 소년과 소녀는 물론 여성과 남성 모두에게서 방출되지만 특히 소년에게 많이 생성되어 성적 충동을 일으킨다. 따라서 소년들이 신체에 대한 성적인 관심이 늘면서 책상에 앉아 야한 공상에 잠기는 경우도 많아진다. 물론 소녀 역시 성적인 환상을 갖긴 하지만 소년들처럼 모든 생각을 그와 관련된 일로 집중시키지는 않는다.

　이러한 발달 차이로 인해 소년과 소녀는 연애와 섹스에 대해 서로 다른 태도를 가지게 된다. 테스토스테론이 방출되면서 소년들은 소녀를 성적 대상으로 생각하지만, 소녀들은 소년과 함께 시간을 보내거나 이야기를 나누는 것과 같이 관계적인 측면을 기대하는 것이다.

 청소년들이 처음 느끼는 성 충동은 낭만적인 사랑에 눈뜨기 시작했다는 징조임에는 틀림없다. 그러나 중요한 것은 누군가와 사랑에 빠지면 성적 관심을 가질 수 있지만 누군가에게 성 충동을 느낀다고 해서 반드시 그와 사랑에 빠졌다고 볼 수는 없다는 사실이다. 따라서 청소년기의 소년은 전혀 모르는 소녀나 여성에게도 성적 환상을 가질 수 있으며, 성적 관심이 사랑의 감정은 전혀 없는 순전히 육체적인 것일 수도 있다. 그러나 누군가와 사랑에 빠졌다는 말에는 성적 관심 이상의 무엇이 포함되어 있다. 사랑의 힘은 강력한 동시에 소비적이다. 따라서 사랑에 빠지는 원인을 청소년의 뇌 발달만으로는 완벽하게 설명하기 어렵다. 마크의 경우처럼 사랑에 빠지면 감정적인 기분은 물론 삶의 태도가 완전히 바뀌기도 하며 10대 청소년들에게는 그러한 경험이 매우 강렬하고 새로운 것이다.

 안드레아 바텔스Andreas Bartels와 세미르 제키Semir Zeki는 런던에 있는 대학연구소의 뇌 과학자들로서 사랑에 푹 빠진 젊은이의 뇌에서 무슨 일이 일어나는지에 대해 연구한 최초의 연구자이다. 그들은 젊은 여성과 남성에게 현재 사랑하고 있는 연인의 사진을 보여주며 그들의 뇌가 어떻게 반응하는지 면밀히 조사했다. 또 낭만적인 사랑의 감정을 느낄 때 뇌의 패턴을 확인하기 위해서 그들이 이성으로서는 전혀 매력을 느끼지 않는 절친한 이성친구의 사진도 보여주며 뇌의 움직임을 관찰했다. 실험 결과 두 가지 상황에서 매우 다른 뇌 활동 패턴이 나타났다. 젊은 연인들이 자신의 이성친구를 생각할 때 뇌의 네 영역은 매우 활동적으로 바뀌었다. 피질에 있는 두 영역과 뇌의 안쪽에 위치한 두 영역이 그랬다. 이 연구를 통해 밝혀진 것은 사랑에 빠졌을 때는 전전두엽 피질 즉, 이성을 담당하는 영역이 활동하지 않는다는 사실이었다. 사랑에 빠지면 이성적인 뇌의 영역이 활성화되지 않으며 따라서 충동 통제가 잘 이루어지지 않는다. 사랑에 빠지는 것은 사고^{思考}라기보다는 정서이다. 사랑에 빠졌을 때 활동하는 신경회로는 성적 각성이 일어나는 동안 활동하는 뇌의 회로와도 같다. 물론 이 외에도 사랑에 빠졌을 때의 뇌 활동 패턴과 유사한 경우가 있다. 코카인에 취해 있는 사람의 신경 촉발 패턴이 그렇다. 『사랑과 중독$^{Love\ and\ Addiction}$』의 저자인 스탠턴 필스$^{Stanton\ Peels}$ 박사는 사랑의 감정은 호르몬들의 상호작용이며 거기엔 중독성이 있다고 주장한다. 뇌의 관점에서 볼 때 사랑에 빠진다는 것은 많은 양의 코카인을 주입한 것만큼이나 강력하다. 유쾌한 기분을 촉진하는 도파민, 신속한 반응을 이끄는 노르에피네프린, 우울한 기분을 전환시키는 세로토닌 등은 모두 사랑에 빠졌을 때 방출되는 호르몬이다.

 그러나 불행하게도 뇌는 행복한 기분을 느끼게 하는 호르몬 수준을 영원히 유지할 수 없다. 그래서 사랑에 빠지는 기간이 짧은 것이다. 특히 사랑과 같은 강렬한 감정이 지속되는 기간은 성인의 뇌보다 10대의 뇌에서 훨씬 짧다. 청소년들이 사랑에 몰입하는 평균 기간은 3~4개월이다. 놀랍게도 이는 정확히 들어맞는다. 열정적인 10대들의 연애는 그리 길게 가지 않는다.

고등학교 교사로 있던 시절 나는 '3~4개월의 연애법칙'을 정확하게 따른 학생을 만난 적이 있다. 사라는 고등학교 1학년 때 처음으로 누군가와 강렬한 사랑에 빠졌지만 얼마 안 가 헤어지고 곧이어 또 다른 사람과 사랑에 빠졌다. 졸업반이 되었을 때 그녀는 3년 동안 자신이 1년에 평균 2명의 남자친구를 사귀었다는 것을 알게 되었다. 어느 토론시간 '데이트와 결혼'이라는 주제로 이야기를 나눴는데 사라는 자신은 결혼을 하지 않을 것 같다고 말했다. 이유를 묻자 그녀는 매번 남자친구에게 싫증이 나 헤어지게 되었다며 남자친구와 헤어지는 것도 그렇게 힘든데 하물며 결혼을 했다가 이혼하게 되면 얼마나 힘들겠느냐며 결혼에 대해 회의적인 반응을 보였다.

"그래서 나는 결혼과 같은 깊은 관계는 아예 만들지 않는 것이 최선이라는 생각을 하게 되었어요. 그런데 문제는 내가 아이를 좋아한다는 것이죠. 결혼은 몰라도 아이는 꼭 갖고 싶거든요. 앞으로 어떻게 살아야 할지 정말 모르겠어요."

사랑에 빠지는 감정이 지나가면 어떤 사람은 극단적으로 실망한다. 그리고 또 다른 누군가를 찾을 수도 있다. 그러나 청소년 시절 연인과의 관계를 끝내고 다른 누군가와의 관계로 재빨리 감정을 옮기던 아이들이라고 해도 성인이 되면 조금 달라질 것이다.

토론시간, 사라의 이야기를 듣고서 나는 학생들에게 새로운 주제로 토론할 것을 제안했다. 사랑에 빠지는 것과 사랑을 유지하는 것과의 차이에 대해서 말이다. 사라와 비슷한 나이의 10대들은 짧은 기간 동안 연애 상대를 여러 번 바꾼다. 그러나 폭풍같이 열정적인 사랑을 하던 사람도 나이가 들면서 자연스럽게 여유롭고 평화로운 사랑을 하게 된다.

사랑에 빠지는 것과 사랑을 유지하는 것

사랑에 빠지는 것과 사랑을 유지하는 것을 비교해보자. 사랑을 유지하는 것은 덜 몰두하는 것처럼 보이지만 더 행복하고, 덜 강렬하지만 더 안정적이며, 덜 가슴 떨리지만 더 만족을 느끼게 된다. 열정적이지는 않으나 온화하다. 사랑을 유지한다는 것은 장기적인 약속이며 일생 동안 계속되는 낭만적인 관계의 기초가 된다. 어느 누구도 처음 사랑에 빠질 때의 열정적이고 강렬한 감정을 언제까지고 지속할 수는 없다. 이러한 이유로 사랑의 열정이 사라지면 다시금 강렬한 감정을 느낄 수 있는 누군가를 계속해서 찾아다니는 사람도 있다. 그런데 뇌는 열정이 가라앉은 후에야 전전두엽 피질을 작동시키며 이 관계를 장기적으로 유지할지 말지에 대한 이성적인 판단을 시작한다. 그리고 모든 사랑의 관계가 계속 유지되는 것은 아니다. 일단 전전두엽 피질의 활동이 시작되면 10대들은 객관적으로 생각하게 된다. '내가 저 애의 어떤 모습을 보고 좋아하게 된 걸까?' 10대 자녀가 사랑에는 쉽게 빠지지만 사랑을 유지시키지는 못한다며 걱정하던 부모님과 상담한 적이 있다.

"저는 우리 아이가 너무 심각하게 또는 너무 쉽게 사랑하게 되는 것을 원치 않아요. 그런데 지금 우리 애는 사랑에 완전히 자기의 미래와 목숨을 걸었다니까요."

　이러한 상황을 걱정하는 것은 당연하다. 많은 10대들이 심각한 연애를 하면서 젊은 시절을 소비하곤 한다. 그러나 때로는 강렬한 사랑에서 시작한 청소년 때의 사랑이 온화한 사랑으로 자연스럽게 옮겨가 성인이 되어 결혼까지 이어지는 경우도 있다. 나의 친구 애런과 마이클이 그러했다. 애런과 마이클은 고등학교 때 만났다. 졸업반이 되었을 때 데이트를 하기 시작했고 서로 다른 대학에 들어가면서 관계에 어려움이 닥친 것은 사실이지만 계속해서 연락을 주고받으며 방학 동안은 함께 지냈다. 그들은 대학에 다니는 동안 다른 이성과 데이트를 하는 것에 대해서는 서로 동의했지만 어쩔 수 없는 운명처럼 그들은 다시 만났다. 애런과 마이클은 스물네 살이 되던 해 결혼을 했고, 이번 해 15주년 결혼기념일을 맞이하였으며 두 아들과 딸 하나를 두고 행복하게 살고 있다.

　사랑을 유지할 때는 사랑에 빠지는 것과 다른 종류의 뇌 화학물질이 작용한다. 소녀의 경우 온화한 사랑이나 친밀한 관계를 맺을 때 옥시토신oxytocin이라는 호르몬이 생성되는데, 이는 출산과 육아와도 관계가 있다. 메릴랜드 대학의 수잔 베이커Susan Baker 교수는 옥시토신을 '포옹 호르몬'이라며 부르며 옥시토신이 10대 소녀의 뇌에서 자연스럽게 증가하여 동물이나 어린 아기들을 보며 좋아하는 행동 등을 유발한다고 밝혔다. 이처럼 옥시토신은 장기적이고 책임감 있는 사랑의 관계를 준비하게 만든다.

　소년의 경우에는 애착 호르몬인 바소프레신vasopressin이 생성되는데 이는 체내의 수액의 농도를 조절하는 역할도 담당한다. 소년과 남성의 바소프레신 수준이 증가하면 부모의 요구를 따르고 순응하게 된다. 또한 바소프레신의 수준과 배우자에 대한 신뢰 사이에는 매우 밀접한 관계가 있다는 연구 결과도 있다.

열렬한 사랑의 함정

부모는 청소년 자녀가 연애와 사랑을 하면서 겪게 되는 모든 문제로부터 어떻게 그들을 보호해야 할까? 부모들의 일반적인 걱정거리 중 하나가 다음 질문에 압축되어 있다.

"우리 아이가 자신과 어울리지 않는 사람과 사랑에 빠지면 어떻게 하지?"

최근에 나는 엘리자베스라는 열여섯 살 소녀와 상담을 했다. 그녀는 남자친구와 학교에 몰래 들어가 스프레이 페인트를 벽에 뿌리고 야구 방망이로 학교 기물들을 닥치는 대로 때려 부수는 바람에 경찰에 체포되었다. 엘리자베스의 부모님과 선생님은 큰 충격을 받았다. 법정에서는 그녀에게 학교에 손해 배상을 하고 청소년 전환 프로그램에 참여하라는 판결을 내렸다. 딸에게 상담이 필요하다는 부모님들의 판단에 따라 그녀를 만나게 되었다.

엘리자베스는 남자친구인 브레드가 자신에게 그렇게 하라고 지시했다고 실토했다. 그녀는 하기 싫다고 했지만 브레드가 예전에 똑같은 짓을 해봤는데 아무도 다치지 않았고 아무 일도 없었다며 그녀를 안심시켰다. 엘리자베스는 브레드에게 왜 그런 짓을 해야 하는 거냐고 물었다. 그는 간단하게 말했다.

"만약 나랑 그 일을 같이 하고 나면 엄청난 흥분감을 느낄 수 있을 거야. 감정이 폭발하는 것 같다니까!"

엘리자베스는 내키진 않았지만 브레드를 사랑하고 있었기에 그의 말에 따랐다. 엘리자베스는 자신이 저지른 일을 진심으로 후회하며 눈물을 쏟았다. 이번 일로 그녀는 부모의 신뢰를 잃었고 학교 선생님은 물론 친구들까지도 자신에게 손가락질 할 거라며 괴로워했다. 그녀는 브레드와 헤어지고 다시 자신의 명예를 되찾기로 결심했지만 이 일이 그녀의 남은 인생을 평생 괴롭힐까 봐 걱정이 된다고도 말했다.

만약 엘리자베스가 사랑에 빠지지 않았다면 이런 일을 저지르지도 않았을 것이다. 그러나 당시 그녀의 전전두엽 피질은 기능을 잃고 이렇게 말했다.

"브레드와 나에겐 아무 일도 없을 거야. 한 번 해봐!"

엘리자베스의 부모님은 그녀가 브레드를 만나기 전에 그의 인품을 걱정하며 말렸지만 엘리자베스의 귀에는 그런 말들이 전혀 들리지 않았던 것이다. 사랑에 빠지게 되면 심각한 문제가 하나 발생한다. 즉 신체적으로나 성적으로 받게 되는 학대에 대해서도 눈이 멀 수 있다는 것이다. 열렬한 사랑의 가장 어두운 이면 중 하나는 질투와 집착이다.

― ― ―

나와 상담했던 제인은 고등학교 2학년 때 레이몬드라는 소년과 숨 막히는 사랑에 빠졌다. 레이몬드는 예의 바르고 재미있는 데다 친절하기까지 한 소년이었다. 그런데 레이몬드와 사귀면서 제인은 다른 친구들과 조금씩 멀어지기 시작했다. 그녀는 자기가 다른 친구와 무언가를 할 때 레이몬드가 소외감을 느끼며 슬퍼하는 것에 죄책감을 느꼈고 그의 기분을 상하게 할 수 없어 모든 시간을 레이몬드와 함께 보냈다. 그의 전화는 점점 잦아졌고 어쩌다 그녀가 다른 누군가와 통화를 하기라도 하면 레이몬드는 그녀가 누구와 통화했는지 꼬치꼬치 캐물었다. 학교에서 제인이 다른 소년과 이야기를 나누며 웃는 것을 목격했을 때는 이틀 동안이나 그녀와 말도 하지 않았다. 레이몬드는 자신이 화난 것은 다른 소년들에게 꼬리를 친 그녀 때문이라며 제인을 비난했다. 그 일 이후로 제인은 학교에서 다른 친구들과 이야기할 때도 레이몬드가 보고 있으면 불안해졌고 모든 남학생들을 피하게 됐다.

어느 날, 그녀는 연극반에서 작은 배역을 맡게 되어 너무 기쁜 나머지 레이몬드에게 이 소식을 알려주었다. 그런데 갑자기 그가 불같이 화를 냈다.

"그럼 다음 달부터 우린 함께 지내지 못하잖아!"

레이몬드는 차 안에서 크게 소리를 질렀다.

"아니야, 그와 상관없이 우리는 함께 시간을 보낼 수 있어!"

그녀가 계속해서 설득했지만 레이몬드는 차에서 내려 미친 듯이 걸어갔다. 그녀가 그의 뒤를 쫓아갔지만 그는 멈추지 않았다.

"레이몬드, 우리 잠깐 이야기하지 않을래?"

그녀가 사정하며 그의 어깨를 붙잡았을 때, 그는 홱 하니 돌아서며 제인의 복부를 강타했다. 그녀는 힘없이 땅에 주저앉고 말았다.

"네가 나를 어떻게 만들었는지 봐!"

레이몬드가 소리쳤다. 결국, 제인은 그 연극에 출연하지 않았다. 레이몬드의 비난이 두려웠기 때문이었다. 상담을 시작한 지 1년 후, 그녀는 마침내 레이몬드의 끈질긴 정서적 괴롭힘에서 벗어날 수 있었고 주위의 사람들 역시 기뻐했다. 나는 레이몬드가 그동안 그녀에게 성적인 학대를 했는지 물었다. 그녀는 아니라고 했다. 나는 조금 다그쳐 물었다.

"네가 원하지 않는 성적인 행위를 하자고 설득하지 않았니?"

제인은 입을 다물었다. 잠시 후 그녀는 조용히 고개를 끄덕이며 그렇다고 시인했다.

"레이몬드는 제가 너무 틀에 박혀서 요조숙녀인 척한다며 많이 투덜거렸어요. 그리고 여러 번 섹스를 하자며 끈질기게 졸랐어요. 하지만 그런 것은 학대가 아니죠?"

나는 그것이 학대같이 느껴졌는지 물었다. 그녀는 오랫동안 생각에 잠기더니 결국 울음을 터뜨리고 말았다. 그리고 흐느끼며 말했다.

"난 정말 그게 싫었어요."

얼마나 많은 10대들이 신체적, 정서적, 성적 학대의 희생양이 되고 있는지 정확히 집계할 수는 없지만 생각 이상으로 많은 아이들 사이에서 학대가 이루어지고 있다. 제인과 같은 많은 아이들이 침묵 속에서 고통을 받고 있는 것이다. 자녀들이 이러한 함정에 걸려들지 않도록 하기 위해서 부모들은 무엇을 할 수 있을까? 먼저 부모들은 자녀가 이성친구를 사귀면서 다른 친구들과의 관계가 소원해지지는 않았는지 살펴봐야 한다. 특히 그 이유가 이성친구 때문이라면 더욱 주의해야 한다. 학대를 당하는 희생자들은 우울한 기분일 때가 많다. 또 자녀가 이성친구에게 자신의 행적을 장황하게 설명하고 자신의 행동을 정당화하려는 변명을 일삼지는 않는지 살펴볼 필요가 있다.

10대들이 학대받는 관계에서 스스로 벗어나는 것은 정말 어려운 일이다. 자녀가 친구들에게 터놓고 이야기하도록 격려하는 것도 관계의 실체를 정확히 알아보는 데 도움이 될 것이다. 심각한 경우에는 전문가의 도움을 받으며 부모가 직접 개입할 필요도 있다.

청소년 자녀의 이성친구에 대한 문제는 가장 다루기 어려울 뿐만 아니라 자녀와의 충돌 가능성도 제일 큰 부분이다. 자녀가 가능한 한 자주 이성친구를 집에 데려 오도록 하자. 부모로서 청소년 자녀의 인생과 관련된 사람들과 친밀하게 지내는 것이 좋다. 의사소통의 장을 열어두는 것이 이후에 닥칠 수도 있는 곤란한 문제들을 다룰 때도 도움이 될 것이다. 또 한 가지 조언을 하자면 자녀의 이성친구를 헐뜯지 말라는 것이다. 그렇게 하면 십중팔구 자녀는 반항할 것이다. 사랑에 빠진 10대가 자신의 이성친구를 방어할 것이 분명하기 때문이다.

"나는 네 남자친구가 정말 별로야. 되도록이면 네가 그 애를 안 만났으면 좋겠다"라고 말하는 대신 "네가 남자친구 때문에 여러모로 신경을 쓰고 있는 것 같구나. 그리고 그 친구에 대해서도 잘 알고 있는 것 같아. 그 아이의 어떤 점이 좋은지 엄마한테 이야기해주지 않을래?"라는 식으로 대화를 꺼내 화내거나 판단하지 말고 열심히 경청하라. 그의 장점을 인정해주고 부모로서 걱정되는 바에 대해 침착하게 이야기를 나눠라. 예를 들어 이렇게 말할 수도 있다.

"너는 남자친구가 생긴 후부터 다른 친구들과 같이 다니지 않는 것 같구나. 친구들을 피해야겠다고 부담을 느낀 적이 있니? 아니면 네가 생각하기에 별로 좋지 않은 일 때문에 마음이 불편해진 거니?"

자녀가 그렇다고 대답한다면 당신은 이와 관련해서 대화를 나눌 수 있는 기회를 갖게 된다. 또 자녀가 아니라고 대답한다면 앞으로 그런 일이 생기면 언제든지 부모로서 들을 준비가 되어 있으며 함께 이야기하고 싶다는 점을 확실히 이야기해서 대화의 창을 열어둘 기회로 삼자.

또한 언제나 그렇듯이 당신이 기대하는 바와 규칙, 제한 사항 그리고 그것을 어겼을 때의 벌칙들에 관해서는 분명히 말해두라. 이렇게 말할 수 있다.

"엄마는 너와 네 남자친구 문제로 말다툼하고 싶지 않다는 걸 알았으면 좋겠다. 만약 너희들이 귀가시간을 잘 지키고 우리가 만든 규칙들을 잘 따른다면 별 문제는 없을 거야. 말한 것처럼 엄마는 너를 늘 걱정하지만 네가 학교나 집에서 책임감 있게 행동해서 엄마의 걱정이 지나치다는 것을 입증해줄 수도 있단다."

자녀가 사랑에 빠질 때 부모가 가지게 되는 또 다른 걱정은 '만약 우리 애가 상처를 받게 되면 어쩌지?'이다. 사랑에 빠졌다가 상처를 받은 청소년에게 가장 필요한 것은 그의 이야기를 들어주고 공감해주며 지지해주는 것이다. 상처받은 청소년 자녀가 균형감을 다시 되찾을 수 있도록 도와주면서 시간이 지나면 상처 역시 자연스럽게 치유가 된다는 것을 깨닫게 하라. 몇 달이 흘렀는데도 자녀가 실연의 슬픔에서 헤어 나오지 못한다면 과거의 상처를 잊는 데 도움을 얻을 수 있는 상담가를 만나는 것도 하나의 방법이다.

10대들의 위험한 성생활

아마도 부모의 가장 큰 걱정거리는 바로 자녀의 성행위일 것이다. 10대들이 성적인 관심에 열중하게 되면 불안정한 정서의 강도와 지속 시간 역시 더욱 증가하는 경향이 있다. 대부분의 부모들은 자녀가 성인이 되거나 결혼을 한 후에 성행위를 하는 것이 바람직하다고 생각한다. 그러나 부모의 의사와 상관없이 많은 아이들이 10대에 성행위를 하며 그로 인한 문제에 휩싸여 살아간다. 부모들은 이러한 10대 청소년들의 현실을 받아들이고 성행위에 관한 올바른 정보와 지침을 제공해야 한다. 미국 10대들의 임신 비율이 줄어들고 있는 것은 사실이나 여전히 전 세계 국가 중 가장 높은 비율을 차지하고 있는 것은 사실이다. 미국의 10대 임신 비율은 두 번째로 높은 영국의 거의 두 배에 이른다. 게다가 매독이나 임질, 클라미디아 Genital Chlamydial Infection 같이 성행위를 통해서 감염되는 질병의 비율 역시 서구 국가 중 가장 높다. 매년 300만 명의 미국 10대가 성병 Sexually Transmitted Diseases : STD 에 걸린다.

또 미국의 소년이 성관계를 처음으로 갖는 평균 연령은 15세이며, 소녀의 경우는 16세로 다른 국가와 거의 동일한 수준이다. 미국 10대 청소년들 3명 중 거의 2명은 고등학교를 졸업하기도 전에 성관계를 경험한다는 것이다. 그런데 미국 10대의 성행위에 관한 통계가 다른 국가의 10대들과 동일함에도 불구하고 왜 미국 10대의 임신과 성병 비율이 다른 나라에 비해 훨씬 높은 것일까? 그 이유는 첫 번째, 미국의 10대들이 다른 국가의 10대들에 비해 섹스

상대를 자주 바꾸고 콘돔을 덜 사용하기 때문이다. 두 번째 이유는 미국의 10대들이 다른 국가의 10대들에 비해 성병에 관련된 교육을 덜 받고 있기 때문이다. 10대들은 성병에 대해 무지할 뿐만 아니라 그들이 알고 있는 지식도 잘못된 정보일 때가 많다. 예를 들어보자.

소리 없는 성병으로 알려진 클라미디아는 미국에서 가장 흔한 박테리아 성 감염 성병으로서 젊은이들 사이에서 발병률이 높다. 매년 300만 명의 미국인들이 클라미디아에 감염되는 것으로 추산되며, 특히 10대 소녀들은 감염률이 높다. 질병통제와예방Disease Control and Prevention : DCP 센터의 보고에 따르면 검사를 받은 10명의 소녀 중 1명이 클라미디아에 감염되었고, 30세 이하의 여성 중 50퍼센트가 클라미디아에 감염된 경험이 있는 것으로 나타났다.

그러나 대부분의 10대들은 클라미디아가 오랄 섹스로도 감염된다는 것을 모르고 있으며 자신들이 이미 이 질병에 걸려 다른 사람에게 이를 옮기고 있을 수도 있다는 것을 모르고 있다. 질병의 위험성은 물론이요 어린 소녀들의 자궁 경부는 세포 특히 박테리아에 약하므로 감염의 위험 역시 더욱 크다는 것도 알지 못한다. 뿐만 아니라 클라미디아는 심각한 건강 문제를 일으킬 수 있는데 남성의 경우 요도 감염과 불임 위험이 있으며, 여성의 경우 골반 염증이라는 고통스러운 만성 질병으로 이어지며 출산 기관에 문제가 생겨 결국 불임이 될 수도 있다.

생식기 포진herpes simplex virus infection, 헤르페스 또한 청소년들 사이에 널리 퍼져 있는 질병이다. 이 역시 오랄 섹스를 통해서 감염될 수 있다.

매우 감염되기 쉬운 또 다른 질병은 생식기 HPV감염으로 인유두종 바이러스Human Papillomavirus에 의해 발생하는 병이다. 이 질병은 일종의 생식기의 사마귀로서 미국 질병통제예방센터의 보고에 따르면, 미국 여성 중 50~75퍼센트가 이 바이러스에 감염되어 있다고 한다. 청소년들은 특히 감염되기 쉬우며 유감스럽게도 소년과 소녀 중 이 질병에 감염된 비율이 높아지고 있다. 전문가의 치료로 생식기의 사마귀를 제거할 수는 있지만 치료받지 않을 경우에는 암세포로 발전하거나 자궁암으로 발전할 가능성이 크므로 위험하다.

또한 10대들은 에이즈 감염HIV/AIDS의 위험에 대해서도 인식하지 못하고 있다. 그 이유는 이러한 질병에 걸리는 사람은 어른이거나 동성애자, 혹은 마약 중독자일 거라고 생각하기 때문이다. 그러나 최근 CDC의 자료를 살펴보면, 10대 사이의 에이즈 감염 비율이 점점 증가하고 있는 반면 다른 연령대의 비율은 점점 줄어들고 있음을 알 수 있다. 2000년 미국의 10대 청소년 중 새로운 에이즈 감염자는 879명이나 됐다. 10대들은 이러한 생명까지 위협하는 치명적인 질병이 성행위와 오럴 섹스, 공동으로 사용하는 주사 바늘 등을 통해서 감염될 수 있다는 것을 알아야 한다.

부모들은 반드시 청소년 자녀들에게 성에 관한 교육을 해야 한다. 10대의 임신 비율과 성병 발생 비율이 낮은 국가들의 공통점은 사회적으로 가정과 학교에서 성에 대하여 개방적이며 이에 관해 청소년들과 솔직한 대화를 나누고 있다는 것이다. 역설적으로 이렇게 성적으로 개방된 국가들에서 청소년들의 성과 관련된 문제가 적게 발생한다. 미국의 부모들은 교사들이 교실에서 10대들에게 섹스에 관해 말하는 것에 반감을 갖는다. 또한 이러한 방식이 오히려 자녀들에게 섹스에 대한 관심을 부추길 것이라고 생각한다. 그러나 성에 대한 정보가 난잡한 성행위를 조장할 것이라는 생각은 잘못되었다.

염두에 두어야 할 것은 10대 청소년들의 삶 깊숙이 이미 성이 들어와 있다는 것이다. 지역이나 출신과 상관없이, 종교나 신념과 상관없이, 어떻게 양육 받았든지 상관없이 청소년들은 이미 섹스에 관해 깊은 흥미를 갖는 뇌 발달 상태와 자연스러운 신체 발달 과정을 거치고 있다.

많은 조사 결과, 청소년들은 교사나 부모들에게 성교육을 받지 못하며 관련된 정보를 또래에게 얻는 것으로 밝혀졌다. 그러나 또래로부터 얻는 정보는 사실과 다를 수 있으므로 문제가 있다. 어른들이 청소년 시절에 학교 운동장에서 주고받던 정보를 떠올려본다면 그것들 대부분이 거짓과 과장, 허풍일 뿐이며 무지에서 비롯된 잘못된 정보일 뿐이라는 것을 알 수 있을 것이다. 불행하게도 10대 중 19퍼센트만이 성관계에 관한 정확한 정보를 가정에서 얻는다. 학교에서의 성교육이 점점 제한됨에 따라 81퍼센트의 청소년들이 또래나 대중 매체 등의 잘못된 정보에 의존하고 있는 것이다.

미국의 성교육은 절제를 강조하고 있다. 10대들에게 절제란 성교를 하지 않는 것인데 대부분의 미국 10대들과 스스로 절제하고 있다고 생각하는 10대들까지도 오랄 섹스나 자위행위를 성교에 포함시키지 않는다. 따라서 10대들이 오랄 섹스를 하는 것에 대해서 전혀 제지하지 못하고 있다. 절제가 무엇인지 알지 못하면 절제를 실행할 수 없는 것이 당연하다. 따라서 부모들은 각종 성행위에 대하여 자녀와 열린 대화를 해야만 한다. 이처럼 성에 대한 무지 속에 청소년들을 계속 방치해둔다면 자녀들은 부모가 기대하는 바와 전혀 다른 방향으로 성장할 가능성이 크다는 사실을 기억하자.

섹스에 대하여 10대와 대화하기

책임감 있는 어른, 교사와 부모들은 청소년과 섹스나 성에 대해 열린 마음으로 솔직하게 대화할 수 있어야 한다. 섹스는 생물학과 관련 있으며 성은 생물학, 심리학, 가치 그리고 숭고함과 관련 있다. 만약 부모가 섹스가 무엇이며 아이들이 이와 관련해서 어떻게 행동하기를 원하는지에 대하여 설명하지 않는다면 10대 아이들은 나름대로의 정의를 내리고 그에 따라 성행위를 하게 될 가능성이 크다. 그러므로 부모와 어른들은 청소년들에게 오랄 섹스나 자위행위에 대해 설명해야 하며, 신체적으로 심리적으로 도덕적이고 건전한 성행위에 대하여 충분히 대화를 나눠야 한다. 여기 섹스에 관해 10대들과 이야기할 때 알아두면 좋을 것들을 소개한다.

첫째는 동기화하는 것이다. 어떤 부모들은 자녀의 호기심에 불을 댕기게 될까 봐 혹은 그들에게 오히려 섹스에 대한 관심을 심어주게 되어 자녀가 어릴 때 섹스를 하게 될까 봐 두려워 자녀의 성교육을 주저한다. 그러나 현실은 그 반대이다. 부모와 원활한 의사소통을 하며 성에 관해 많은 대화를 나눈 아이들이 첫 성경험을 하는 연령이 높으며 보다 책임감 있고 안전하게 행동한다는 연구 결과가 있다. 만약 부모가 자녀에게 성교육을 하지 않는다면 부모와 다른 가치를 가진 사람이 자녀와 섹스에 대해 이야기할 수 있다는 것을 기억하라.

둘째는 올바른 교육을 시키는 것이다. 섹스에 관해 10대들과 이야기할 때는 필요한 조언뿐만 아니라 확실한 정보를 제공해주는 것이 필요한데, 이에 도움을 줄 수 있는 좋은 책들은 얼마든지 있다. 따라서 좋은 정보를 많이 알고 있으면 부모로서 자녀를 교육하는 데 자신감을 가질 수 있으며 걱정으로 인한 불안감을 극복하는 데 도움이 될 것이다.

셋째는 자녀를 편안한 마음으로 대하는 것이다. 대부분의 부모들은 자녀와 섹스에 대하여 이야기하는 것 자체를 불편해한다. 그러나 마음이 불편하다는 사실까지도 자녀에게 솔직히 털어놓으며 대화를 시작하라. 이를테면 "너도 알다시피 내가 너와 섹스에 대해서 이야기하는 것은 힘든 일이란다. 왜냐하면 나 역시 자랄 때 이런 이야기를 부모님과 나눠본 적이 없었거든. 하지만 이는 정말 중요한 주제란다. 그래서 최선을 다해보려고 해"라는 식으로 이야기를 시작하는 것이 도움이 될 것이다. 당신의 자녀는 당신의 솔직함과 관심을 높이 평가할 것이다.

넷째는 특별한 시간을 잡기보다 일상에서 자주 대화를 나누는 것이다. 마치 중요한 회담이라도 되는 양 섹스에 대해 논의하려고 하지 말자. 자녀가 어렸을 때부터 청소년기가 끝날 때까지 이와 관련해서 자연스럽게 짤막한 대화를 종종 나누는 것이 좋다. 성과 관련된 문제는 대중 매체에서 끊임없이 쏟아져 나온다. 이를 이용하여 짧은 대화를 시작해보는 것도 방법이다. 예를 들어 "오늘 신문에 얼마나 많은 10대들이 오랄 섹스를 하는지에 대한 기사를 봤니? 넌 어떻게 생각하니? 정말 너의 주변에서 실제로 일어나는 현실적인 이야기니?"라고 말이다.

다섯째는 한 번 대화할 때 너무 많은 주제를 다루려고 하지 말라는 것이다. 예를 들어 성적 환상에 대해 자녀와 이야기를 나누고 싶다면 한 가지에 집중해서 말할 수 있다. 이를테면 "지금 너의 뇌 속에서 무슨 일이 일어나는지 아니? 너희 또래 아이들은 뇌의 일부가 성적 관심에 불을 댕겨서 그쪽으로 관심을 지나치게 몰아가는 경향이 있단다. 따라서 갑자기 네 자신이 성적인 생각이나 이미지에 집착하는 것 같다고 느껴져도 너무 놀라지 마라. 네 나이에서는 아주 정상적인 일이니까"라고 말하는 것이다.

여섯째는 부모와 자녀 모두 편안한 시간대에 이야기를 나누는 것이다. 시간과 장소를 구분하지 않고 준비도 안 된 상태에서 성과 관련된 대화를 시도하면 자녀가 당황하거나 개인의 자유를 침해받았다고 생각해 불편을 느낄 수도 있으니 상황을 잘 선택하자.

일곱째는 섹스뿐만 아니라 성에 대해서도 논의하는 것이다. 아이들이 생물학적으로 정확한 정보를 갖는 것도 중요하지만 존중과 배려, 책임감이 수반되는 건전한 성관계에 대해 제대로 배우고 아는 것도 필요하다.

여덟째는 데이트 방식에 관해서도 이야기를 나누어보는 것이다. 예를 들어 "대중 매체가 묘사하고 있는 데이트 방식은 정말 걱정스럽구나. TV에서는 데이트를 하는 남녀가 꼭 침대로 가야 하는 것처럼 묘사하고 있어. 하지만 데이트는 누군가에 대해서 알아보고 서로가 즐거워야 하는 시간이란다"라고 말해보자.

아홉째는 일방적으로 설교하지 말라는 것이다. 10대들은 길고 늘어지는 강의를 싫어한다. 당신이 하려는 말을 다 들은 후에는 나가도 좋다는 식으로 하라. 이상하게도 당신의 자녀가 더욱 당신의 말을 열심히 경청하게 될 것이다.

열째는 담화를 나누는 것이다. 질문을 한 후에 자녀의 대답을 꼭 들어보자. 10대 자녀의 관심이나 걱정, 의문, 의견을 이해하려고 노력하라. 다음과 같이 자녀의 말을 자르지 않도록 조심하라. "네가 무슨 생각을 하든지 상관없지만 내가 너의 부모이고 네가 아는 것보다 내가 더 많이 알고 있다는 점을 기억해!" 이런 말을 듣게 된 10대는 앞으로 혼자 생각하는 것에 익숙해질 것이다.

열하나째는 여러 가지 의미를 담은 메시지를 전하라는 것이다. 자녀에게 왜 그들이 성인이 되어 결혼하기 전까지 성관계를 늦추는 것이 좋은지에 대해 이해하고 납득할 수 있게 설명하고 안전한 섹스나 건강한 출산에 대해서는 물론, 에이즈나 다른 성병 등에 대한 정확한 정보를 주는 것도 중요하다.

열두째는 부모의 가치관에 대해 자녀와 공유하는 것이다. 자녀에게 건전하고 만족스러운 관계에는 존중과 책임감이 포함되어 있다는 것을 가르칠 필요가 있다. 우리는 자녀들에게 그들의 뇌 속의 변화가 섹스에 대한 관심을 증폭시키겠지만 서둘러서 성행위를 하지 않았으면 좋겠다고 가르칠 필요가 있다. 청소년들에게 원활한 의사소통 방법과 인간관계 기술을 가르친다면 사랑이 가져다주는 소중한 행복과 건전한 관계로부터 얻는 기쁨을 느끼게 될 것이다.

최근에 나는 우연히 길에서 마크를 만났다. 그는 열두어 살 정도 더 나이를 먹어 처음엔 못 알아볼 정도였다. 우리는 서로 어떻게 사는지 잠깐 대화를 나눴다. 그는 의사가 되어 개인 병원을 운영하고 있었다. 헤어지기 전 나는 그가 내 사무실에서 눈물을 닦으며 슬퍼했던 때부터 완전히 밝은 모습을 되찾을 때까지 기나긴 길을 온 것 같다고 말했다. 또 그동안 궁금했던 이야기를 물었다.

"스테파니가 너에게 그렇게 큰 영향을 줬다는 사실을 그땐 몰랐단다. 그런데 그 애를 데려와서 소개해준다던 약속을 왜 지키지 않았니?"

마크는 미소를 지었다.

"사실 우리는 몇 달 있다가 헤어졌어요. 무척 힘들었죠. 그땐 어떻게 해야 할지 모를 정도로 너무도 당황해 도움을 요청할 생각도 못했답니다."

"나를 찾아오지 그랬니? 네가 그렇게 힘든 시간을 보낸 것을 미처 몰랐구나."

"네, 그때는 몰랐지만 이제는 알아요. 지금 생각하면 재미있었죠. 결국 혼자 남았지만 처음 느꼈던 스테파니와의 사랑이 제게 많은 것을 깨닫게 했어요. 그리고 나서 저는 현실의 모퉁이로 돌아섰어요. 저의 꿈을 이루기 위해 많은 노력을 했고 많은 기회도 얻었죠. 그리고 지금은 더 행복합니다. 제 첫사랑의 아픔이 제게 큰 추진력이 되었거든요."

마크의 이야기를 통해 우리는 10대들이 사랑의 힘을 우리가 어떻게 이해하고 받아들여야 하는지 알 수 있다.

해야 할 일과 하지 말아야 할 일

해야 할 일
- 모든 관계에서 존중과 정직함이 중요하다는 것을 강조하라.
- 자녀와 섹스나 성에 대하여 종종 자연스럽게 대화하라.
- 연애 관계에서 중요하다고 생각되는 가치를 자녀와 공유하라.
- 10대 자녀에게 피임에 관해 정확한 정보를 주라.
- 자녀에게 성행위로 감염될 수 있는 질병에 대해 설명하라.
- 청소년 자녀의 친구, 특히 열정적으로 사랑하는 친구에 대하여 잘 알아두라.
- 경청, 경청, 경청하라.

하지 말아야 할 일
- 자녀의 이성친구를 헐뜯거나 관계에 관해 비난하지 말라.
- 연애 감정을 느끼거나 이성에게 반한 것에 대해 놀리거나 비웃지 말라.
- 자녀가 성행위와는 무관하다고 단정 짓지 말라.
- 성과 섹스에 대하여 영화와 TV가 유일한 선생님이 되도록 내버려두지 말고 직접 좋은 선생이 되어라.

자신의 양육 방식 중 계속해서 유지하고 싶은 것은 무엇인가?

바꾸고 싶은 것은 무엇인가?

8장
10대 뇌의 적, 술과 담배 그리고 마약

Why do they act that way?

"어느 가정에나 좋은 일과 궂은 일,
견디기 힘든 순간 그리고 난처한 사건들이 있게 마련이다.
부모와 자녀 사이의 관계만큼 감정이 복잡하게 얽혀 있는 관계도 없다.
그러나 이 관계만큼 아름다운 것도 없다.
그리고 이러한 관계야말로
어려운 상황이 닥칠 때마다 꼭 붙잡아야 할 관계이다."
—요한 크리스토프 아놀드 Johann Cristoph Arnold

　1990년대 청소년 약물치료 프로그램의 행정담당관으로 일하면서 나는 수백 명의 청소년들을 만날 수 있었다. 페어뷰 대학교 의학센터에서 진행된 이 프로그램은 약물에 중독된 청소년 개개인이 가진 독특한 문제에 맞춰져 있어 약물치료에 가장 효과가 좋은 회복 프로그램이었다. 환자 중 한 명인 리사는 남들이 보기엔 전혀 모자랄 게 없어 보이는 소녀였다. 열일곱 살의 그녀는 똑똑하고 얼굴도 예뻤으며 인기도 많았다. 그러나 그녀는 알코올 중독자였다. 리사는 물론 이 프로그램을 통해 치료를 받는 사람들은 이렇게 안타까운 사연 하나쯤은 가지고 있었다.

　최근 연구에 따르면, 미국 고등학교 졸업생의 30퍼센트가 심각한 술꾼이라고 한다. 그리고 더욱 경계해야 할 것은 고등학교 졸업반 중 14퍼센트가 알코올 중독의 범주에 들어간다는 것이다. 리사는 다행히 치료를 받고 있지만 안타깝게도 알코올과 약물에 중독된 많은 아이들이 도움을 받지 못하고 있다.

리사를 처음 만났을 때, 그녀는 미네소타 주 트윈 시티의 유일한 사립학교 졸업반 학생이었다. 그녀의 아버지는 유명한 의사였고 그녀의 어머니는 리사와 여동생이 다니는 학교 일을 도맡아 하는 학부모 대표였다. 그녀가 열두 살이던 어느 날 친구 캐서린의 집에 놀러갔다. 캐서린의 부모는 캐서린이 친구들과 즐거운 시간을 보낼 수 있도록 아이들만 남겨둔 채 외출했다. 물론 그들은 외출하기 전 집에서 지켜야 할 규칙에 대해서 이야기해주며 11시에 돌아오겠다고 했다. 부모님이 밖으로 나가자마자 캐서린은 아버지가 최근 바겐세일 기간에 구입했다는 포도주들 중 하나를 꺼내왔다.

"우리 엄마와 아빠는 거기 있는 포도주들을 거의 통째로 사셨어. 포도주 한 병이 없어져도 눈치채지 못 하실 게 분명해."

그녀는 걱정하는 친구들을 안심시켰다. 캐서린의 부모님은 정말로 눈치채지 못했다. 그후에도 몇 번 친구 캐서린의 집에서 술을 마신 리사는 자신이 술을 좋아한다는 것을 알게 되었고 밤마다 캐서린의 집에 모여 친구들과 술을 마시게 되었다. 어른들 몰래 술을 마시는 것은 굉장히 스릴이 넘쳤으며 마치 자신이 어른이라도 된듯한 기분이 들어 어쩐지 우쭐해졌다. 금지된 모험을 즐기면서 그녀는 알코올 기운에 빠져들었고 술을 마시면 모든 일이 너무도 쉬워졌다. 이후로 5년 동안 리사의 음주는 계속 되었고 음주량도 점차 증가했다. 열다섯 살이 되었을 때 그녀가 참석하는 주말 파티에는 여지없이 술과 마리화나가 있었고 때로는 다른 약물도 등장했다. 리사는 다양한 것들을 시도했지만 그래도 가장 좋은 것은 술이었다. 그녀는 남자 아이들 못지않게 술을 잘 마신다는 것에도 자부심을 느꼈다. 때때로 누가 먼저 정신을 잃고 쓰러질지에 대해 소년들과 내기를 하기도 했다. 매주 토요일 아침마다 그녀는 몸이 좋지 않았고 전날 밤 무슨 일이 있었는지조차 기억이 몽롱했다.

음주뿐 아니라 리사는 특별한 피임 기구도 없이 온갖 위험한 성행위를 서슴지 않았다. 알코올 중독과 마찬가지로 그녀는 섹스에도 중독되어갔다. 열여섯 살 생일을 맞이하기도 전에 남자친구 토비는 그녀에게 술을 마시며 섹스를 하자고 제안했다. 그녀는 종종 술을 마신 채로 토비와 관계를 맺었고 결국 만취한 상태에서 여러 소년들과 관계를 갖게 되었다.

그녀가 술을 마시게 되면서 부모와 리사의 관계는 악화일로로 치달았다. 야간 외출과 외박, 바닥을 치는 성적, 엉망인 가정생활로 점점 충돌도 잦아졌다. 그러던 어느 날, 폭음으로 리사가 의식을 잃자 친구는 그녀를 차에 싣고 병원으로 달려왔다. 리사는 알코올 중독을 시인했다. 리사와 그녀의 친구는 그날 밤 자신들이 술을 얼마나 마셨는지조차 기억하지 못했다. 혈중 알코올 농도는 대부분의 주 정부에서 제한하고 있는 0.40이었다. 그녀가 의사의 말을 충분히 알아들을 수 있을 정도로 의식이 또렷해졌을 때 의사는 리사가 위험 수위에 도달했다고 진단했다.

리사의 부모는 큰 충격을 받았고 리사는 다시는 술을 입에 대지 않겠다고 부모와 약속했다. 그러나 3개월 후 또 다시 그녀는 친구들과 차 안에서 술을 마시다가 경찰에게 체포되었다. 다행히 특별한 처벌

없이 풀려나면서 그녀는 부모에게 앞으로는 그 어떤 상황에도 술을 마시는 일은 없을 거라며 호언장담했다. 그러나 리사가 졸업반이 되었을 때 그녀의 부모는 교감선생님으로부터 학교로 와달라는 전화를 받았다. 리사가 학교 운동장에서 술을 마시다가 잡혀온 것이었다. 결국 리사는 정학을 받았고 화학반응 검사에서 알코올 중독이 완치되었다는 결과를 받기 전까지는 학교에 나올 수 없다는 통보를 받았다.

리사와 상담을 한 몇 번 동안 우리는 아무런 진전 없이 시간을 흘려보냈다. 리사는 알코올 중독에 대해 계속 부인했고 반항적이고 무심한 태도로 일관했다. 그러나 리사가 마지막 상담을 위해 방으로 들어왔을 때 그녀는 가장 친한 친구가 상담실에 있는 것을 보고 깜짝 놀랐다. 친구의 볼에는 계속 눈물이 흘러내렸다.

"너, 여기서 뭐하고 있는 거야?"

리사가 물었다.

"리사야, 미안해. 내가 너의 부모님과 상담 선생님께 모든 것을 말해버렸어."

그녀의 친구는 쉰 목소리로 대답했다.

"뭐라고? 도대체 네가 무슨 상관이 있다고 이러는 거야?"

리사가 분노에 찬 목소리로 말했다.

"그렇지만 나는 네가 아이를 임신하거나 상처받고 결국은 죽게 될까 봐 너무 두려워."

친구는 흐느껴 울었고 그렇게 1시간 뒤쯤 리사는 자신의 진짜 이야기를 털어놓기 시작했다.

청소년을 위한 페어뷰 치료 프로그램에는 의사와 간호사, 상담가들이 참여하고 있으며 이들은 알코올 중독과 약물 중독 청소년들의 회복을 위해 많은 노력을 기울이고 있다. 이 프로그램에 참여한 대부분의 청소년들에게도 장기적인 손상의 흔적은 남는다. 따라서 프로그램 직원이나 부모의 가장 큰 희망은 그들이 더 이상 다치지 않도록 초기에 치료를 받는 것이다. 일단 중독에서 벗어나면 그동안 깨어졌던 인간관계들은 얼마든지 복구할 수 있고 다시 학교로 돌아가서 제대로 된 생활을 영위할 수도 있다. 그러나 안타깝게도 최근에 약물과 알코올이 청소년의 뇌에 영구적인 손상을 입힌다는 연구 결과가 나왔다.

부모 체크 포인트

알코올, 니코틴, 약물

술, 담배, 마약 등으로부터 안심할 수 있는 가족은 없다. 이번 부모 체크 포인트를 통해 당신이 중독물로부터 10대 자녀를 얼마나 보호할 수 있는지에 대해 점검해보자.

예	아니오	
☐	☐	1. 나와 나의 배우자는 분별력 있게 술을 마신다.
☐	☐	2. 우리 가정은 금지된 약물을 복용하지 않는다.
☐	☐	3. 나는 담배, 술, 마약에 대하여 10대 자녀와 자주 대화한다.

- ☐ ☐ 4. 나는 10대 자녀가 술, 마약, 담배 등을 사용하는 것을 절대로 허용하지 않는다.
- ☐ ☐ 5. 우리 10대 자녀가 술이나 담배, 마약을 사용하게 되면 받아야 하는 벌칙이 있다.
- ☐ ☐ 6. 나는 알코올이나 약물에 중독된 신호를 잘 알고 있다.
- ☐ ☐ 7. 자녀가 반드시 지켜야 하는 야간 외출에 대한 가족 규칙이 있다.

만약 당신이 모든 질문에 '아니오'라고 대답했다면 10대 자녀가 술이나 담배, 마약 등으로 어려움에 처할 가능성이 커진다. 그 가능성이 굉장한 위험으로 바뀔 수도 있다는 것을 명심하기 바란다.

손상 입기 쉬운 10대의 뇌

알코올이나 약물 사용에 반대하는 사람들은 뇌세포의 수가 제한되어 있으며 새로운 뇌세포가 성장하는 일은 결코 없다고 믿어왔다. 남은 인생 동안 인간은 오직 그 제한된 세포들을 유지하거나 상실할 뿐이며 일단 뇌세포를 잃으면 다시 되돌릴 수 없으므로 뇌세포 상실을 유발하는 어떤 활동도 피해야 한다고 주장하는 것이다. 그런데 음주와 약물 복용이야말로 많은 뇌세포를 죽이고 우리의 한정된 자원을 빠르게 고갈시키는 주범이다. 의사들과 상담가들은 이렇게 말한다.

"술을 마셔서는 안 됩니다. 술을 마시는 것은 마치 머리를 벽에 세게 부딪치는 것과 같아요. 다시는 재생되지 않는 당신의 뇌세포를 죽이는 것이나 마찬가지입니다. 결국 당신 스스로가 당신의 뇌에 손상을 주고 있는 겁니다."

그러나 스웨덴과 미국의 신경과학자들 팀이 실시한 최근 연구에 따르면 전 생애 동안 뇌는 새로운 뇌세포를 생산해내는 것으로 밝혀졌다. 그러나 앞장에서 살펴본 바와 같이 중요한 것은 우리의 뇌세포 수가 아니라 뇌세포를 어떻게 촉발하고 발달시킬 것인가이다. 따라서 알코올과 약물이 우리의 뇌세포에 치명적인 악영향을 미친다는 점을 간과해서는 안 된다. 단순히 뇌세포를 죽이는 것만이 문제는 아닌 것이다.

임산부가 음주나 흡연, 의사가 처방해주지 않은 약물 사용 등을 해서는 안 된다는 것은 모든 사람들이 알고 있을 것이다. 이는 임산부 자신만을 위해서가 아니라 뱃속에 있는 태아를 위한 것이기도 하다. 임산부가 술을 마시거나 약물을 복용하면 분화와 기관의 형성 단계에서 태아의 발달에 악영향을 미치기 때문이다. 알코올과 약물은 태아 발달에 치명적이다. 태아의 뇌가 성장하고 있는 임신기간보다 더욱 민감한 시기는 없다. 외부 환경에서 투입되는 화학물질은 성장하고 있는 뇌에 독약과 같다.

엄마의 뱃속에 있을 때나 아동기에만 뇌가 발달하는 것은 아니다. 앞에서 설명했듯이 청소년기에도 뇌는 발달하고 성장한다. 따라서 10대의 뇌는 외부로부터 유입되는 물질에 매우 민감하다. 청소년기에 술이나 담배, 약물 등을 사용하는 것이 얼마나 치명적인 결과를 낳는지에 대해서 살펴보자.

술과 10대들의 뇌

코카인, 헤로인, 메스암페타민methamphetamine, 엑스터시와 같은 단어를 들으면 많은 부모들의 가슴이 덜컹 내려앉을 테지만 과거에서 현재까지 가장 손쉽게 구할 수 있으면서 아이들의 뇌에 치명적인 손상을 입힐 수 있는 물질은 바로 술이다.

고등학교 농구부 코치로 지내던 시절, 나는 우리 팀 선수들에게 다음과 같은 특별한 규칙을 내렸다.

"만약 농구를 하고 싶다면 술을 마시지 마라. 만약 이를 어기고 술을 마신다면 농구를 하지 못하게 될 것이다!"

그러나 얼마 지나지 않아 우리 팀 스타였던 카일이 파티에서 맥주를 마시고 몸을 가눌 수 없을 정도로 취했다는 소식을 들었다. 카일의 문제로 내 전화를 받은 부모들은 한걸음에 학교로 왔다. 나는 전후 사정을 설명하며 규칙을 어긴 카일이 받게 될 벌에 대해 염려를 표했다. 그러나 그들의 반응은 전혀 뜻밖이었다. 내 이야기를 모두 들은 카일의 아버지가 다음과 같이 반응했기 때문이다.

"그게 전부인가요? 그런 문제라면 너무 다행입니다. 그냥 맥주잖습니까. 저는 카일이 마약이라도 한 줄 알고 얼마나 걱정했는지 모릅니다."

당시에는 술이 10대 청소년들의 뇌에 미치는 치명적인 영향에 대해 알려진 바가 거의 없었다. 음주가 심각한 문제 행동을 이끌어낼 수 있는데도 안일한 부모들의 태도에 나는 적잖이 놀랐다. 카일의 부모와의 면담은 계획보다 길어졌고 결국 그들 역시 카일의 음주를 심각하게 받아들이는 나의 생각을 이해하게 되었다.

우리는 청소년들의 음주에 대해 심각하게 받아들여야 한다. 이미 10대들의 음주문화는 사회에 만연하다. 미국에서 술을 마시는 청소년의 비율은 마리화나를 사용하는 청소년의 세 배에 이른다. 주정뱅이를 술병을 들고 있는 게으름뱅이 정도로 이해해서는 안 된다. 주정뱅이, 즉 알코올 중독자는 2주일 동안 계속해서 5번 이상 술을 마시는 사람을 말한다. 이러한 습관과 문화에 길들여진 아이들이 대학에서 술 때문에 많은 문제를 일으키는 것은 당연하다. 최근 조사에 따르면 미국 대학생의 31퍼센트가 알코올 남용의 범주에 속한다고 한다. 비극적이게도 매년 1,400명의 대학생들에게 알코올과 관련된 질병이 발생하고 있다. 정말 대부분의 사람들이 생각하는 것처럼 술은 큰 해가 없는 물질일까?

알코올은 청소년의 뇌에 심각한 해를 입힌다. 게다가 만성적인 사용은 특히 더 위험하다. 10대에 술과 담배, 다른 약물 등을 복용하면 뇌의 뉴런과 뉴런 사이 중요한 메시지를 전달하는 화학물질인 신경전달물질에 문제가 발생한다. 알코올, 니코틴, 기타 약물로 인해 뇌 속에 이물질이 들어가면서 뇌의 신경전달물질과 혼합되어 중요한 발달 과정을 엉망으로 만들기 때문이다.

구체적으로 알코올은 기분을 좋게 만드는 신경전달물질인 도파민의 방출을 유도한다. 리사가 술을 마시면서 기분이 좋아졌던 것도 알코올을 연료로 하는 도파민이 분출되었기 때문이다. 그러나 도파민의 분출을 촉발하는 알코올과 같은 물질을 만성적으로 사용하면 도파민을 정상적 수준으로 생성해내는 작용에 이상이 생긴다. 그 결과 알코올이 완전히 흡수되면 최악의 기분 상태가 되는 것이다. 다시 말해 리사와 같은 만성적인 음주자는 술을 마실 때는 기분이 좋다가도 술에서 깨고 나면 알코올이 촉발한 도파민이 사라져버려 기분이 매우 나빠지게 된다.

심각한 알코올의 남용은 새로운 기억을 부호화하는 데에도 문제를 일으킨다. 술을 많이 마신 다음 날, 지난 밤 무슨 일이 일어났는지 기억하기 어려운 것도 바로 이 때문이다. 알코올은 단기 기억을 유도하는 글루타메이트glutamate라는 신경전달물질에 영향을 미친다. 이 신경전달물질은 새로운 기억을 저장하고 학습하도록 뉴런을 촉진하고 뉴런들이 함께 발달하도록 도움을 주면서 지속적으로 뉴런들이 함께 활성화될 가능성을 키운다. 반면 글루타메이트 없이 활성화된 뉴런은 다른 뉴런과 함께 발달하지 않는 경향이 있다. 그런데 알코올은 새로운 기억을 학습하고 저장하는 것을 어렵게 만드는 것은 물론, 이 10대들의 뇌에 있는 글루타메이트에 악영향을 미친다. 청소년의 뇌는 한창 발달하고 있으므로 다른 연령대의 뇌에 비해 글루타메이트의 역할이 크므로 문제의 심각성도 크다. 글루타메이트의 효과가 약간만 떨어져도 예민한 청소년의 뇌에 부정적인 영향을 끼칠 수 있기 때문이다.

술을 지속적으로 많이 마신 결과는 시간이 지날수록 심각하게 드러난다. 알코올의 남용은 청소년들의 기억력을 10퍼센트 이상 저하시켜 학습에 문제를 일으킨다는 연구 결과도 있다. 그뿐 아니라 심각한 알코올 중독자들은 뇌에서 새로운 기억을 등록하는 역할을 하는 해마의 크기가 일반인보다 작은 것으로 밝혀졌다. 또한 성인과 청소년이 같은 양의 술을 마신다고 해도 10대 청소년들의 뇌가 더욱 민감하므로 기억과 학습능력에 더 큰 손상을 입게 된다.

특이하게도 청소년이 입는 뇌 손상은 치명적인데도 불구하고 손상의 정도가 심각해지기 전까지는 좀처럼 경고 신호를 발견하기가 어렵다. 성인의 뇌 상태가 악화되었을 때 나타나는 두 가지 중요한 경고 신호가 청소년들에게는 나타나지 않는다는 말이다. 가령, 성인들은 알코올로 인해 뇌에 손상을 입으면 언어를 구사할 때 발음이 불분명해지거나 손을 떨게 된다. 피로감도 커지고 운동 기능에 문제가 발생한다. 그런데 10대의 경우엔 성인보다 훨씬 많은 양의 알코올을 흡수해야만 손을 떨거나 운동 협응능력에 문제가 생기는 것이다. 따라서 술을 그만 마시라고 말해주는 경고 신호가 없으므로 10대들은 한 번 술을 마시면 폐인이 될 때까지 멈추지 않고 마시는 경향이 있다. 리사와 같은 청소년들은 자신이 술을 마셔도 까딱없다며 허풍을 떨지만 눈에 보이는 증상이 없을 뿐 그렇게 술을 마시면서 스스로의 뇌에 심각한 손상을 입히고 있다는 것을 알아야 한다. 만약 청소년에게 경고 신호가 나타났다면 이미 신체적인 손상과 뇌의 기억 손상은 한참 진행된 상태일 가능성이 크다.

담배와 10대들의 뇌

담배에는 10대들의 뇌를 손상시키는 화학물질이 다수 포함되어 있다. 1990년대 중반, 대규모의 담배 소송 사건이 터졌는데 담배 회사가 의도적으로 아동과 청소년에게 담배를 홍보하고 판매한 자료가 검찰에 의해 밝혀진 것이다. 담배 회사들은 청소년들을 주요 타깃으로 생각한다. 왜냐하면 18세에 이르기까지 흡연하지 않은 청소년은 앞으로도 담배를 피우지 않을 확률이 20퍼센트나 되기 때문이다. 습관적인 흡연자 대부분은 청소년기부터 담배를 피우기 시작했다. 빅 토바코Big Tobacco 회사는 노골적으로 아이들을 대상으로 담배를 팔았다. 어렸을 때부터 담배를 피운 아이들은 고등학교를 졸업할 때쯤이면 담배에 중독되거나 죽을 때까지 담배를 피게 될 가능성이 커지기 때문이다.

최근 청소년들의 흡연이 증가하고 있다. 알코올과 마찬가지로 니코틴이 성인들의 뇌와 청소년들의 뇌에 미치는 영향은 다르다. 10대 청소년이 성인보다 담배의 강력한 화학물질인 니코틴에 중독될 가능성이 훨씬 크며, 중독에 이르는 속도도 빠르다. 니코틴은 뇌에서 발생하는 20여 가지의 신경전달물질에 악영향을 끼친다. 뇌는 니코틴에 빠르게 길들여지고 니코틴을 흡수하지 못하면 부정적인 반응을 일으키므로 뇌에 담배 수용기의 수가 점점 증가한다. 담배 한 개비를 피울 때마다 뇌는 더 많은 니코틴을 원하게 된다. 그렇게 길들여진 뇌는 담배를 피우지 않을 때는 약물에 의존하게 되고, 담배를 끊으려고 하면 금단 증상을 일으킨다.

니코틴은 알코올과 마찬가지로 도파민 생성을 부추긴다. 따라서 도파민이 증가한 흡연자들은 담배를 피울 때 좋은 기분을 느끼게 된다. 반면 도파민 방출을 일으키는 니코틴에 의존하게 된 흡연자들은 담배 없이 장시간을 보내면 기분이 매우 나빠지는 것을 경험한다. 니코틴은 청소년을 심한 중독자로 만들며 성인보다 세 배로 치명적이다. 이처럼 도파민을 증가시키고 니코틴을 원하는 뉴런의 수를 증가시키므로 청소년들이 담배를 끊는 것이 더욱 어려워지는 것이다.

설상가상으로 청소년들이 다른 강력한 약물을 복용하는 시점이 담배를 피우는 시점과 거의 일치할 확률이 높다는 것도 명심해야 한다. 담배가 약물 복용으로 입문하는 지름길인 것이다. 담배는 청소년들이 다른 약물에 쉽게 빠져들게 한다. 담배를 피우는 아이들이 알코올이나 다른 약물에 빠지는 위험이 더 높은 것으로 나타났다.

말할 것도 없이 담배는 건강을 해친다. 각종 암, 심장병, 폐암의 발병 원인이며 면역기능을 저하시켜 수많은 질병 가능성을 키운다. 질병과 니코틴의 관계는 너무나 가깝다고 할 수 있다. 미국에서는 매년 40만 명 이상이 담배와 관련된 질병으로 인해 사망하고 있다. 그리고 매일 3000명의 아이들이 이렇게 치명적인 니코틴 중독의 길로 들어선다는 사실을 부모들은 기억해야 할 것이다.

마약과 10대들의 뇌

마약은 신경전달물질, 특히 도파민과 관련 있는 신경전달물질에 악영향을 미친다. 약물의 종류에 따라 각각 다양한 화학작용이 일어나지만 모든 마약이 도파민에 영향을 미친다는 것이 공통점이다.

1960~1980년대를 지나온 어른이라면 마리화나에 대한 경험이 있을 수 있다. 마리화나를 사용했던 그들에게 큰 문제가 나타나지 않았고, 금단증상도 없었기에 이를 대수롭게 여길 수 있으나 기억해야 할 것은 오늘날의 마리화나에는 중독 성분인 THC가 이전에 비해 500퍼센트 이상 더 많이 포함되었다는 점이다. 따라서 오늘날의 10대들이 마리화나를 피우게 되면 중독될 가능성 역시 훨씬 커진다. THC는 도파민의 수준을 증가시키며 뇌가 스스로 도파민을 생성하지 못하게 만든다. 또한 단기 기억상실, 집중력 저하, 협응능력 부족 등의 부작용을 일으킨다. 그리고 마리화나를 복용하는 10대들은 의욕을 상실하고 무기력해지는 문제도 겪는다.

코카인은 신체와 심리적 상태와 관련 있는 세 가지의 신경전달물질에 영향을 미치므로 매우 위험하다. 코카인은 신경전달물질의 수준을 계속 증가시켜 쾌감을 느끼게 하고 세로토닌을 증가시켜서 자신감을 높여주며 또 다른 신경전달물질인 노르에피네프린의 수준을 높여서 활력을 준다. 코카인은 이러한 세 가지 신경전달물질의 수준을 동시에 높이므로 많은 부작용을 낳는다.

엑스터시는 특히나 위험하다. 엑스터시가 세로토닌의 정상적인 전달을 방해하여 학습과 기억에 영구적인 손상을 입히기 때문이다. 엑스터시가 뇌에 구멍을 만든다는 사실은 이미 알려져 있다. 말 그대로 구멍이 생기는 것은 아니지만 세로토닌을 방출하는 세포에 장기적인 손상을 미친다는 의미로 언급된 말이다. 청소년기에 엑스터시를 복용한 사람들은 만성적 중독에 이르고 성인이 되었을 때 심한 우울증을 겪게 된다.

최근에는 상점과 약국에서 처방전 없이 손쉽게 구할 수 있는 감기약도 청소년들에게 유해한 약물이 되고 있다. 감기약 성분에는 대부분 덱스트로메트판^{dextromethophan} 또는 DXM이 포함되어 있어 다량으로 복용하면 환각을 일으킬 수 있다. 이러한 약물을 과다복용해서 일주일에 4번이나 응급실에 실려 온 열두 살 아이도 있었다. 미국에서는 2002~2003년 사이 5명의 청소년이 약물 과다복용으로 숨졌다. 약물 남용의 증후로는 발한, 고열, 피부 마름, 환각, 시야 흐림, 구토, 불규칙적인 심장박동, 의식 불명 등이 있다.

주요 신경회로가 형성되는 10대들의 뇌는 매우 민감한 상태이므로 알코올이나 니코틴, 기타 약물이 매우 빠르고 심각하게 손상을 줄 수 있다. 그리고 이러한 부정적인 영향이 그저 일시적인 정신의 혼돈이나 행동 장애에 그치는 것이 아니라 뇌에 영구적인 손상을 줄 수 있으므로 각별한 주의가 필요하다.

적극적인 부모와 자녀 관계

왜 부모들은 자녀들이 술을 마시거나 약물을 복용하고 있다는 것을 알아채지 못할까? 왜 리사의 부모는 딸이 알코올 중독자가 될 때까지 그녀를 방치해둔 걸까?

리사가 알코올 중독 치료를 받는 동안 그녀의 아버지 마크가 상담을 위해 찾아왔다. 그는 그동안 리사에게 문제가 있다는 것은 알고 있

었지만 정확한 원인은 몰랐다고 했다.

"리사의 귀가시간이 점점 늦어지면서 언쟁도 심해졌어요. 딸애가 친구들과 주말 동안 외출을 하고 나면 애가 집에 돌아올 때까지는 잠을 잘 수가 없었죠. 침대에 누워 천장만 바라보거나 아래층에 내려가 창밖을 내다보며 리사가 돌아오기만을 기다렸죠. 그러다 리사가 돌아오면 그냥 내가 기다렸다는 것을 눈치채지 못하도록 쏜살같이 침실로 돌아와 자는 척을 하곤 했어요. 너무 걱정이 돼서 잠을 잘 수 없었지만 한편으론 너무 두려워서 리사와 마주할 수 없었답니다. 나는 딸애가 알코올이나 마약 중독일 수도 있다는 사실을 그냥 외면하고 싶었습니다. 그리고 리사와 싸우는 것조차 두려워서 그냥 모른 척하고 있었습니다."

많은 부모들이 리사의 아버지처럼 '의도적인 부정'이라는 덫에 걸린다. 자녀에게 심각한 문제가 있다는 것을 받아들이는 게 힘들고 자녀와 충돌하는 것이 고통스럽다는 이유로 많은 부모들이 어둠 속에 몸을 숨기고 있는 것이다. 의도적인 부정을 하는 부모들은 보통 자녀들이 위험스러운 상황에 처해 있을 수 있다고 의심하거나 심지어 알고 있으면서도 충돌하는 것이 두려워 이를 부인하곤 한다. 그래서 자녀들에게 아무 문제가 없는 것처럼 행동한다. 그러나 이는 부모로서 가장 바람직하지 않은 자세이다.

여러 연구들을 살펴보면, 모든 중독으로부터 아이들을 보호하기 위해서 부모들이 해야 할 일은 분명하다. 부모는 일관적인 태도로 자녀와의 관계를 유지해야 한다. 알코올이나 약물 중독 문제를 겪고 있든 아니든 상관없이 부모는 늘 자녀의 삶에 무슨 일이 일어나고 있는지 파악하고 있어야 하며, 그들에게 도움이 필요할 때 즉시 손을 뻗을 수 있어야 한다.

컬럼비아 대학의 국제중독 및 약물남용연구센터^{the National Center of Addiction and Substance Abuse}의 연구 결과에 의하면, 적극적으로 '부모-자녀 관계'를 유지하고 있는 가정의 자녀들이 그렇지 않은 가정의 자녀들보다 술과 담배, 약물 남용의 문제의 발생비율이 4배나 적은 것으로 나타났다.

적극적으로 부모-자녀 관계를 맺는 부모란 어떤 부모를 가리킬까? 그렇게 하기 위해서는 어떻게 해야 할까?

첫째로 부모는 자녀가 지금 어디에 있는지 알고 있어야 한다. 자녀가 외출할 때는 연락할 수 있는 장소의 전화번호를 남기게 하고 자녀가 귀가한 저녁에는 그들이 하루를 어떻게 보냈는지 물어보자. 자녀가 어디에 가고 무엇을 하고 싶어 하는지 적극적으로 대화를 시도하는 것도 방법이다.

둘째로 자녀가 어떤 친구를 사귀고 있는지 알아야 한다. 자신의 자녀와 친구들이 무엇을 하고 싶은지, 그들이 주로 몰려다니는 장소는 어디인지, 어떻게 그들이 친구가 되었는지에 대해서도 대답할 수 있어야 한다. 자녀의 친구들이 집에 오면 그들과 대화하도록 노력하라. 만약 10대 자녀가 친구를 집에 데려오고 싶어 하지 않는다면 그 이유를 알아보고 자녀의 친구가 누구인지 알고 싶다고 분명하게 물어보자. 자녀의 친구들에게 우호적이고 따뜻한 안식처가 될 수 있는 집안 분위기를 만드는 것도 중요하다. 간식거리를 준비해 그들이 집에 찾아올 때 편안하게 즐길 수 있게 하라. 또 맛있는 음식을 장만해서 자녀의 친구들을 집으로 초대하는 것도 좋다.

셋째로 귀가시간을 정하고 반드시 지키게 할 필요가 있다. 이렇게 하는 것이 부모와 자녀 관계에 흠을 낼 거라고 생각할 수 있지만 자녀가 귀가시간을 지키는 것은 상당히 중요하다. 귀가시간을 지키게 하는 규칙은 10대들에게 상당한 책임감을 갖게 만들며 부모가 어떤 마음으로 자신을 기다리는지 깨닫게 한다. 또 자녀들이 귀가시간을 지키는 것을 중요한 약속으로 받아들이면 외출할 때도 행선지가 어디인지, 지금 어떤 상황에 처해 있는지 등에 대해 말할 가능성도 커진다. 부모들은 종종 어떻게 귀가시간을 정해야 하는지 질문을 한다. 엄격한 규칙은 아니더라도 몇 가지 제안은 할 수 있다. 다른 부모들이 정한 귀가시간을 알아보고 그 방법이 합당하다면 따라서 정해도 좋다. 교사들의 조언을 얻을 수도 있다. 그리고 일단 귀가시간을 결정하면 자녀에게 분명하게 알려야 한다. 또 귀가시간을 어길 때 감당해야 할 벌칙에 대해서도 미리 이야기해 줘야 한다. 늦어진 귀가시간의 네 배에 해당되는 시간을 외출하지 못한다거나 파티나 행사에 참석하지 못하는 식의 권리 박탈도 벌칙으로서 효과가 있다. 다만 특별한 행사가 있을 때는 협상의 여지가 있다는 점도 알려주라.

넷째로 자녀와 잘 알고 지내는 주변 어른들과 관계망을 형성하는 것도 중요하다. 부모들 모임에 참여해 다른 학부모들과 알고 지내라. 다른 부모들이 자녀에게 어떤 규칙을 지키게 하는지 알아보고 이러한 정보를 통해서 벌칙 등에 대해 보다 쉽게 자녀와 대화할 수 있게 된다.

다섯째로 흡연이나 음주, 약물 복용 등에 대해 자녀와 터놓고 이야기하고 규칙과 그것을 어겼을 때의 벌에 대해 분명하게 알려주라. 단 한 번의 통지로 끝내지 말고 지속적으로 대화하면서 상기시키는 것이 좋다. 학교생활에 대해서도 질문하고 학교에서 무슨 일이 있었는지, 친구들과 어떻게 지내는지 물어보는 것도 좋다.

중독과 관련된 문제에서 성공적으로 빠져나온 10대들의 공통점은 그들에게는 분명한 규칙과 지침을 가지고 적극적으로 자녀와의 관계를 형성하는 부모가 있었다는 것이다. 우리는 다음과 같은 말을 내뱉는 아이들을 종종 만난다.

"내가 술이나 담배, 마약을 하는 것을 우리 부모님이 알게 되면 아마 나를 죽이려고 할 걸?"

이들의 부모는 분명한 규칙과 그를 어겼을 때 치러야 할 책임을 자녀에게 제시한 것이 틀림없다. 10대 청소년의 사생활을 존중하며 독립심을 키우는 것 역시 중요하지만 음주와 흡연, 약물 사용에 대해서도 그들이 알아서 하도록 자유를 주어서는 안 된다. 자녀에게는 메시지를 분명하게 전달해야 한다. 분명한 제한선을 전달하라.

리사처럼 처음에 그냥 호기심으로 술을 마셨다가 중독으로 빠지는 일도 있다. 부모는 문제가 일어나고 있다는 신호를 민감히 살펴야 한다. 자녀의 성적이 떨어지고 학업 수행력이 저하된다, 비밀이 많아지고 용돈을 충분히 받으면서도 자주 주변 사람들에게 돈을 빌린다, 부모가 모르는 친구들을 사귀고, 즐기던 활동들에 흥미를 잃는다, 술이나 마약에 관한 대화를 거부하고, 발신자를 알 수 없는 곳에서 자꾸 전화가 걸려온다면 일단 의심하자.

신체적으로 드러나는 신호도 있다. 대개 담배 냄새는 알아차릴 수 있지만 알코올의 경우엔 냄새가 나지 않을 수도 있다. 다만 약물을 복용하면 동공이 작아지거나 불빛에 눈동자가 반응하지 않을 수 있다. 자녀가 늦은 밤에 귀가해 침실로 곧장 들어갔다고 해도 잠들기 전에 반드시 자녀와 이야기하면서 이를 분명히 살펴봐야 한다.

그런데 자녀에게 문제가 있다는 확신이 서면 어떻게 해야 할까?

― ― ―

마크가 의도적인 부정에 대해 고백한 다음 상담시간, 나는 자녀의 문제를 알아챘을 때 부모가 해야 할 일에 대해 알아보고자 역할 놀이를 제안했다.

"내가 당신의 역할을 할게요. 당신은 리사의 역할을 해보세요."

마크는 이에 동의했다.

"리사, 어젯밤에 너는 약속한 귀가시간보다 훨씬 늦게 들어오더구나. 눈도 충혈되고 술 냄새도 나는 것 같아서 아빠는 너무 걱정을 했단다."

마크는 리사가 어떻게 반응할지 정확하게 짐작하고 있었다.

"무슨 말씀을 하시는 거예요? 조금 늦은 건 사실이지만 술을 마시지는 않았어요. 눈이 충혈되지도 않았고 더더구나 술 냄새라니, 그건 아빠의 오해일 뿐이에요!"

"리사, 우리 둘 다 네가 어젯밤에 술을 마셨다는 걸 알고 있잖니. 아빠는 그 문제로 싸우고 싶지는 않다. 다만 이제 무엇을 해야 할지 이야기하고 싶구나."

"아녜요. 술을 마시지 않았다니까요! 내 친구에게 전화를 걸어 물어보세요. 여기 전화번호 드릴게요."

"아니, 나는 아무에게도 전화하지 않을 거야. 왜냐하면 그 친구들도 술을 마셨을 게 분명하니까. 그냥 아빠에게 솔직하게 말해주지 않을래?"

"좋아요. 딱 한 잔 마셨어요. 그게 다예요. 다른 애들이 억지로 마시라고 해서 그냥 분위기를 망치고 싶지 않아서 한 잔만 했을 뿐이에요."

"그 이유가 무엇이든 궁금하지 않다. 술을 마시지 않겠다는 약속을 했는데 그것을 어긴 것이 중요하지. 분명히 아빠가 앞으로는 그냥 넘어가지 않겠다고 한 것을 너도 기억할거야. 아빠가 알고 싶은 건 네가 앞으로 술을 마시지 않겠다고 약속할 마음이 있는지야. 약속할 수 있겠니, 아니면 못하겠니?"

"약속해요. 이제 다시는 술을 마시지 않을게요."

"그렇게 말하니 기쁘다. 이제 어젯밤 일에 대해서는 어떻게 해야 할지 이야기하자. 약속을 어긴 벌로 다음 주엔 외출 금지다. 그 이유는 너도 분명히 알지? 만약 네가 또 다시 술을 마신다면 아빠와 함께 진단을 받으러 상담가를 만나러 갈 거야. 알겠지?"

"아빠, 그건 너무 심해요. 너무 부당하다고요!"

"그렇지 않아. 술을 마시면 어떻게 될지 너도 이미 알고 있었잖니, 그렇지?"

"그건 알고 있었지만……. 아빠는 왜 저에게 이렇게 심하게 하시는 거죠?"

"리사, 아빠는 너를 너무 사랑하기 때문에 내 딸이 술로 인생을 망치는 것을 가만히 보고 있을 수만은 없구나. 네가 나를 완벽히 이해할 수는 없을 거야. 다만 아빠가 너를 사랑하고 있고 우리의 약속을 네가 철저하게 지켜주길 바라고 있다는 것만 기억해줬으면 좋겠구나."

우리의 역할 놀이는 이렇게 끝났다. 내가 말한 부분에 대해서 어떻게 생각하는지, 혹 맘에 들지 않는 부분이 있는지 마크에게 물었다. 그는 차분한 목소리로 말했다.

"아뇨, 단지 저는 2년 전에 제가 그렇게 했어야 했다는 생각이 듭니다."

알코올이나 약물 중독에 빠진 자녀를 돕기에 너무 늦은 때라는 것은 없다. 너무 늦었다며 쉽게 포기하지 말자. 알코올이나 약물로 인해 뇌에 큰 손상을 입었다고 하더라도 회복될 가능성은 얼마든지 있다. 마크 역시 리사가 알코올 중독자가 되기 전에 딸을 막지는 못했지만 다시 딸아이가 건강한 삶을 되찾을 수 있도록 도울 준비를 하고 있다. 만약 그녀를 이해하는 아버지와 회복을 돕는 좋은 치료 프로그램이 없었더라면 리사는 죽을 때까지 술에 취한 자신의 모습을 바라보면서 알코올 중독자로 살아야 했을지도 모른다.

해야 할 일과 하지 말아야 할 일

해야 할 일

- 부모는 분별력 있는 행동을 통해 자녀의 귀감이 되어야 한다. 술, 담배, 마약과 관련해 우리가 취하는 행동이 우리가 하는 말보다 자녀에게 훨씬 큰 영향을 미칠 수 있다.
- 음주, 흡연, 약물 복용에 관해서는 자녀에게 명백한 지침을 주라. 화학물질의 남용으로 발달 중에 있는 그들의 뇌가 크게 손상을 입을 수 있다는 사실을 가르치고, 성인의 뇌보다 훨씬 민감하고 약한 상태이므로 성인이 될 때까지는 흡연이나 음주를 하지 말아야 한다고 설명하라.
- 명확한 귀가시간을 설정하고 반드시 지키도록 권고하라.
- 자녀가 어떤 친구들을 만나고 함께 지내는지 알아두라.
- 자녀 친구의 부모들과 평소에 친분을 쌓아두라.
- 술, 담배, 약물 등에 대하여 정기적으로 대화를 나눠라. 뉴스나 매체에서 이에 대해 다룰 때 질문을 하거나 의견을 묻는 등 자연스럽게 기회를 잡을 수 있다. 자녀의 대답을 주의 깊게 듣고 그들의 태도를 이해하며 또래 압력에 대하여 알아보자. 또한 이에 관해서 질문하는 것은 언제라도 환영한다는 점을 알려라.
- 만약 자녀가 술, 담배, 약물 등을 복용하고 있다는 확신이 든다면 전문적인 도움을 받아라.

하지 말아야 할 일

- 10대 청소년의 음주, 흡연, 약물 복용에 대해서 애매한 기준을 정하지 말라. 술은 조금 마시는 정도는 괜찮고 한두 번 정도 담배를 피울 수 있다는 식으로 말하거나 당신이 이를 사용하면, 아이들은 혼란해지고 당신에 대해 신뢰하지 않게 된다.

- 자녀에게 음주, 흡연, 약물 복용 등의 신호가 나타나진 않는지 살피고 쉽게 간과하지 말라.
- 술과 담배, 마약을 다시 하지 않겠다고 약속한 후에도 반복적으로 이를 어길 때는 쉽게 용서하지 말고 벌칙에 따라 반드시 책임을 지게 하라.

자신의 양육 방식 중 계속해서 유지하고 싶은 것은 무엇인가?

바꾸고 싶은 것은 무엇인가?

9장

대중 매체가 바꾼 10대들

Why do they act that way?

"나는 TV가 현대 문명의 시금석이 될 것이라고 생각한다.
우리의 시야 너머를 볼 수 있게 된 새로운 기회가
일상의 평화를 흔들 수도 노동의 피로를 푸는 안식을 줄 수도 있다.
그리고 우리는 TV에 저항하거나 굴복하게 될 것이다."

― E. B. 화이트 Elwyn Brooks White

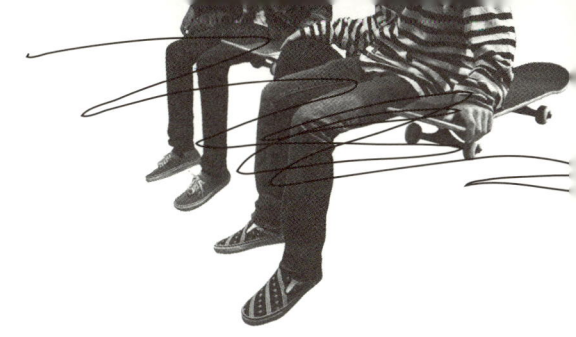

　내 친구 로저는 열일곱 살의 딸 엠마와 열다섯 살짜리 아들 헨리를 키우고 있다. 그는 어젯밤에 있었던 일을 내게 털어놓으며 웃음을 참지 못했다.

　"어젯밤 나는 엠마가 방에서 숙제를 하고 있을 거라고 생각하며 방문을 노크했어. 딸아이가 기분 좋은 목소리로 '들어오세요'라고 하길래 들어갔지. 그런데 눈앞에 놀라운 광경이 펼쳐졌어. 방 안에는 엠마가 좋아하는 가수의 최신 노래가 스피커를 통해 쾅쾅 터져나오고 있었고 엠마는 한 손으론 수화기를 들고 통화를 하면서 나머지 한 손으론 컴퓨터 메시지 창에 글을 작성하려고 키보드를 두드리고 있는 게 아니겠어? 그래서 나는 '네가 숙제를 하고 있는 줄 알았다'라고 말했지. 그러자 엠마는 당황스러운 표정으로 키보드 옆에 있는 수학 책을 가리키며 대답하더군. '맞아요. 숙제를 하고 있었어요'라고. 나는 머리를 흔들며 방을 나왔어. 그러곤 거실에 있는 헨리에게로 갔지. 그런데 그 애는 더 가관이더군. 헨리는 거실 소파에 다리를 꼬고 앉아서 무릎엔 노트북을 올린 채 TV를 보고 있었어. 아, 입엔 연필을 물고서 말야. 그래서 나는 네가 숙제를 하고 있는 줄 알았다고 하니까 그 애도 엠마처럼 대답하는 게 아니겠어? '네, 숙제하고 있었어요'라고. 다음 날 아침 출근하면서 애들에게 숙제를 마쳤느냐고 물었어. 엠마는 '물론이에요, 아빠'라고 대답하더군. 헨리도 말했어. '네, 어젯밤에 다 했어요. 아빠도 보셨잖아요?'라고 말야."

"그 애들이 정말 숙제를 했다고 생각해?"

내가 물었다.

"응! 그랬다니까. 그 애들은 모두 좋은 성적을 받았어. 그래서 그런 행동에 대해 아이들에게 아무 말도 할 수 없었지. 그 애들은 다섯 개의 다른 종류의 플러그를 꽂아놓고 숙제를 했던 거야. 음악을 들으며 TV를 보고, 컴퓨터를 치면서 전화 통화를 하는 게 가능하긴 한 걸까? 난 그중 두 개라도 동시에 할 수 없을 것 같은데. 아이들이 이 모든 것을 하면서 동시에 수학 문제도 풀 수 있다는 사실이 그저 놀라울 뿐이야. 어떻게 그렇게 할 수 있을까?"

디지털 혁명 시대에 온 것을 환영한다. 세상은 끊임없이 변화하고 있다. 산업혁명으로 대량생산이 가능해지면서 여러 상품을 보다 효율적이고 보다 좋은 품질로 만드는 일이 가능해졌다. 물품을 값싸게 구입하게 되면서 모든 면에 있어서 삶의 수준도 높아졌다. 산업혁명 이전에는 노동과 가족의 생활이 함께 뒤엉켜 있었으며 그 둘을 구분하는 기준이 불분명했다. 이를테면 당신이 구두를 만드는 사람이었다면 당신의 신발가게는 집 앞에 있고 가족들은 가게 뒤에서 살았을 것이다. 또 만약 당신이 농부였다면 논과 밭이 당신의 집 주변에 있었을 것이다. 그리고 성장한 자녀들은 자연스럽게 가족의 생계에 동참하게 되므로 부모와 아이들은 하루 종일 함께 생활한다. 가족의 삶과 노동이 뒤섞인 가운데 자녀들은 자연스럽게 인생의 가치와 태도, 살아가는 기술 등을 학습하게 된다. 그러나 산업혁명 이후엔 제조센터가 생기고 그 주변에 도시가 생겨났으며 사람들은 농촌을 떠나 일자리를 찾아 도시로 이주하기 시작했다. 이러한 새로운 삶의 양식은 가정생활까지 극적으로 변화시켰다. 어른들이 매일 공장으로 일하러 나가게 되면서 부모와 아이들 간의 상호작용이 줄었고, 직장에 나가 있는 동안 아이들을 어떻게 돌봐야 할지에 대한 부모의 고민도 깊어갔다. 그 결과 공교육이 시작됐다. 이러한 교육방식은 아이들이 기술, 태도, 가치를 배우고 터득하는 방식을 완전히 바꿨다.

우리는 이제 산업혁명만큼이나 심오한 혁명의 한가운데 서 있다. 그리고 그것이 10대들의 성장 과정에 혁신적인 변화를 가져왔다. 이름 하여 정보화 시대의 도래, 디지털 혁명, 원격통신의 혁명이다. 어떻게 부르든 상관없이 전자 매체의 눈부신 발달로 우리 아이들의 일상과 의사소통 방식에 큰 변화가 일어난 것만은 사실이다. 오늘날 10대들은 깨어 있는 동안 그 어떤 활동보다 디지털을 포함한 모든 대중 매체와 관련된 활동에 가장 많은 시간을 쏟는다.

이처럼 놀라운 혁명은 우리의 삶이 어떻게 변화할지에 대해서도 예측할 수 없게 만들었다. 불과 몇 년 전만 해도 인터넷이 무엇인지 아는 사람은 과학자들과 몇몇 학자들에 불과했다. 그리고 그들끼리 대화할 때만 이와 관련된 용어가 사용됐다. 1990년대 중반, 월드와이드웹World Wide Web이 개발되면서 일반인들도 인터넷을 이용할 수 있게 되었다. 그리고 오늘날 수백만 명의 사람들이 의사소통, 쇼핑, 오락 그리고 연구를 위해 매일매일 인터넷을 사용한다.

우리의 10대 자녀들은 마치 물속의 물고기처럼 전자 매체에 젖어 있다. 어쩌면 그들은 친구나 가족 없이는 살아도 전자 매체 없이는 살 수 없다고 생각할지도 모른다. 이처럼 새롭고 급변하는 혁신 기술 속에서 자라고 성장해온 오늘날의 10대들이 그 속에서 편안함을 느끼는 것은 당연하다. 즉 기술은 그들의 삶의 일부인 것이다.

부모 체크 포인트

매체 사용

혁신적인 기술의 발달은 오늘날의 보편적인 현상이다. 기술과 매체의 영향에서 벗어나는 것은 쉽지 않다. 따라서 부모들은 10대 자녀들의 삶에서 매체가 어떤 역할을 하고 있는지 주의를 기울일 필요가 있다. 매체가 청소년 자녀에게 긍정적인 영향을 미칠 수 있도록 부모가 할 수 있는 일들을 무엇일까? 아래의 체크 포인트를 활용해보자.

체크 포인트의 모든 항목에 '예'라고 응답했다면 당신은 매체가 가진 실과 득의 측면을 이해하고 있으며, 자녀가 매체의 유익한 측면만을 활용할 수 있도록 지혜롭게 지도하고 있는 부모라고 할 수

예	아니오	
☐	☐	1. 10대 자녀의 매체 사용시간을 제한하는 가족 규칙이 있다.
☐	☐	2. 우리는 아이들의 방에 컴퓨터, TV, 게임기 등을 들여놓지 않았다.
☐	☐	3. 우리 가족은 식사시간에는 TV를 꺼놓는다.
☐	☐	4. 나는 다양한 매체의 시청 등급 체제를 알고 있으며 그 의미도 이해하고 있다.
☐	☐	5. 나는 10대 자녀가 연소자 관람 불가 등급의 영화를 보거나 나이가 제한되는 온라인 매체를 이용하지 못하게 한다.
☐	☐	6. 나는 문제가 있다고 생각되는 대중음악의 가사에 대해서 10대 자녀와 이야기를 나눈다.
☐	☐	7. 우리 가족은 인터넷 사용에 대한 분명한 규칙을 가지고 있다.
☐	☐	8. 나는 자녀의 인터넷 사용을 주시하며 제한하고 있다.

있다. 반면 이 체크 포인트의 많은 항목에서 '아니오'라고 대답했다면 아직 당신은 매체가 얼마나 강력한 영향력을 가지고 있는지 모르거나 이를 과소평가하고 있는 부모라고 할 수 있다.

10대들의 삶 속에서의 매체

미국의 10대 청소년들 중 73퍼센트가 매일 인터넷을 사용한다. 10대들은 이메일 보내고 받기, 인터넷 채팅, 음악 다운로드, 자료 검색,

쇼핑, 게임, 학습 등의 목적으로 인터넷을 사용하고 있다. 또 10대의 열 명 중 아홉은 매일 비디오 게임을 한다. 청소년 자녀를 둔 미국 가정의 99퍼센트가 TV를 소유하고 있으며, 청소년들 세 명 중 두 명이 자신의 방에 TV가 있다고 대답했다. CD 플레이어, MP3 플레이어, 휴대전화 등 기타 매체의 사용자 중 가장 많은 비율을 차지하고 있는 연령 또한 10대이다.

전자 매체는 모든 세상으로 통할 수 있는 문을 열었다. 그 세상에는 새로운 기술, 새로운 친구, 새로운 이야기가 펼쳐져 있다. 이렇게 매체는 우리가 공유하고 있는 세상을 보다 가깝게 만들었다. 미지의 세상을 상상하고 호기심이 가득한 눈으로 여기저기를 둘러보며, 놀라움으로 가득 찬 거대한 세상을 꿈꾸던 우리는 이제 마우스 클릭 한 번만으로도 이웃 나라에 대한 정보를 쉽게 알 수 있는 지구촌에 살게 된 것이다.

디지털 혁명은 많은 교육의 기회를 낳고 세상을 보다 쉽게 이해할 수 있게 만들었다는 이점 외에도 수많은 이점을 가져왔다. 오늘날의 아이들은 정말 재미있고 실감나는 오락을 할 수 있다. 수십 개의 방송국과 케이블 TV 채널, 넘쳐나는 DVD와 비디오 도서관, 수백 개에 달하는 게임 등을 즐기는 요즘 아이들은 그런 것들이 없었던 부모들이 정말 재미없게 어린 시절을 보냈을 거라고 생각할지도 모른다. 그런데 문제는 디지털 혁명이 이점만 가져온 것은 아니라는 것이다.

민감하기 짝이 없는 10대 청소년의 뇌는 활짝 열려 있으므로 실제이든 허상이든 겪게 되는 경험들이 뇌의 발달은 물론 태도와 가치관에 지대한 영향을 미친다. 만약 청소년들이 매체의 도움으로 긍정적인 경험만 한다면 자극에 대한 그들 뇌의 민감성은 큰 문제가 되지 않는다. 그러나 최근 연구에 따르면 다양한 대중 매체들이 아이들의 뇌 발달과 사고에 악영향을 미치는 원인이 되고 있다고 한다.

10대에게 미치는 매체의 악영향

10대 청소년에게 미치는 매체의 악영향은 두 가지 측면에서 살펴봐야 한다. 양과 내용이다. 매체 사용시간의 양은 청소년들이 TV나 비디오 게임, 인터넷 등을 사용하는 시간의 합을 의미한다. 1990년에 청소년들이 화면 앞에서 보내는 시간은 평균 일주일에 약 25시간이었으며 대부분 TV 시청이었다. 그러나 최근엔 청소년들이 일주일에 40시간을 화면 앞에서 보낸다고 한다. 이는 정규직 근무시간과 맞먹는 양이다. 여기엔 전화 통화시간이나 음악을 듣는 시간은 포함되지 않는다. 그야말로 정말 화면, TV를 보거나 비디오 게임을 하고 컴퓨터를 사용하는 것처럼 화면 앞에서 노출된 시간만 해당된다. 그런데 이는 두 가지 면에서 심각한 문제가 될 수 있다. 비만과 당뇨병이 급속도로 증가한 것이다. 화면 앞에서 보내는 시간이 많아진 청소년들이 자연스럽게 다른 활동을 하지 않게 되었기 때문이다. 비디오 게임으로 초현실적이고 환상적인 세상을 탐험하게 된 10대들이 정작 바로 자기 집 뒷마당에 펼쳐진 현실의 세상을 탐험할 생각은 하지 않게 되었다. 엄청난 근육을 가진 주인공이 화면에서 공중제비를 돌며 날아다니는 동안 그것을 조정하는 아이들은 그저 엄지손가락만 움직일 뿐이다.

아이들의 매체 사용시간이 점점 증가함에 따라 신체적인 활동 시간은 급속도로 감소하고 있다. 신체활동이 감소할수록 뚱뚱해지는 것은 당연하다. 일주일에 40시간 가까이 화면 앞에서 보낸다면 운동을 하러 나갈 시간은 없을 것이다. 문제는 운동 자극이 더 이상 전달되지 않으면 운동 영역과 관련된 뇌세포들이 사라지거나 다른 기능으로 대체된다는 것이다.

의자에만 앉아 있는 과체중의 사람들의 문제는 단지 예전에 입던 바지를 입지 못하게 된 정도가 아니다. 비만해지면 건강 상태가 심각하게 나빠지며 당뇨병 발병 가능성도 커진다. 미국의 경우 당뇨병의 비율은 과거에 비해 51퍼센트나 급증했고, 특히 젊은이들의 증가율이 매우 높다. 젊은이들의 신체활동도 20년 전 같은 나이에 비해 13퍼센트나 줄었다고 한다. 비만은 화면 앞에서 보내는 시간이 증가한 것과 밀접한 관련이 있다.

과체중과 비만의 문제를 해결하려면 어떻게 해야 할까? 요즘 저탄수화물 다이어트가 인기를 얻고 있지만 해결방법은 간단하다. 요즘 청소년들에게 필요한 것은 과자나 패스트푸드에 있는 단일 탄수화물이 아니라 과일이나 야채, 곡물 빵 등에 있는 복합 탄수화물이다. 10대들의 뇌가 계속해서 성장하고 있기 때문이다. 따라서 저탄수화물 다이어트를 할 필요가 전혀 없는 것이다.

매체 사용으로 인해 청소년들의 신체활동 시간이 줄어들고, 많은 시간을 화면 앞에서 보내느라 학교생활 적응력도 떨어지는 것도 문제다. 또 공부할 시간이 없는 만큼 매체 사용이 잦은 아이들의 성적이 나쁜 것도 당연하다.

이제 매체의 내용과 관련된 문제에 대해 생각해보자. 지난 몇 년 동안 매체의 내용이 청소년들의 가치관과 태도, 행동에 어떤 영향을 미치는지에 관해 여러 논란이 있어 왔다. 확실한 것은 그 영향력이 강력하다는 것이다. 청소년들은 매체가 전달하는 단서에 영향을 받는다. 예를 들어 10대들의 75퍼센트는 매체에서 묘사한 성행위가 자신과 또래의 성행위에 영향을 미친다고 응답했다. 또 TV 광고가 미성년들이 마시고 싶어 하는 맥주 상표를 결정하도록 유도한다는 연구 결과도 있다. 좀 더 살펴보면, 가장 광고비를 많이 쓰는 버드와이저 맥주가 10대들이 압도적으로 선호하는 맥주였고 두 번째로 광고비를 많이 들이는 회사의 맥주가 10대들이 두 번째로 좋아하는 맥주였으며, 광고비를 많이 쓰는 해당 맥주와 10대들이 선호하는 맥주의 순위는 계속해서 맞아떨어졌다. 또 담배를 피우는 모습이 많이 등장하는 영화가 10대 사이에 흡연 비율을 높인다는 연구 결과도 있었다.

가장 중요하고 무서운 것은 바로 매체와 폭력의 관계이다. 화면에 등장하는 폭력과 젊은이들의 공격성에 관한 연구는 1950년대 이후로 계속되고 있다. 대표적으로 화면상에서의 폭력과 실제 삶에서의 공격성 간의 인과관계를 명확하게 밝힌 연구는 미국 심리학회American Psychological Association, 국제건강기구the National Institute of Health, 미국 소아과협회the American Academy of Pediatrics, 미국 의학협회the American Medical Association 등에서 발행하는 학술지에 소개됐다. 저명한 학회지인 「사이언스^{Science}」의 최근 논문을 보면 매체 폭력에 대해 많은 연구들이 진행되고 있음을 알 수 있다. 크레이그 앤더슨$^{Craig Anderson}$과 브레드 부시맨$^{Brad Bushman}$ 역시 이에 대한 관심이 높은데, 이들은 청소년들의 공격성을 유도하는 매체 폭력의 힘은 납중독과 정신 지체의 관계보다 강력하며, 또 매체의 영향을 받아 발생하는 사건 비율도 간접흡연으로 인한 암의 발병율보다 더 높다고 말했다.

매체의 내용이 미치는 영향은 다른 어떤 것보다 심각하다. 폭력적이고 잔인한 내용들이 대중 매체에서 여과 없이 등장하므로 미국 10대들은 고등학교를 졸업하기 전에 평균 20만 개의 폭력 행동을 목격하게 된다. 그리고 이들 중의 2만 명이 살인을 저지른다. 이러한 폭력물에 내재된 가장 심각한 문제는 생명을 경시하거나 폭력문화를 조장할 수 있다는 것이다. 누군가에 대한 적개심을 품고 잔인하게 복수하거나 살해하는 폭력적인 장면에 노출된 아이들은 그러한 관점으로 세상을 보게 되는 경향이 있다.

매체 폭력과 뇌의 연관성에 관한 연구를 살펴보면 TV가 민감한 분노 영역인 편도체를 활성화시킨다고 한다. 뇌 사진을 보면 TV 화면의 그래픽 장면과 뇌 반응이 유사하게 나타나는 것을 알 수 있다. 앨버트 아인슈타인 의과대학의 폴 린치$^{Paul Lynch}$는 비디오 게임을 하는 10대 청소년에게서 공격성 호르몬이 증가한 것을 밝혀냈다. 게임 안에서 길을 가로막는 인물을 발로 차고 때리고 칼로 베거나 총을 쏘아 죽이는 식으로 조종하고 있는 청소년들의 뇌에서는 테스토스테론과 아드레날린 수준이 유의미하게 증가했다. 이 연구 결과는 편도체가 매체 폭력에 의해서 활성화된다는 앞의 연구 결과와도 잘 맞아떨어진다.

인디아나 의대 연구 센터의 과학자들은 매체 폭력을 접한 청소년들의 전전두엽 피질을 관찰했다. 그들은 10대들이 폭력적인 게임을 하는 동안 인지기능을 담당하는 전전두엽 피질이 거의 활동을 하지 않는다는 사실을 발견했다. 또 매일 게임을 즐기는 10대들의 경우 게임을 할 때만 전전두엽 피질이 활동을 하지 않는 것이 아니라 평상시에도 활성화되지 않는 것으로 나타났다. 따라서 폭력적이고 잔인한 매체는 청소년들이 그것을 접하고 있는 순간에만 영향을 미치는 것이 아니라 심하게 노출된 경우 일상생활 전체에 영향이 미친다는 것을 알 수 있다.

10대 청소년들에게서 발생하는 게임 중독도 매우 심각한 수준이다. 비디오나 컴퓨터 게임 중독은 약물이나 도박에 중독된 사람들과 똑같은 경향성을 보인다. 게임 중독자는 강박적으로 게임을 한다. 심지어 게임 습관을 실생활에서도 버리지 못해 범법 행위를 서슴지 않는 사람도 있다. 최근에 실시한 조사 연구에 따르면 게임을 하는 일곱 명 중 한 사람은 게임 중독자라고 한다.

"컴퓨터 게임이 내 인생을 망치고 있어요. 게임을 하지 않을 때도 내 머릿속에는 온통 게임 생각뿐이에요. 주위에 친구도 없고 이성친구도 없어요."

온라인 컴퓨터 게임에 중독된 한 고등학생의 말이다.

"우리 아이의 성적은 엉망진창이 되었어요. 이제는 식사도 거르고 잠도 자지 않고 게임을 해요. 친구들을 만나지도 않는답니다."

최근 거의 절망적인 상태에서 내게 도움을 청한 어느 학부모의 말이다. 나는 그녀에게 자녀가 일주일에 몇 시간이나 게임을 하느냐고 물었다.

"43시간이요. 하도 걱정이 되어서 제가 지난주에 한 번 재보았어요."

자녀가 게임 중독에 빠졌는지는 어떻게 알 수 있을까? 자녀가 게임시간에 대한 규칙을 반복적으로 어긴다, 학교 활동이나 친구와 만나는 시간이 줄어든다, 게임을 몰래하거나 종종 거짓말을 한다, 숙제와 다른 해야 할 일을 게을리 한다, 제한시간을 엄격하게 지키라고 할 때 반항하거나 난동을 피운다면 더욱 관심을 갖고 지켜보아야 할 것이다.

21세기를 살아가는 부모라면 자녀와 게임 문제로 자주 언쟁하게 될 것이다. 너무 흔한 일이니 고통스러워할 필요는 없다. 그러나 자녀가 강박적으로 게임을 하는 증후가 보일 때는 간과해선 안 된다. 게임이 자녀의 인생에 악영향을 미치지 않게 하려면 분명한 규칙을 설정하고 이를 지키게 만들어야 한다. 자녀의 게임시간을 제한하고 게임을 할 때는 숙제와 해야 할 일을 먼저 마친 후에 하게 하자. 또 아이들이 자기 방에서는 게임을 하지 않도록 하고 규칙을 지키도록 엄격하게 규제할 필요가 있다. 만약 자녀가 이에 협조하지 않는다면 당분간 게임기나 컴퓨터에 접근하는 것을 제한하라. 이 중 어느 것도 지켜지지 않는다면 차라리 컴퓨터와 게임기를 없애버려라.

이는 TV나 영화 감상, 컴퓨터 사용에도 마찬가지로 적용된다. 매체가 무엇이든 부모가 시간을 제한하고 내용을 감시할 필요가 있다. 부모가 이성적인 판단을 할 수 있는 청소년 자녀의 전전두엽 피질의 대리인이 되어야 한다.

최근 '청소년과 대중 매체'에 관한 세미나를 마치고 나오는데 한 학부모가 내게 다가왔다. 그들은 열여섯 살 된 아들 칼에 대해 걱정하고 있었다.

"칼은 인터넷 중독자에요. 여섯 달 전 우리는 칼의 생일 선물로 컴퓨터를 사주었어요. 우리 애는 정말로 컴퓨터를 갖고 싶어 했고 우리도 컴퓨터가 필요하다고 생각했거든요. 그리고 친구의 추천으로 초고속 인터넷 케이블도 설치했죠. 처음부터 칼은 몇 시간씩 컴퓨터 앞에 앉아 있었어요. 우리는 새 것에 싫증이 나면 자연스럽게 사용시간도 줄어들 거라고 생각했지요. 그런데 그 생각은 틀렸어요. 칼은 밤을 꼬박 새우면서 인터넷 게임을 하고 친구들도 만나지 않았어요. 칼의 담임선생님은 아들이 숙제를 자꾸 잊어버리고 안 한다며 전화를 했어요. 우리는 아들과 수없이 대화도 하고 협박도 했지만 그 앤 전혀 바뀌지 않는답니다."

"제가 몇 가지 질문을 하겠습니다. 컴퓨터가 어디에 있지요?"

"칼의 방에 있어요."

"제가 생각한 대로군요. 다음 질문입니다. 칼이 인터넷으로 무엇을 하고 있는지 알고 계십니까?"

그들은 불안한 표정으로 서로 마주보았다. 칼의 엄마의 눈에는 눈물이 가득 찼다.

"어떻게 이런 일이 생겼는지 모르겠어요. 우리는 독실한 기독교 신자입니다. 우리 아들도 기독교 신자로 키워왔죠. 그런데…….”

그녀는 말을 멈추고 조용히 흐느끼기 시작했다. 다음 질문에 대한 대답이 무엇일지 알 수 있었다.

"그 애가 야한 동영상 사이트를 보면서 시간을 보내나요?"

"네."

칼의 아빠가 작은 목소리로 대답했다. 그리고 이어서 말했다.

"석 달 전에야 그 애가 포르노에 빠져 있다는 것을 알게 되었어요. 우리는 큰 충격을 받았죠. 그 애 방에 들이닥치자 칼은 너무 당황해하면서 다시는 포르노를 보지 않겠다고 했습니다. 하지만 칼은 계속 포르노를 봤고 우리는 목사님께 아이를 데리고 가서 설교를 듣게 했죠. 그렇지만 별로 도움이 되지 않았어요. 이제 칼은 포르노를 보지 않겠다는 약속조차 하지 않습니다. 상관하지 말라고 소리 지를 뿐이지요. 신문에서 선생님의 세미나에 대한 기사를 읽고 칼에게 함께 참석하자고 했지만 그 애는 거절했어요. 그래서 어쩔 수 없이 우리끼리만 온 겁니다."

"칼에게 부모님의 규칙을 따르지 않으면 어떤 벌칙을 감당해야 하는지 알려준 적이 있나요? 가령 규칙을 따를 때까지 인터넷 케이블을 끊어버리겠다는 식으로 말이죠."

"바로 3주 전에 그렇게 말했어요. 그렇지만 칼은 오히려 욕을 하고 소리를 질러대면서 그렇게 하면 분명히 후회하게 될 것이라고 악을 써댔지요."

그들은 10대들의 컴퓨터 중독 문제뿐 아니라 반항적인 행동에 관한 문제까지 겪고 있었다.

"제가 이해한 것이 맞다면 칼이 대놓고 부모님들에게 반항하고 있 군요. 예전에도 그런 적이 있었나요?"

이번에는 칼의 엄마가 대답했다.

"그렇게 고분고분한 성격은 아니에요. 예전에 말썽을 일으킨 적도 있었죠. 그렇지만 이번처럼 심각한 문제를 일으킨 적은 없었어요."

"예전에 말썽을 일으켰을 때도 이렇게 반항적인 태도를 보였나요?"

"네. 그렇지만 이 정도로 심하진 않았어요."

"이번에야 심각하다는 것을 깨달으셨군요. 두 분은 지금 두 가지의 문제를 동시에 다루어야 합니다. 하나는 인터넷 포르노에 관한 문제이고, 또 다른 하나는 칼의 반항이지요. 10대들의 반항을 다루는 것은 어려운 일입니다. 제가 말씀드리고 싶은 것은 이겁니다. 우선 부모님이 규칙을 만들고 칼과 이야기할 때 규칙을 설명해주십시오. 침착하고 분명하게 그리고 엄격하게 말하십시오. '만약 네가 컴퓨터 사용에 대한 규칙을 따르지 않으면 컴퓨터를 없애고 인터넷 케이블을 끊어버리겠다'는 식으로 말입니다. 컴퓨터의 사용 여부는 바로 그의 선택에 달려 있다는 점을 알려주고 이를 받아들일 것인지 물어보세요."

"아마도 칼은 우리 이야기를 듣는 것 자체를 거부하거나 또 욕을 하고 소리를 지를 것 같은데요?"

엄마가 말했다.

"그러면 즉시 대화를 중단하십시오. 그리고 칼이 소리 지르거나 욕하지 않고 이야기할 준비가 될 때만 대화를 할 거라고 분명히 말하세요. 그리고 그 사이에 즉시 인터넷 케이블을 끊을 수 있다는 것도 알려주십시오. 부모로서 그럴 권한이 있고 소리 지르고 욕하는 방식으로는 이야기 할 수 없다는 것을 칼이 받아들이도록 해야 합니다. 중요한 것은 두 분이 이를 견뎌낼 수 있을 정도로 강력한 의지를 가져야만 한다는 것입니다. 그렇게 하실 수 있겠어요?"

"모르겠어요. 칼이 불같이 화낼까 봐 두려워요."

칼의 엄마가 말했다.

몇 년간 10대 자녀를 둔 많은 부모들과 이야기를 나누면서 나는 청소년 자녀가 반항할 때 부모들은 두 가지 공포를 느낀다는 사실을 알게 되었다. 첫 번째는 아들이나 딸이 그저 순순하게 나오지 않을 것이라는 두려움이다. 두 번째는 10대 자녀가 분노를 통제하지 못해 가출하거나 부모에게 폭력을 휘두르거나 자해하는 식으로 과격한 행동을 할지 모른다는 두려움이다. 그래서 나는 칼의 부모에게 이렇게 조언했다.

"만약 칼이 두 분의 규칙을 무시할 것이 걱정된다면 칼에게 규칙을 어기면 벌을 받게 될 것이며 부모로서 강제로라도 집행할 것이라고 차분한 목소리로 분명히 말해서 권위를 새롭게 세우세요. 침착하되 엄격하게 대하십시오. 위협하거나 협박하는 것처럼 말하기보다는 규칙을 어겼을 때 치르게 될 결과는 바로 그 애의 선택으로 인한 책임임을 상기시켜 주십시오. 칼은 부모에게 그럴 권한이 있다는 것을 알아야 합니다. 그런데 만약 두 분과 칼의 안전에 대해서 걱정이 된다면 다른 대책을 세우셔야 할 겁니다."

"그게 무슨 뜻인가요?"

칼의 아빠가 의아한 표정으로 물었다.

"전문가의 도움을 받아야 할 정도로 심각해지는 상황을 말하는 겁니다. 그렇다면 칼의 학교 상담가나 조언이나 추천을 해줄 수 있는 사회복지사를 찾아보십시오. 통제가 불가능해질 정도로 사태가 위험에 빠지는 일은 드물지만 만약에라도 그런 일이 발생한다면 911을 부르거나 경찰에 협조를 요청하는 것이 가장 현명합니다."

"그 정도까지 되지는 않겠지요. 그렇죠, 박사님?"

걱정스러운 표정으로 칼의 엄마가 물었다.

"네. 그 정도로 상황이 악화될 거라고는 생각하지 않습니다. 경험상 그 정도로 심각해지지는 않았습니다. 단지 두 분이 언제나 현명한 판단을 해야 한다는 점을 알려드린 겁니다. 부모가 두려움 때문에 자녀의 반항을 해결할 수 없다면 앞으로도 문제가 심각해질 가능성이 커진다는 것을 기억하세요."

효과적인 매체 통제법

칼은 극단적인 경우이다. 이 문제의 원인은 칼의 부모님이 컴퓨터 사용의 문제점을 간과했다는 데 있기 때문이다. 10대 자녀를 둔 부모들의 가장 큰 걱정은 아이의 건전한 결정을 위해 세운 지침과 제한선을 자녀들이 스스로 잘 지킬 것인가이다. 그러기 위해서는 우선 자녀들 방의 TV나 컴퓨터, 게임기 등을 치워야 한다. 자녀가 그들의 방에서 이를 사용하면 부모들은 아이가 매체를 통해 무엇을 접하는지, 화면 앞에서 얼마나 많은 시간을 보내는지를 알 수 없다. 따라서 이러한 매체들은 가족의 공동 공간에 두는 것이 바람직하다. 때로는 집안 전체가 시끄러워질 수도 있지만 장기적으로 볼 때는 훨씬 긍정적인 결과로 이어질 가능성이 크다. 청소년들도 그들만의 사적인 공간에서 하루를 돌아볼 시간을 갖는 것이 중요하지만 매체들은 오히려 그에 도움이 되지 않는다.

식사시간 동안 TV를 끄는 것도 가족 간 소통에 매체가 방해되지 않도록 통제하는 모습을 자녀에게 보여줄 수 있는 좋은 방법이다. 또 시청 등급은 어린이나 청소년들이 시청하기에 적합한 내용인지를 미리 알아볼 수 있는 좋은 제도이다. TV, 영화, 게임의 등급을 미리 알아두자. 자녀가 매체의 등급에 따르도록 납득하는 것 역시 부모의 몫이다.

광범위한 위험이 도사리고 있는 각종 매체야말로 10대 자녀를 키우는 부모에게는 큰 도전이 된다. 다양한 필터링 소프트웨어를 통해 자녀가 적합하지 않은 사이트에 들어가지 못하도록 차단하기도 하지만 부모들은 가장 좋은 필터링 소프트웨어를 찾기도 힘들고, 또 이미 이 프로그램을 잘 이해하고 있는 청소년들은 필터링 프로그램에서 잘 빠져나가므로 무용지물이 되는 경우가 많다. 또 다른 대안으로 감시 소프트웨어를 설치하는 방법도 있다. 시간마다 자녀가 들어갔던 사이트가 어디인지 살펴볼 수 있는 장치이다. 그러나 가장 좋은 방법은 자녀가 어느 사이트에 들어가고 누구와 만났는지 등에 관해서 얼굴을 마주하며 직접 대화를 하는 것이다.

핵심사항은 다음과 같다. 자녀가 시청할 수 있고 활용할 수 있는 매체의 관한 기본 규칙을 세우고 자녀에게 이를 분명히 이해시키는 것, 자녀와 자주 의사소통을 하면서 그들이 지금 흥미 있어 하는 매체가 무엇인지 아는 것이다. 즉, 자녀가 좋아하는 매체가 무엇인지 살피면서 그들이 좋아하는 것에 부모도 관심을 기울이고 있다는 것을 보여주는 것이 중요하다. 그러고 나면 매체의 내용과 시간을 제한하는 것을 자녀 역시 쉽게 수용할 수 있다.

해야 할 일과 하지 말아야 할 일

해야 할 일

- 매체 사용시간에 대해 명확한 가족 규칙을 세워라. '숙제를 끝내기 전과 밤 9시 이후엔 TV와 게임 금지'라는 식으로 규칙이 명료할수록 좋다. 일관성도 중요하다.
- 오락물의 시청시간을 제한하라. TV 시청과 게임하는 시간을 일주일에 총 10시간 정도로 제한하는 것을 추천한다. 단, 과제를 위한 조사, 과제 수행, 이메일 확인 등에 소요되는 시간은 이 시간에 포함시키지 말자.
- 자녀가 TV에서 무엇을 시청하고 있는지, 그들이 즐기는 게임이 무엇인지 알아두라.
- 대중 매체 시청 등급을 알아두고 이에 따르도록 하라.
- 인터넷 감시를 위한 소프트웨어를 설치하고 자녀가 어떤 용도로 컴퓨터를 사용하는지 부모가 주시하고 있다는 점을 알려주라.
- 자녀가 시청하는 프로그램이나 하고 있는 게임에 관심을 가지고 자녀와 대화하라.

하지 말아야 할 일

- 저녁 식사시간에는 TV나 다른 매체를 동시에 사용하지 말자.
- TV나 게임기, 컴퓨터를 자녀 방에 두지 말라.
- 대중 매체로 자녀들의 다른 활동이 줄어드는 것을 방지하라.
- 자녀가 잔인하고 폭력적인 게임을 하지 못하게 하라.

자신의 양육 방식 중 계속해서 유지하고 싶은 것은 무엇인가?

바꾸고 싶은 것은 무엇인가?

10장
피곤한 10대들

Why do they act that way?

"우리의 일상은 꿈의 재료이며
우리의 짧은 인생은 잠으로 둘러싸여 있다.
좋은 잠이야말로
신이 인간에게 부여해준 살뜰하고 그리운 간호부이다."

– 셰익스피어 William Shakespeare

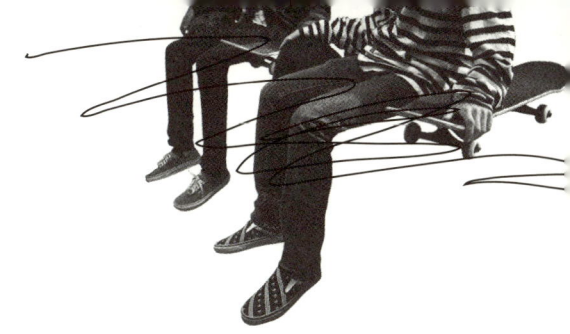

　우리 가족은 매년 여름 아이들과 함께 휴가를 떠난다. 아이들이 어렸던 어느 여름엔 5인용 텐트를 가지고 아름다운 장소를 여기저기 찾아다녔다. 텐트는 우리 다섯 식구가 모두 누워도 괜찮을 정도로 넉넉했고 비에 젖지 않아 안전하게 잠을 이룰 수 있었지만 텐트라는 한정된 공간에서 우리들은 각자 자유롭게 행동할 수 없었다. 문제는 우리 가족이 지키고 있는 규칙이었다. 엄마나 아빠가 잠에서 깨어나기 전에는 잠자리를 뜨지 않는다는 규칙. 휴가지에서 새벽녘이 되면 우리 세 명의 아이들은 모두 잠에서 깨어났지만, 우리 부부가 깨지 않은 탓에 서로 물끄러미 바라보며 우리가 깨어나기만을 기다릴 수밖에 없었던 것이다.
　그런데 아이들의 청소년기가 시작되자 모든 것이 달라졌다. 둘째 브라이언은 초등학생 때 종달새처럼 아침 일찍 일어나곤 했는데, 주말엔 TV를 시청을 하지 않는다는 규칙이 있었기에 우리 부부 중 한 명은 꼭 일어나 브라이언의 아침식사를 준비하고 함께 시간을 보내야 했다.

그러나 중학생이 된 브라이언은 180도로 달라졌다. 아침에 그를 깨우는 일은 우리 부부에게 힘든 과제 중 하나였다. 어쩌다 운이라도 좋은 날엔 브라이언이 이렇게 웅얼거리는 소리를 들을 수 있었다.

"제발 5분만 더요, 제발……."

우리는 그 애를 침대 밖으로 끌어내기 위해 사투를 벌였다. 보통 브라이언은 알아듣지 못할 말들을 웅얼거리며 침대 위를 굴러다녔다. 그래서 거의 완력으로 아이를 침대에서 끌어낼 수밖에 없었다. 그 애가 너무 늦게 잠자리에 드는 것이 문제라는 것이 우리 부부가 내린 결론이었다. 밤 11시 전에 침실에 들어가는 것을 거의 본 적이 없었기 때문이었다. 브라이언이 일찍 잠자리에 들도록 하기 위해 모든 노력을 다했다. 그러나 아이를 침실로 데려갈 수는 있었지만 잠들게 하지는 못했다.

"나는 피곤하지 않아요. 그냥 억지로 누워 있을 뿐이라니까요."

브라이언을 제외한 모든 가족원이 하루를 시작하는 아침시간, 그 애만 거의 혼수상태에 있었고 모든 가족이 녹초가 되는 밤에는 그 애 혼자 힘이 넘쳤다. 도대체 이러한 습관을 어떻게 고쳐야 할지, 어떻게 하면 브라이언이 우리와 같이 잠자리에 들고 같이 눈뜰 수 있을지 고민했지만 방법을 찾을 수 없었다. 그런데 10대 자녀를 둔 부모들과 만나 이야기를 나누면서 우리만 이런 고민을 하고 있는 것이 아니라는 걸 알게 되었다. 그들의 말에 따르면 아이들이 주말에는 낮 12시, 1시, 2시, 심지어 3시까지 잠을 잘 뿐만 아니라 그들을 일찍 잠들게 하는 일은 불가능에 가깝다는 것이다. 우리는 브라이언의 수면 패턴이 보통 또래의 아이들과 같다는 것에 안심이 되긴 했지만 왜 그런 일이 일어나는지에 대해서는 여전히 이해할 수 없었다. 지난 여름날 새벽같이 일어나 우리 부부를 말똥말똥한 눈으로 바라보던 종달새는 어디로 가고 올빼미만 남게 된 걸까?

부모 체크 포인트

10대와 수면 패턴

부모들에게 10대 자녀와 자꾸 충돌하게 되는 문제들을 열거하라고 한다면 맨 처음 떠오르는 단어가 '수면 패턴'은 아닐 것이다. 그러나 적절한 수면시간은 10대들의 건강한 삶에 매우 중요한 구성요소임에 틀림없으며 수면 패턴 역시 자녀와 부모 사이에 잦은 논쟁거리가 되는 것도 사실이다. 당신의 양육 전략에 청소년 자녀의 수면시간과 관련된 내용도 필요하다면 다음 체크 포인트를 잘 활용해보자.

예   아니오

☐   ☐   1. 10대의 뇌 속에 일어나는 변화가 아이들의 수면 주기를 바꿨다.

☐   ☐   2. 많은 10대들이 자신에게 필요한 수면시간 중 25~33퍼센트 부족하게 자고 있다.

☐   ☐   3. 나는 자녀가 잠을 자지 않더라도 밤에는 긴장을 풀고 쉬도록 도와준다.

☐ ☐ 4. 나는 자녀가 저녁에 카페인이 포함된 음식을 먹지 못하도록 한다.

☐ ☐ 5. 나는 주말에는 자녀가 늦게까지 자도록 내버려둔다.

만약 당신이 위의 항목 중 모두에 '예'라고 응답했다면 편안히 잠을 자도 좋다. 그러나 당신이 '아니오'라는 대답에 많이 체크했다면 밤을 지새우면서라도 어떻게 해야 당신의 자녀를 이해하며 자녀가 충분한 수면을 취하도록 도울 수 있을지 고민해야 한다. 당신의 자녀와 마주 앉아 잠자리에 드는 시간에 대해 함께 계획을 세우는 것도 좋은 방법이다.

수면과 10대의 뇌 이야기

어쩌다가 브라이언이 올빼미가 된 것일까? 그 해답은 역시 10대의 뇌에서 찾을 수 있다. 사춘기에 들어서면서 두 가지 큰 변화가 일어나는데 이로 인해 10대들의 수면 패턴이 바뀐다. 변화 중 하나는 뇌의 수면 조절 방식과 적절한 수면의 양이 변하는 것이고 또 다른 변화는 수면 및 기상 주기가 바뀌어 10대들이 졸음을 느끼는 시간과 의식이 분명한 시간대가 우리가 흔히 정상이라고 생각하는 시간대와 완전히 반대가 되는 것이다.

이러한 변화가 의미하는 바를 설명하기 전 수면의 중요성과 기능에 대해 먼저 생각해보자. 어떤 과학자는 충분한 수면이 다음 날을 위해 세포들을 새롭게 정비하고 에너지를 채워주는 역할을 한다고 주장한다. 또 어떤 과학자들은 수면이 전날 만들어진 뇌세포 간의 연결을 강화시킨다고 한다.

이러한 가설을 검증하기 위해 테트리스 게임을 하는 사람을 대상으로 실험을 했다. 테트리스는 떨어지는 다양한 모양의 벽돌을 잘 조합해서 가로줄의 칸을 모두 채우면 한 줄이 사라지는데 이를 잘 배열하지 못해서 벽돌이 차곡차곡 쌓이면 스테이지가 끝나는 게임이다. 단 벽돌이 떨어지는 속도는 점점 빨라지므로 게임을 능숙하게 하는 데 시간이 꽤 걸리며 난이도가 올라갈수록 빠르게 반응하는 연습이 필요하다. 그런데 심리학자들은 하루 종일 테트리스 게임을 한 사람의 뇌를 관찰한 결과 그들이 꿈에서도 테트리스 게임을 하는 것을 발견했다. 신경학적 견지에서 연구자들은 게임 연습을 하던 것처럼 그들이 똑같이 꿈에서도 연습을 할 것이라고 가정했다. 꿈과 현실 모두에서 기술을 반복하는 것은 테트리스를 잘하도록 뇌세포의 연결망을 만들고 강화하는 과정인 것이다.

이러한 과학자들의 주장에 따르면 수면은 깨어 있을 때 했던 행동을 보다 잘하도록 만드는 뇌 연결망을 형성하는 역할을 한다. 꿈이란 현실을 위한 연습인 것이다.

수면이 건강을 위해 꼭 필요하다는 것 이외에 수면의 실제 기능에 대해서는 명확하게 알려진 바가 없다. 뇌 사진을 살펴보면 몸이 고요하고 평안한 휴식을 취하고 있는 그때에도 뇌는 매우 활발하게 움직이고 있는 것을 알 수 있다. 우리의 상식과는 어긋나지만 사실이다. 즉 우리의 뇌는 잠자는 동안에도 매우 바쁘다.

충분한 수면을 취하지 않으면 몸과 마음이 힘들어진다. 그리고 억지로 잠을 자지 못하게 하면 정신병까지 일으킬 수 있으며 지속적으로 며칠 동안 잠을 자지 않으면 사망에 이를 수도 있다. 물론 10대들이 잠을 적게 잔다고 해서 극단적인 상황에까지 이를 가능성은 크지 않지만 우리의 많은 청소년들이 잠을 충분히 자지 못하고 있다는 것이 문제이다. 숙면을 취하지 못한 사람은 집중, 추론, 안전 운전, 노동, 학습 등에 어려움을 겪기도 한다.

그렇다면 10대들에게 필요한 수면시간은 몇 시간일까? 많은 연구들에서 성인과 청소년 모두 매일 8시간의 수면시간이 필요하다고 가정한다. 한편 어떤 부모와 심리학자들은 청소년들이 부모가 잠자리에 든 이후에도 잠을 자지 않는 것을 보면 청소년은 어른보다 잠을 덜 자도 괜찮을 것이라고 생각하기도 한다. 그러나 수면 연구의 권위자인 브라운 대학 메리 카스카돈$^{Mary\ Carskadon}$ 교수는 청소년의 뇌는 매일 9시간 30분 정도의 수면이 필요하다고 주장한다. 이런 기준에서 보면 많은 10대 청소년들이 충분한 수면을 취하지 못하고 있는 것을 알 수 있다.

고등학교 교사로 지내던 시절, 오전 8시에 시작되는 생활지도 수업에는 언제나 졸음이 가득한 신입생이 꽉 차 있었다. 그들은 비틀거리며 교실에 들어와 조회시간 동안 책상에 엎드려 잠을 잤다. 학교에서 무슨 일이 일어나고 있는지 모르는 것 같았고 실제로도 그랬다. 조회시간의 공지사항을 전혀 듣지 못했으니까 말이다. 나는 학생들에게 몇 시에 잠자리에 드는지 물어보았다. 일반적인 대답은 한밤중이었다. 매일 평균 6시간 정도 잠을 자며 최대 7시간 정도 잔다고 했다. 메리 카스카돈 교수의 주장에 비춰보면 이들은 필요한 수면시간에 비해 25~33퍼센트 정도 수면이 부족한 셈이다. 학생들이 책상에 엎드려 침을 흘리며 자는 것은 너무나 당연한 것이다. 물론 좀 더 일찍 잠자리에 들어 충분한 수면을 취한다면 그렇게까지 피곤하지는 않겠지만 앞서 말했듯이 10대들의 수면 및 기상 주기의 변화 때문에 일찍 자는 것은 거의 불가능하다고 할 수 있다. 잠자리에 일찍 든다 해도 잠에 빠져들긴 힘들 것이다.

열심히 일하며 살아가는 건강한 성인에겐 잠을 자는 것이 누워서 떡 먹기만큼이나 쉬운 일이지만 실제로 수면을 취하기까지는 매우 복잡한 작용이 포함되어 있다. 과학자들은 호르몬과 신경전달물질 등을 포함하여 50개 이상의 다양한 화학물질이 수면과 관련 있다고 말한다. 하루의 신체 변화 주기인 24시간 리듬을 유지하기 위해서는 많은 화학물질 간의 균형이 필요하다. 이러한 리듬은 우리가 배고플 때, 깨어 있을 때 그리고 우리가 사람들을 만날 때 영향을 미친다. 24시간 주기에는 수면 및 기상 주기도 포함되어 있는데 사춘기에 들어서면서 주기에 변화가 일어난다. 이러한 변화가 왜 일어나는지에 대해서 정확히 알려진 바는 없지만 많은 화학물질이 수면과 관련이 있다는 사실로 유추해보자면 10대들의 수면 패턴의 변화가 호르몬 체제에서 일어나는 극적인 변화와 관련이 있는 듯하다.

정상적인 성인의 24시간 주기는 하늘에 떠 있는 태양의 움직임에 따른다. 하루 동안 뇌는 우리의 눈을 통해서 들어오는 정보를 받아들이고 궤도를 따라간다. 빛이 망막에 들어오면 뇌의 시상하부의 세포들이 활성화되고 뇌 깊숙이 있는 송과선$^{pineal\ gland}$, 내분비선 중 하나에 메시지를 전달한다. 그리고 송과선에서는 멜라토닌^{melatonin}이라는 호르몬이 방출된다.

멜라토닌을 일곱 난쟁이 중 하나라고 가정하면 '졸음이'라는 이름을 붙일 수 있을 것이다. 불면증 환자들이 복용하는 수면유도제는 알약 형태로 되어 있는 멜라토닌 보강제로서 일반적으로 멜라토닌 방출을 조절한다. 따라서 멜라토닌을 복용하면 잠들 수 있다. 물론 24시간 주기가 제대로 돌아가고 있는 사람은 멜라토닌 약을 복용할 필요가 없다. 그저 해가 지고 날이 어두워지면 뇌의 시상하부가 송과선에 멜라토닌의 생산을 늘리라는 메시지를 전달하고 멜라토닌의 수준이 늘어남에 따라 점점 졸음이 쏟아질 테니 말이다. 그리고 충분히 수면을 취한 후에는 우리의 뇌가 송과선에 멜라토닌 방출을 멈추라는 메시지를 전달하고 호르몬의 수준이 떨어지면서 잠에서 깨어나게 되는 것이다.

그러나 아이들이 일단 사춘기에 접어들면 수면 및 기상 주기가 변해 멜라토닌이 점점 더 늦은 시간에 방출되고 멜라토닌의 수준이 떨어지는 시간도 점점 늦춰진다. 그 결과 다른 연령대의 사람들이 피곤을 느끼는 밤 11시나 12시에 10대들은 말똥말똥하고, 일반 사람들이 활기차게 움직이는 오전 8시에 10대들은 녹초가 되어 있는 것이다.

10대들의 뇌는 한창 발달하는 시기이므로 뇌가 최상의 효율성을 발휘하고 작동하기 위해서는 매일 9시간~9시간 30분 정도의 수면이 지속적으로 필요하다. 그러나 문제는 10대들이 24시간 주기 리듬의 변화로 늦은 시간이 되어서야 잠이 들면서도 일반 사람들보다 일찍 일어나야 한다는 것이다. 수면을 박탈당한 청소년들은 주중에는 늘 잠이 부족하고 결국 주말엔 오후까지 곯아떨어져 잠을 자므로 수면 및 기상 주기가 더으 망가지는 악순환을 거듭하고 있다. 주중에는 아침마다 일어나기 힘들어 하고 주말에는 조금이라도 더 잠을 자고 싶어 하는 우리 아이들을 게으르다고 비난하지 말자. 그들은 잠에서 깨기 위해서 자신의 몸과 승산 없는 싸움을 벌이고 있는 중이다.

수면 부족은 결코 사소한 문제가 아니다. 연구에 따르면 수면이 부족하면 기억력에 문제가 발생하는 것으로 밝혀졌다. 교과서나 과제, 필기도구를 잃어버리거나 잊고 가져오지 않은 아이들을 단지 책임감이 부족하다며 혼내서는 안 된다. 고등학교에서 가르쳤던 한 학생은 언제나 내게 종이와 필기도구를 빌려달라고 했다. 그는 교실에서 종종 졸았고 성적도 좋지 않았다. 그렇게 피곤해하지만 않았어도 결과는 달랐을 것이다. 어떤 학생은 2년 동안 계속해서 1교시에 불어를 배웠는데 아무 것도 기억나지 않는다고 했고, 그의 불어 선생님은 그 학생이 수업시간마다 책상에 엎드려 잠을 잤다고 했다.

수면 부족의 또 다른 부작용은 스트레스 호르몬인 코르티솔cortisol이 증가한다는 것이다. 코르티솔이 증가하면 면역 체계에 이상이 생긴다. 아들의 친구인 테드는 중학교에 들어가면서 한 학기 동안 여러 번 병치레를 했다. 그는 모범생이었지만 결석이 너무 많아 낙제 위기에 처했다. 다행히 미네소타에서는 성적이 좋은 고등학생에 한해 2학년을 마치고 주립 대학의 수업을 청강할 수 있는 제도가 있었는데 테드는 고등학교에서 1교시나 2교시 수업은 피하고 대학에서 2개의 저녁수업을 듣게 되면서 건강이 빠르게 회복되었다. 아마 충분한 수면을 취하면서 코르티솔 수준이 낮아지도록 조절했기 때문일 것이다.

정신이 흐릿해지는 증상 또한 수면 부족의 부작용인데 이에 대해서는 사람들이 쉽게 간과하는 경향이 있다. 그러나 운전면허를 가진 10대가 도로에서 운전 중에 정신이 흐릿해졌다고 하자. 아찔하지 않은가? 10대가 일으키는 교통사고의 가장 큰 원인은 운전자가 주의를 기울이지 못하고 집중하지 않아서이다. 청소년들이 충분한 수면만 취한다고 해도 교통사고가 많이 줄어들 것이다.

이 밖에도 많은 과학자들은 수면 부족이 포도당을 처리하는 능력에 문제를 일으켜 몸무게를 증가시키고 비만을 일으킨다고 주장한다. 아동과 청소년 비만의 원인 중 하나가 바로 수면 부족이다. 또 습관적인 수면 부족은 기분 장애^{mood disorders}, 우울장애와 양극성 장애를 포함하는 감정과 정서에 대한 장애를 일으킨다. 수면 부족 상태에서는 감정이 격해지고 정서를 억제하고 통제하는 능력이 저하된다. 아이가 방문을 걷어차거나 갑작스럽게 울음을 터뜨리고, 분노를 폭발시키는 행동도 수면 박탈과 관련 있다.

특별한 경우이긴 하지만 일정치 않은 수면 패턴을 가진 아이가 수면 지연 증후군^{delayed sleep phase syndrome}이라는 심각한 수면 장애에 이르게 될 수도 있다. 밤과 낮이 바뀌는 증상으로 나타나지만 수면 장애를 일으키는 유전 요소가 수면 및 기상 주기가 변하는 청소년기에 도달하면서 발현되는 경우이다.

　수면과 10대의 뇌에 대해 제대로 이해했다면 부모나 어른들이 청소년들을 위해 무엇을 해야 할지 알게 되었을 것이다. 우리 아이들에게 필요한 수면시간을 제공하도록 노력하자. 그들을 도와줄 수 있는 가장 쉬운 방법 중 하나는 그들을 밤늦게까지 깨어 있게 하는 장애물을 제거하는 것이다. 카페인이 포함된 음료를 금하고, TV나 게임, 컴퓨터 사용, 전화 통화 등을 밤 9시나 10시 이후엔 제한하는 식으로 그들의 뇌가 잠자리에 들 수 있도록 도와야 한다. 10대 자녀가 졸리지 않다며 투덜대더라도 저녁시간에는 하루를 마감하고 잠자리에 들도록 유도하는 것이 바람직하다. 독서를 하거나 조용한 음악을 듣는 등 평온한 활동을 하는 것도 효과가 있다. 주말에 아이들이 침대에서 시간을 낭비하지 않도록 해야겠지만 주말 동안에 침대 속에서 나오려고 하지 않는 것에 대해서는 인내심을 발휘해보자. 오전 10,11시까지 자는 것은 이해하자. 그러나 오후 2,3시까지 침대에 있는 것은 오히려 해롭다.

　이러한 연구 결과들에 주목한 몇 학교에서는 10대 청소년 수면 연구에 기초하여 1교시 시간을 바꾸는 결단을 단행했다. 이 학교 학생들의 성적이 얼마나 향상되었는지 아직 보고되지는 않았지만 이로 인해 학생과 교사 모두 행복해졌으며 교실에서 조는 학생이 줄어들었다고 한다. 어쩌면 10대 청소년들의 수업은 이른 저녁에 하는 것이 생산적일 수도 있다.

해야 할 일과 하지 말아야 할 일

해야 할 일
- 청소년은 매일 9시간 30분 정도의 수면을 취해야 한다는 과학자들의 연구 결과를 10대 자녀들에게 말해주라.
- 10대 자녀가 피곤하지 않다고 해도 적절한 시간에 서서히 하루를 마무리하며 잠자리에 들도록 유도하라.
- 10대 자녀가 주말에는 잠을 좀 더 잘 수 있도록 배려하라.

하지 말아야 할 일
- 의사의 처방 없이 10대 자녀에게 멜라토닌을 포함한 수면제를 복용하게 하지 말라.
- 아침에 졸음을 떨치기 위해 카페인이 포함된 음료를 마시거나 각성제를 복용하는 습관을 들이지 않게 하라.
- 10대 자녀가 밤늦게까지 TV를 시청하거나 게임을 하는 것을 허용하지 말라.
- 주말에 좀 더 자는 것은 몰라도 오후까지 잠을 자게 하지는 말라.

자신의 양육 방식 중 계속해서 유지하고 싶은 것은 무엇인가?

바꾸고 싶은 것은 무엇인가?

11장
10대에게 일어나는 정신질환

Why do they act that way?

"건강한 신체에 건전한 정신이 깃든다는 말은
이 세상에서 행복한 상태를 간결하게, 그러나 충분히 묘사한다."
— **존 로크** John locke

 몇 달 전 한 워크숍에서 만난 안드레아는 자신의 열여섯 살짜리 딸 에밀리에 관해 내게 조언을 구했다. 이야기를 들어보니 생각보다 문제가 심각했다.

 "박사님, 우리 딸에게 무슨 문제가 있는 것 같아요. 도대체 누구에게 도움을 구해야 할지 모르겠어요. 지난 몇 달 동안 에밀리는 긴소매 옷만 입고 있어요. 아시다시피 요즘 날씨가 엄청 덥잖아요. 그래서 지난주에 왜 그러는지, 무슨 일이 있는지 물었는데 딸애는 그냥 제 말을 무시해버리더군요. 자기는 원래 긴소매 옷을 좋아한다면서요. 처음에는 그런가보다 하고 지나치려고 했어요. 그런데 어제 저녁 에밀리가 샤워를 하고 욕실에서 나왔는데 제가 복도에 있다고 전혀 예상하지 못했는지 저를 보고는 깜짝 놀라서는 자기 방으로 놀란 토끼처럼 달려가더군요. 그런데 에밀리가 제 앞을 지나치는 순간 딸애의 팔에 기다란 빨간 상처가 나 있는 것을 봤어요. 예감이 좋지 않아 어쩌다 그렇게 되었는지 물었죠. 그냥 친구 차에 긁혔다고 하더군요. 이치에 맞지 않는 것 같아 상처가 감염되지 않았는지 보고 싶다고 했는데 에밀리가 심하게 반항을 하는 게 아니겠어요? 억지로 소매를 걷어 올리려고 하자 딸애는 울음을 터뜨렸고 전 에밀리의 팔을 보고 큰 충격을 받았습니다. 빨간 줄이 여기저기 길게 그어져 있었거든요. 어떻게 그런 상처가 났는지조차 짐작할 수 없어 꼬치꼬치 캐물었더니 마침내 에밀리가 털어놓았습니다. 그동안 계속해서 면도칼로 자신을 그어왔다고. 저는 너무 놀라서 말문이 막히고 하늘이 내려앉는 것 같았어요. 그런데 딸애는 많은 친구들이 그렇게 하고 있고 그렇게 큰일도 아니라고 합니다. 일종의 피어싱이나 문신 같은 것이라고요. 에밀리가 학교에 등교하자마자 교사였던 여동생에게 전화를 걸어서 물었는데, 제 동생은 이 일에 대해서 심각하게 생각해야 한다고 했어요. 요즘 10대들에게 이렇게 스스로에게 상처를 내는 게 유행인 것 맞나요?"

자해는 정상적인 행동이 아니다. 당신의 10대 자녀가 자해를 하거나 그들의 친구가 그렇게 하고 있다고 해서 이를 10대 시절 호기심에 한 번쯤 할 수 있는 행동으로 여겨서는 안 된다. 자해는 피어싱이나 문신을 하는 것과는 차원이 다른 문제이기 때문이다.

안드레아는 에밀리가 자살을 시도하게 될까 봐 매우 불안해하고 걱정했다. 그러나 건강 전문가들의 의견에 따르면 자해하는 행동이 자살로 이어지는 경우는 그리 많지 않다고 한다. 자해를 하는 10대 청소년, 특히 소녀들은 여러 일로 격한 감정이 들 때 고통에서 벗어날 수 있는 방법을 찾는 경향이 있다. 자해하는 아이들은 다른 사람에게 분노를 표현하기 어려운 성격을 가지고 있어 자신에게 이를 표출하는 것이다. 때로는 자해 행동 이면에는 우울증이나 섭식 장애가 내재되어 있을 수도 있다. 또 성적 학대를 받은 소녀들이 자해를 하기도 한다.

   나는 안드레아와 에밀리를 도와주고 싶었지만 이 일에는 내가 적격자가 아니었으므로 전문적으로 자해하는 아이들을 치료하는 심리학자를 소개했다. 그리고 안드레아에게는 이러한 딸의 행동이 무심했던 자신 탓이라고 자책하지 말라고 조언했다. 다행인 것은 부모가 자녀의 문제 행동을 찾아냈다는 점이다. 어디로 튈지 모르는 10대 자녀들의 행동을 보며 위험 행동과 정상 행동을 구분해내는 것은 쉬운 일이 아니다. 나는 부모님들에게 늘 강조한다. 자녀에게 질문하기를 두려워하지 말라고. 중요한 것은 문제를 초기에 찾아내는 것이다.

부모 체크 포인트

정신질환

이번 체크 포인트는 당신이 청소년의 정신질환에 관해 이해할 준비가 되어 있는지 판단하는 데 도움이 될 것이다. 자녀에게서 정신질환의 증후를 목격한 적이 있다면 즉시 전문가에게 도움을 요청해야 한다.

예	아니오	
□	□	1. 나는 대부분의 정신질환은 유전적인 요소를 가지고 있으므로 나와 배우자 가족, 친척들의 정신 건강에 관한 정보를 파악하고 있다.
□	□	2. 나는 몇 달 동안 지속되는 반복적 행동 패턴이 정신 건강 문제를 판단하는 데 지표가 된다는 것을 알고 있다.
□	□	3. 나는 10대 청소년들에게 나타나는 가장 일반적인 정신 질환의 증후를 알고 있다.
□	□	4. 나는 우리 아들이나 딸이 심각한 정서 문제를 겪게 된다면 누구에게 전문적인 조언을 구해야 할지 알고 있다.
□	□	5. 나는 정신질환과 관련된 보험 혜택에 대해 잘 알고 있다.

자녀의 정신질환은 모든 가족에게 충격이 될 수 있다. 10대 자녀의 정신질환에 대한 준비는 뇌 질환 방지를 위한 것이 아니다. 단지 부모는 자녀의 정신 건강에 이상이 보여 도움이 필요할 때 초기에 치료를 받을 수 있도록 준비하고 있어야 한다는 것이다.

정상적인 행동과 비정상적인 행동 구분하기

정상적인 청소년도 가끔 비정상적으로 행동한다. 바로 이 점이 10대 청소년들이 자신과 주변 사람들을 힘들게 하는 이유다. 그렇다면 어떻게 이들의 행동 중 정상적인 것과 비정상적인 것을 구분할 수 있을까? 청소년기에 흔히 나타나는 정상적인 행동이 무엇인지 알고 그들과 충돌하게 되는 문제가 무엇이고 그 원인이 무엇인지 이해한다면 이를 구분하는 것이 한결 쉬워질 것이다. 그러므로 부모는 심각한 문제로 이어질 수 있는 청소년의 경고 신호를 빨리 알아채고 정상적인 행동과 비정상적인 행동을 구분할 수 있는 눈을 갖춰야 한다.

많은 부모들이 자녀들에 대해 두 가지 측면에서 잘못 판단하는 경향이 있다. 하나는 부모가 자녀의 비정상적인 행동에 과민 반응을 보이는 것이다. 그래서 아이들에 대해 심한 고통과 염려를 느끼면서 너무 많은 짐을 지는 것이다. 하나는 반대로 심각한 정신질환의 신호를 알아채지 못하고 자녀들이 간절히 필요로 하는 도움을 주지 못하는 것이다. 이렇게 극단적으로 잘못 판단하지 않기 위해 필요한 것이 바로 이에 대한 지식이다. 앞에서 우리는 이미 알코올 중독과 통제 불가능한 폭력 등과 같은 10대들의 심각한 문제에 관해 알아보았다. 이번 장에서는 10대들에게 나타나는 일반적인 정신질환에 대해 살펴보고자 한다. 특히 부모가 자주 직면하게 되는 문제에 초점을 맞춰 정상적인 행동과 위험한 행동의 차이를 알고 이를 구별하는 데 큰 도움이 되는 정보를 제공하고자 한다.

먼저 경고 신호를 읽어내려면 패턴을 이해해야 한다. 이제부터 청소년들에게 나타나기 쉬운 증후를 목록별로 설명한다. 모든 부모들은 청소년들에게서 보이는 증후 목록을 보면서 자녀의 행동과 공통되는 사항들을 발견하게 될 수도 있다. 그렇다고 너무 고통스러워하지 말기를 바란다. 확실히 정신질환의 증후라고 진단받기 전에는 자녀가 정신질환으로 고통 받고 있다고 단언할 수 없기 때문이다. 만약 자녀가 10대들이 보이는 정상적인 행동보다 심각한 정신적 문제를 겪고 있는 것 같아 걱정된다면 10대들의 행동에 대하여 잘 아는 전문가에게 상의하자. 안드레아가 교사였던 여동생에게 전화를 걸어 물어본 것은 좋은 대처 행동이다. 그 동생은 에밀리가 확실히 치료받을 수 있도록 동기를 부여했다. 10대 자녀를 키우느라 한참 정신이 없을 때는 판단력이 흐려질 수 있다. 가장 좋은 방법은 자녀가 다니는 학교의 교사들에게 통찰을 얻는 것이다. 그들은 매일 당신의 자녀들을 만나며 그들의 생활을 지켜보고 있을 뿐만 아니라 수많은 청소년들을 경험한 사람들이기 때문이다. 자녀들의 선생님과 관계를 맺고 지속적으로 연락을 취한다면 자녀에 대해 보다 객관적이고 많은 정보를 얻게 될 것이다. 그리고 부모는 10대 자녀에게 심각한 정신질환의 증후가 나타나면 주변 모든 도움을 총동원해 자녀가 초기에 치료를 받을 수 있게 해야 한다.

산만한 주의력 결핍 장애

모든 시험에서 최고 성적을 받던 열네 살 모범생 잭은 최근 들어 수업에 항상 지각을 하고 있다. 종종 과제를 하지 않고 경솔하게 대답할 뿐 아니라 책이나 준비물도 계속 잘못 가져오거나 잃어버려 선생님과 충돌을 빚기도 했다. 어렸을 때도 이런 실수를 하긴 했지만 청소년기에 접어들면서 그 증상은 더 심각해지고 확실해졌다. 선생님 몇 명이 교실에서 그가 일으켰던 여러 문제행동에 대해 잭의 부모님에게 이야기해주었다. 이래저래 걱정이 많았던 잭의 부모님은 잭의 태도에 문제가 있는 것이 아니라 마음을 진정시키고 주의를 집중하는 데 문제가 생겼다는 것을 알게 됐다. 소아정신과 의사는 잭이 주의력 결핍 과잉행동 장애attention deficit and hyperactive disorders :ADHD를 겪고 있다고 진단한 것이다. 물론 진단만으로 잭의 문제가 해결되는 것은 아니었지만 부모님은 잭을 도울 수 있는 방법을 알아보게 되었고, 담임선생님 역시 어떤 학습방법을 통해 그를 도울 수 있을지 고민하게 되었다.

소동을 피우거나 과잉행동은 보이지 않고 주의력만 결핍된 경우에는 주의력 결핍 장애, ADD라고 부른다. 그런데 ADD나 ADHD는 오늘날 아동과 청소년들에게 가장 일반적인데다 가장 뜨거운 논란이 되고 있는 정신질환 진단명이다. 물론 새롭게 생겨난 장애는 아니다. 교육 심리학자들과 연구자들은 이미 100년 전에 이미 이러한 증후 패턴을 규명해냈다. 미국 10대들 중 약 5퍼센트는 뇌 장애를 가지고 있으며 소년들이 소녀들에 비해 여섯 배나 많이 ADD 유형 중 하나의 행동 장애를 갖고 있다고 한다. 정상적인 뇌는 한 가지 일이나 한 가지 활동에 주의를 기울이고 있다가 또 다른 일이나 활동으로 주의를 전환한다. 이러한 능력을 이름 하여 '주의집중'이라고 부른다. 즉, 한 가지 생각이나 한 가지 과업을 수행하기 위해 주의를 맞추는 데 뇌의 기능을 전환하는 것이다. 그러나 ADD나 ADHD를 앓고 있는 아이들은 새로운 일이나 활동으로 주의를 전환하지 못하거나 자극을 받는 데로 주의를 계속해서 바꾼다. 아직까지는 과학자들이 주의집중에 문제를 일으키는 원인이 무엇인지 확실하게 밝히지 못했지만 뇌의 신경전달물질에 문제가 있다는 데에는 일정 부분 의견을 모았다. 또 이 장애를 가진 아이들의 뇌의 기능 저하는 유전적인 원인일 가능성이 크다. ADD나 ADHD를 가진 부모의 자녀가 그렇지 않은 부모의 자녀보다 주의집중 장애를 가질 가능성이 다섯 배나 많기 때문이다. 부모나 교사들은 다음과 같은 패턴을 보이는 아이들에 대하여 ADD나 ADHD의 가능성을 의심해볼 필요가 있다.

- 좀처럼 주의집중을 하지 못한다.
- 부주의한 실수를 많이 한다.
- 쉽게 산만해진다.
- 물건을 자주 잃어버린다.
- 참을성이 없는 편이다.
- 안절부절못하거나 몸부림을 친다.
- 주위 사람들이 하는 일을 방해하거나 참견한다.
- 자리에 가만히 앉아 있지 못한다.

물론 위의 상황은 정상적인 아이들에게도 흔히 볼 수 있는 모습이므로 특별히 이러한 증후를 빈번하게 보이지 않을 때는 ADD나 ADHD를 의심할 필요까지는 없다. 이러한 증후로 인해 빈번한 논쟁이나 과제 누락 등의 문제를 일으키지 않는다면 주의집중 장애로 보지 않기 때문이다.

10대들 중 3-5퍼센트 정도가 주의집중 장애를 가지고 있는 것으로 알려져 있지만 어떤 지역에서는 다섯 명 중 한 명이 이 두 가지 진단 중 하나를 받는다고 한다. ADD나 ADHD라고 진단할 수 있는 결정적인 뇌 검사가 없으므로 이러한 장애 진단을 내리기 힘든 탓일 수도 있다. 때때로 의사들은 철저한 검사 없이 약물을 처방하는 경우가 있는데 이 장애로 진단받고 약물을 복용한 많은 아이들 중에는 실제로 장애를 갖고 있지 않은 청소년들도 있다. 따라서 정확한 진단을 받아 불필요하게 약효가 강한 약물을 아이가 복용하는 일은 피해야 한다.

철저한 검사가 오진을 예방하는 가장 확실한 방법이다. 가족들의 병력과 약물 복용에 대한 조사, 의사의 검사, 부모, 교사, 10대와 면담, 행동 평가 척도의 수행, 관찰 등을 포함한 총체적인 검사 없이 이러한 장애를 가졌다고 진단하거나 약물을 복용할 필요는 없다는 말이다. 10대 자녀가 ADD나 ADHD일지 몰라 걱정된다면 총체적인 검사를 실시한 경험이 풍부한 전문가의 도움을 받도록 하자.

ADD나 ADHD를 가진 청소년들에게 가장 효과적인 치료가 약물 복용이라는 데에는 많은 사람들이 동의하고 있다. 치료 약물 대부분은 뇌의 신경전달물질에 영향을 주는 자극제이다. 이러한 약물은 청소년들의 주의집중과 참을성을 조절하고 이러한 장애로 인해 고통 받고 있는 아이들의 삶에 긍정적인 영향을 준다. 그러나 약물 치료가 주의력 결핍 장애를 치유하는 유일한 수단은 아니다. 따라서 효과적인 치료를 위해서는 몇 가지 노력이 필요하다.

첫째는 10대와 부모에게 주의집중 장애와 관련된 교육을 하여 모든 사람들이 이 문제에 관해 알고 이해하는 것이 중요하다.

둘째는 주의력 결핍 장애를 겪는 아이들에게는 성취가 분명한 일을 할 수 있도록 도와야 한다. ADD나 ADHD를 가진 10대들은 결과와 결과에 대한 기대가 명백하다. 따라서 예측이 가능한 환경에서 가장 잘 반응하므로 미리 결과를 알려주는 것도 좋다. 단계에 맞춰 세분화된 지침을 준비하고 숙제나 과제를 제대로 하는지 검사하는 식으로 교육하면 그들에게 많은 도움이 될 것이다.

셋째는 이 문제에 대해 가정과 학교가 협력하는 것이다. 부모와 교사들이 함께 대화함으로써 특정한 주의집중 문제를 해결할 수 있는 방안을 찾아보는 것이 좋다. 예를 들어 어떤 10대들은 지침이 너무 복잡해서 과제를 시작하기조차 힘들어할 수 있다. 이때는 주위 사람들이 이 청소년이 과제를 수행하는 데 필요한 기술을 미리 터득해 알려준다면 효과가 있을 것이다.

신경계 피드백이라고 불리는 또 다른 유형의 치료도 도움이 된다. 이 치료는 환자 머리에 컴퓨터와 연결된 뇌파 감지기를 부착하고 그들의 뇌파를 처리해서 비디오 게임기 화면에 그림으로 전환시킨다. 이 기술을 통해 주의력을 집중시키고 통제하는 방법을 배울 수 있다.

숨어 있는 청소년 우울증

10대 청소년기에 나타나는 가장 일반적이면서도 심각한 정신질환은 우울증이다. 대부분의 정신질환이 그러하듯이 과학자들은 우울증의 정확한 원인을 아직까지 규명하지는 못했으나 다만 많은 연구자들이 신경전달물질과 연관이 있다고 믿고 있다. 우울증에 걸린 10대의 뇌를 정밀 조사해본 과학자들은 이들의 뇌가 정상적인 뇌와 구조적인 차이가 있다고 주장한다. 어렸을 때부터 성격적으로 낙천적이던 아이들조차도 청소년기가 되면 우울해질 수 있다. 그것이 바로 베스에게 일어난 일이다.

열다섯 살의 베스는 유머감각이 탁월하여 친구들에게 인기가 많았다. 그녀는 이야기를 재미있게 꾸며내는 솜씨가 있었기에 친구들은 그녀의 익살에 정신없이 웃곤 했다. 그런데 사춘기에 들어서면서 베스는 생리주기와도 상관없고 특별한 걱정거리나 문제가 생긴 것도 아닌데 한없이 우울해지기 시작했다. 엄마와 함께 건강검진을 받으러 간 베스는 의사에게 자신의 기분과 감정에 문제가 생긴 것 같다고 털어놨다. 그런데 의사는 베스의 이야기에 주의를 기울이지 않았다.

"청소년기에 흔히 있는 일이야. 보다 활동적으로 생활하고 문제를 너무 심각하게 생각하지 마라. 곧 좋아질 거야."

의사를 만난 이후 6개월 동안 베스의 컨디션은 더욱 나빠졌다. 그녀는 너무나 기분이 나쁜 상황을 견디다 못해 늦은 밤 엄마에게 자신의 마음을 고백했다.

"의사 선생님은 제가 좋아질 거라고 했는데 이렇게 더 나빠진 걸 보면 다 내 잘못인 게 틀림없어요! 내 기분이 이렇게 좋지 않을 이유는 하나도 없어요. 난 지금 좋은 학교에 다니고 있고 어려운 친구들에 비하면 전 그런 문제도 없거든요. 그런데 왜 이렇게 우울하고 힘들까요? 나는 그냥 나와 내 인생 모두가 싫어요!"

베스의 얼굴은 눈물로 뒤범벅이 되었다. 그녀의 엄마는 그후로 몇 달 동안 딸의 기분을 좋게 변화시키려고 온갖 노력을 기울였지만 소용이 없었다. 결국 엄마는 베스를 데리고 나를 찾아왔다.

베스는 확실히 우울증을 겪고 있는 상태였다. 그녀는 자신을 끊임없이 비난했다. 첫 상담을 마치기 전에 나는 이 모든 것은 베스의 잘못이 아님을 알려주고 싶었다.

"베스, 너의 머릿속에 네 기분에 영향을 주는 병이 생겼다는 것을 알아야 한단다. 그리고 네가 우울한 것은 네 잘못이 아니야. 머릿속 병이 악화되는 것이 너의 잘못인 걸까?"

베스는 물론 그렇지 않다고 대답했다.

"그런데 왜 자꾸 너는 머릿속 병이 악화되고 있다며 너 자신을 비난하니? 이제부터 우리는 네가 겪고 있는 이 병에서 벗어나는 데 도움이 될 만한 계획을 세울 거야. 그러기 위해서 네가 가장 먼저 해야 할 일은 바로 너 자신에 대한 비난을 그만두는 거란다."

10대 청소년들의 뇌는 불안정하기 때문에 기분이 급변하는 것이나 우울한 감정이 밀려드는 것, 또 기분이 좋다가도 갑자기 슬퍼지는 등의 감정기복이 큰 것 등은 당연한 것이다. 그러나 베스처럼 어떤 10대들은 마음이 극도로 가라앉고 우울하며 슬픈 기분이 지속되기도 한다. 이는 우울증의 신호이며 청소년기에 일반적으로 나타나는 정신질환이다. 그동안 많은 상담을 통해 만난 우울증 환자들의 공통점은 그들의 병이 청소년기부터 시작되었다는 것이었다.

베스의 담당 의사는 그녀의 우울증을 10대에게서 흔히 나타날 수 있는 현상이라고 못 박아버리는 실수를 범한 것이다. 물론 베스의 우울증은 심각하게 받아들이지 않고 그냥 지나칠 가능성이 있었다. 그녀가 분노를 표현하지 않았기 때문이다. 우울증에 걸린 대부분의 청소년들은 우울증을 앓고 있는 어른들에 비해 더 많이 분노를 표출하는 경향이 있는데 베스는 그렇지 않았던 것이다. 우울증은 대개 10대 중반에 시작되며 소년보다 소녀에게 더 빨리 나타난다.

10대들에게 나타나는 우울증 신호 중 매우 일관되는 증상이 있다. 매사에 부정적이고 비관적으로 생각하는 것이다. 우울증에 걸린 10대에게는 학교에서 뛰어난 성적을 거두게 되는 일이나 멋진 이성과 사랑을 하게 될 가능성, 성공적인 미래의 도래 등은 먼 나라 얘기일 뿐이다. 그들은 지나치게 예민하고 성미 까다로우며 쉽게 화를 낸다. 이런 특징이 그저 보통의 10대들에 대한 묘사로 들릴 수 있다. 바로 그래서 문제다. 10대들의 기복이 큰 기분 변화와 우울증 증세를 구분하기 어렵기 때문이다. 이를 구분하기 위해 우울증 증후를 몇 가지 소개한다. 다음과 같은 증세가 자녀에게서 지속적으로 나타난다면 우울증을 의심해볼 필요가 있다.

- 입맛이 자꾸 변한다.
- 특별한 이유 없이 체중이 변한다.
- 잠을 많이 자면서도 계속 잠을 자려고 하거나, 불면증에 시달린다.

- 무기력하고 늘 활력이 없다.
- 장기간에 걸쳐 우울하거나 낙담에 빠져 있다.
- 희망이나 소망이 없다.
- 막연하게 신체적으로 불편을 느낀다.
- 끊임없이 죽음이나 자살에 대하여 생각한다.

자살할 위험이 높다는 것도 10대 우울증의 가장 걱정스러운 측면이다. 지난 50년 동안 미국 10대들의 사망 원인 중 우울증이 3위를 차지했다.

― ― ―

수지는 내가 근무하던 고등학교에서 3년이나 생활했지만 그녀를 기억하는 사람은 거의 없었다. 그녀는 모든 과목에서 A를 받을 정도로 성적이 좋아 선생님에게 도움을 받을 일이 별로 없었으며 큰 문제를 일으킨 적도 없었기 때문에 교무실에서 그녀를 볼 일도 없었다. 수지는 교실, 아니면 도서관에서 공부를 했다. 조용하고 고독하게 그녀는 매일 학교에서 혼자 지냈고 친구도 없이 하교 길엔 홀로 집에 걸어갔다. 수지는 마치 어떻게든 눈에 띄지 않으려고 행동하는 것처럼 보였다.

봄방학이 끝나고 모든 학생들이 학교로 돌아왔지만 수지는 돌아오지 않았다. 개학 전날 밤 수면제를 과다 복용해 자살한 것이다. 아침에 그녀의 엄마가 수지를 깨우러 갔을 때 그녀는 싸늘한 주검으로 발견되었다. 어둠 속에 불빛이 퍼져나가듯이 학교에 삽시간으로 그녀의 자살 소식이 퍼졌다. 그런데 소식을 접한 이들의 가장 서글픈 반응은 "수지가 누구야?"였다. 그녀는 3년 간 매일 성실히 학교에 나왔고 복도를 걸어 다녔지만 그녀를 가르치고 함께 수업을 들었던 많은 선생님과 학생들조차 수지가 누군지 알기 위해 학생기록부를 보아야 했다. 수지는 사람들의 무관심 속에서 혼자 우울증으로 고통 받다가 결국 죽음을 택한 것이다. 당시 나는 내가 매일 지나쳐버린 그 소녀가 치명적인 우울증을 겪고 있는 것을 눈치채지 못했다는 것에 너무 가슴이 아팠다.

때때로 10대들은 어떤 경고도 없이 자살을 선택한다. 그 죽음의 경고를 포착하는 것은 쉬운 일이 아니지만 알아야 할 것은 그들이 꼭 단서를 남긴다는 것이다. "아무 문제도 없어요", "사람이 영원히 사는 것도 아니잖아요", "이제 다시 만나지 못할 수도 있겠네요"와 같은 말들은 청소년들이 자살을 실행하기 전 남기는 힌트가 될 수 있다. 자살을 결심한 10대는 자신의 소유물을 버리기 시작하거나 슬픔과 절망스런 노래에 심취한다. 또 외모를 가꾸는 일을 소홀히 하고 가출하거나 감정적으로 고통스러워하며 약물을 복용하거나 술에 취하기도 하며 친구들로부터 멀어지고 유쾌한 활동들에 흥미를 잃는다. 때로는 자신이 나쁜 사람이라거나 이미 자신은 타락했다고 절망한다. 물론 이러한 신호가 나타나도 진짜 자살로 이어지지 않을 수 있고, 그들의 도움을 필요로 하는지도 분명히 드러나진 않는다. 그러나 이러한 증후들을 심각하게 받아들여야 한다. 자녀의 우울증이나 자살이 우려된다면 아이가 전문가의 도움을 받을 수 있도록 하라. 심리 치료, 집단 상담, 구조화된 프로그램, 약물 치료

등 다양한 방법으로 그들에게 필요한 도움을 제공할 수 있다.

의사들은 대개 프로작, 루복스^{Luvox}, 팍실^{Paxil}, 졸로프트^{Zoloft} 등의 약을 처방하는데 이는 세로토닌의 선택적재흡수방지제$^{Selective\ Serotonin\ Reuptake\ Inhibitors\ :\ SSRIs}$라고 불리는 항우울제이다. 이러한 약물은 신경전달물질인 세로토닌에 작용해 기분을 조절한다. 그렇지만 약물 치료는 최후의 수단이며 약을 복용한다고 해도 상담과 병행할 필요가 있다. 2004년 미국 주정부의 식약청에서는 SSRIs가 오히려 일부 청소년에게 자살 행위를 일으킬 수 있다고 문제를 제기한 바 있다.

위험천만한 섭식 장애

최근 중서부의 사립학교에서 강연을 하고 학생들과 간담회를 했다. 점심을 먹으면서 마치 스스로 학생이라도 된 것처럼 학생들과 격 없이 대화를 나눴다. 나는 그들에게 나의 책에서 다루고 있는 많은 주제들에 대해 질문을 했고 그들의 궁금증에 대답도 했다. 유쾌하고 즐겁게 분위기가 무르익어 가는데 한 여학생이 내게 책에서 섭식 장애에 관해서도 다루는지 물었다. 나는 그 학생에게 그 주제가 중요하다고 생각하는지 물어보았다.

"농담하세요? 이 학교의 여학생 중 절반은 섭식 장애를 앓고 있을 걸요?"

열여덟 살의 이 소녀가 정확한 통계치를 말하는 것은 아니었겠지만 10대들 사이에서 섭식 장애가 얼마나 심각하고 중요한 문제가 되는지 알 수 있었다.

현재 섭식 장애 문제가 뜨겁게 이슈화되는 것은 참으로 아이러니하다. 비만이 유행병 수준에 이른 오늘날 식욕 감퇴나 신경성 식욕부진증, 이상식욕 항진 등과 같은 섭식 장애 역시 비슷한 수준으로 퍼지고 있는 것이다. 이는 우리의 문화가 음식에 대하여 혼란스러운 가치관을 가지고 있음을 반영하는 증거이다. 우리 아이들은 고칼로리에다 초대형 크기의 정크 푸드에 둘러싸여 있으면서 동시에 건강이 우려될 정도로 비현실적인 마른 몸매를 아름답다고 극찬하고 있다. 아이들에게 배가 꽉 찰 때까지 먹게끔 부추겨놓고 그들이 슈퍼 모델처럼 날씬하지 않으면 못생겼다고 말하는 식이다. 이러한 문화로 가득 찬 미국인들이 한 극단에서 다른 극단으로 왔다갔다하는 동안 많은 10대들, 특히 소녀들이 섭식 장애로 고통 받고 있다.

신경성 식욕부진은 심각한 섭식 장애이다. 이 질병은 대개 청소년기에 나타나며 소녀들이 가장 많이 시달리고 있으며 이 병으로 괴로움을 겪는 10대 소년도 있다. 신경성 식욕부진에 걸린 10대들은 뚱뚱해지는 것에 대해 심한 공포를 갖고 있으며 건강을 위한 최소한의 식사도 거부한다. 식욕부진으로 고통 받는 청소년들은 자신의 몸매를 왜곡되게 해석하며 전혀 그렇게 보이지 않거나 혹은 그 반대로 보이는데도 자신들이 뚱뚱하다고 생각한다. 식욕부진을 앓고 있는 10대는 매우 화를 잘 내며 예민하고 우울해하며 음식에 대한 불안감을 갖고 있다. 또한 자신이 먹은 음식의 칼로리를 다 소비할 때까지 강박적으로 운동을 한다. 불규칙한 생리 주기나 건성 피부, 저혈압 등이 신체적 증후가 될 수 있다. 신경성 식욕부진은 치료를 받지 않을 경우 만성적인 질병으로 발전될 수 있으며 탈수증, 심장 손상, 호르몬 불균형은 물론 심지어 죽음에까지 이를 수 있으므로 각별한 주의가 필요하다.

이상식욕 항진을 앓고 있는 10대는 보통 정상적인 식습관을 가진 것처럼 보인다. 그러나 실제로 이상 식욕 항진을 가진 10대는 한 번에 심하게 많은 양을 먹고 나서는 몸무게가 늘어나는 것을 막기 위해 억지로 음식을 토해내거나 변비약이나 관장약을 사용해서 음식이 흡수되는 것을 막는다. 어떤 10대들은 신경성 식욕부진과 이상식욕 항진 사이를 왔다갔다한다. 이상식욕 항진을 치료하지 않으면 심장 손상, 치아 질환, 식도 결절, 발작 등이 야기될 수 있으므로 위험하다. 지금부터 소개할 앤의 이야기는 주변에서 흔하게 볼 수 있는 사례이다.

― ― ―

앤은 사춘기가 되기 전까지는 몸무게에 대해 걱정해본 적이 없는 건강하고 행복한 아이였다. 그런데 어느 순간 앤은 반 친구들과 자신을 비교하면서 자신이 뚱뚱하다는 생각을 하기 시작했다. 병원을 찾은 앤은 자신이 몸무게를 줄여야 할 것 같다고 이야기했다. 그러나 섭식 장애에 매우 민감했던 의사는 그녀의 몸무게가 키에 비해서 완벽히 정상적이라며 그녀에게 다이어트는 전혀 필요 없다고 확실하게 말했다. 검사를 마치고 의사는 앤의 엄마인 니콜에게 전화를 걸었다.

"앤의 신체검사 결과를 알려 드리려고 전화했습니다."

"앤에게 무슨 문제가 있나요?"

"그 애는 무척 건강합니다. 그런데 자신이 너무 뚱뚱한 것 같아서 다이어트를 하고 싶다는 이야기를 하더군요."

"네, 앤은 늘 그렇게 말해요. 선생님이 보시기에도 그 애가 뚱뚱하지 않죠?"

"네, 전혀요. 제가 바로 그것 때문에 전화를 드렸어요. 많은 사춘기 소녀들이 할 필요가 없는 다이어트를 하고 있다는 게 문제입니다. 만약 앤에게 섭식 장애의 증후가 보이면 바로 제게 알려주세요. 걱정을 끼치고 싶지는 않지만 지금 앤이 다니는 학교 학생들 중에 섭식 장애를 앓고 있는 환자들이 많이 있거든요. 해서 조금 우려가 됩니다. 그러니 어머니도 눈을 크게 뜨고 귀를 열어두시고 앤을 지켜봐주세요. 무슨 일 있으시면 바로 전화 주시고요."

여기 당신이 알아두어야 할 것들이 있다. 당신의 자녀를 떠올리며 다음 질문들에 대답해보자.

신경성 식욕부진의 신호
- 10대 자녀가 뚱뚱해지는 것에 대해 비합리적으로 두려워하는가?
- 10대 자녀가 살을 빼는 데 몰두하고 있는가?
- 10대 자녀가 식사를 거르거나 최소한의 식사도 하지 않는가?
- 10대 자녀가 강박적으로 운동을 하는가?
- 10대 딸이 사춘기가 되자 규칙적으로 하던 생리를 건너뛰는 일이 있는가?
- 10대 자녀의 피부가 유난히 건조한가?

이상식욕 항진의 신호

- 자녀가 음식을 많이 먹고 나서 억지로 입에 손을 넣어 토하거나 변비약을 사용해서 음식물의 소화를 막진 않는가?
- 자녀가 화장실에 있는 동안 물을 틀어놓고 구토하는 것을 숨기려고 하진 않는가?
- 10대 자녀가 유난히 식사 후에 화장실을 자주 가진 않는가?
- 10대 자녀가 음식물을 숨겨두는가?
- 10대 자녀가 몸은 매우 말랐는데도 불구하고 볼이나 목은 상대적으로 살이 찌지 않는가? ^{구토 행동은 볼과 목의 내분비선의 염증을 일으켜 부풀어 오르게 한다}

    의사와 통화하고 몇 주가 지났을 무렵, 앤의 엄마 니콜은 걱정이 되기 시작했다. 어느 날 저녁식사에서 앤은 단백질 다이어트를 시작하겠다고 공표했다. 니콜은 가슴이 철렁 내려앉는 것 같았지만 침착하려고 노력했다.

    "애야. 너는 지금도 너무 말랐어. 의사 선생님이 다이어트를 하지 말라고 하셨잖니?"

    "엄마, 걱정하지 마세요. 그냥 5킬로그램 정도만 빼려고요. 별일 아니에요."

    그러나 니콜은 의사의 말이 떠오르자 불안한 마음을 거둘 수가 없었다.

    "앤, 그래도 나는 네가 다이어트를 하지 않았으면 좋겠어. 넌 지금도 너무 보기 좋아. 제발 그랬으면 좋겠어."

    그러자 앤의 두 눈에 눈물이 그렁그렁 맺혔다.

"엄마는 뚱뚱하다는 게 어떤 건지 정말 몰라요!"

"앤, 너는 절대로 뚱뚱하지 않아."

앤은 드디어 고개를 떨어뜨리고 흐느껴 울기 시작했다.

"아니에요. 난 뚱뚱해요. 난 내 몸이 너무 싫어요. 나는 너무 못생겼단 말이에요!"

일주일 후 니콜은 앤과 함께 의사를 찾았다. 앤은 의사 앞에서 다이어트를 하지 않겠다는 약속을 했고 부모님의 우려를 모두 이해하고 있다고 말했다. 병원 문을 나서며 니콜은 안심했지만 그 사이에도 앤이 살을 빼고 있다는 사실은 전혀 눈치채지 못했다.

그 후로도 1년 간 니콜은 앤과 함께 다이어트 전쟁을 치렀다. 앤은 종종 배가 고프지 않다며 식사를 거르려고 하거나 친구 집에서 벌써 먹었다고 거짓말을 했고, 그때마다 니콜은 가족들과 함께 식사를 해야 한다고 주장했다. 다이어트에 대한 가족들의 언쟁은 언제나 앤이 혼자 있고 싶다며 자기 방으로 들어가면서 끝났다.

어느 날 니콜은 앤의 치과 주치의로부터 전화를 받았다.

"앤의 치아를 검사했는데요. 제 생각엔 상담이 필요할 것 같습니다."

니콜은 심장이 멎는 듯했다.

"무슨 말씀이세요?"

"앤의 치아 상태로 추측해볼 때 아마 앤이 매일 구토를 하는 것 같아요. 이상식욕 항진이 의심됩니다. 따님에게는 지금·당장 전문가의 도움이 필요합니다."

다음 날 니콜은 앤과 함께 병원을 찾았다. 의사는 앤에게 단호하게 말했다.

"나는 너의 현재 상태가 어떤지 확실하게 알아보기 위해 병원에서 진행하는 섭식 장애 프로그램에 네가 참여하도록 의뢰해놓았다."

앤이 반대했지만 의사는 흔들리지 않았다. 그녀는 니콜을 바라보았다.

"우리는 1년 내내 네 걱정을 했어. 네 건강은 지금 심각한 상태이고 전문적인 도움이 필요해."

신경성 식욕부진이나 이상식욕 항진을 앓고 있는 10대들은 자신의 상태를 숨기려는 경향이 있다. 그들은 자신에게 벌어진 문제를 부인하고 자신을 치료하고자 하는 모든 사람에게 화를 내며 반항한다. 알코올 중독이나 약물 중독을 앓고 있는 사람들처럼 사실을 부인하는 것이다. 섭식 장애를 가진 10대에게 가장 도움이 되는 방법은 이미 섭식 장애를 치료해본 경험이 많은 건강 전문가의 도움을 받는 것이다. 그리고 의사와 영양사, 상담가가 한 팀이 되어 환자를 치료하면 효과적이다. 모든 심각한 장애가 그러하듯이 초기 진단과 처치가 최선의 결과를 가져온다.

뇌 기능의 오류, 강박 장애

인간의 뇌는 한 가지에서 다른 한 가지로, 한 생각에서 다른 생각으로 주의를 옮기는 타고난 기제를 가지고 있다. 일이 제자리를 찾아 제대로 돌아가면 우리는 끝낸 일에서 벗어나 새로운 무언가로 주의를 돌려 집중할 수 있다. 과학자들은 이처럼 전환을 가능하게 만드는 뇌의 부분을 대상회cingulate gyrus라고 부른다. 이는 전두엽의 안쪽 깊숙이 위치하고 있으며 뇌의 정중앙 시상 단면에서 볼 때 뇌량좌뇌와 우뇌를 연결짓는 다리 주변을 둘러싸고 있는 피질 부위를 가리킨다. 이 영역은 주의집중을 필요한 곳으로 이동시키는 역할을 하는데 이 부분이 고장나면 주의집중을 옮기지 못하고 강박적으로 계속 같은 생각만 하게 된다.

정상적인 사람이라고 해도 살면서 주의를 기울이는 데 문제를 겪을 수 있다. 중요한 시험을 보고 나서 그 결과에 대한 걱정으로 주의가 산만해지거나 집중력이 떨어지거나 잠이 오지 않는 것처럼 말이다. 또 때로는 뇌의 전환 기제가 별 이유 없이 멈출 수도 있다. 바로 열네 살의 데니스에게 일어난 것처럼 말이다.

―――

독실한 침례교 집안의 조용하고 예의바른 소년인 데니스는 어릴 때부터 진지한 신념을 가지고 있었으며 교리에 따라 살아가기 위해 최선을 다했다. 그런데 부모는 데니스가 자신은 죄인이기 때문에 지옥에 가게 될 거라고 생각하면서 공포에 압도되어 살아가는 것이 걱정되었다. 어느 날 그들은 데니스를 데리고 목사님을 찾았고, 목사님이 이 문제를 내게 의뢰하며 말했다.

"제 생각에는 데니스의 문제가 심리적인 것이지 영적인 것은 아닌 것 같습니다."

나는 데니스의 가족들과 대화한 지 15분 만에 목사님의 말에 동의했다. 데니스는 자꾸 "하늘을 봐, 하늘을 보라고!"라고 외쳤는데, 나는 그것이 무슨 의미인지 그에게 물었다.

"특별한 의미는 없어요. 그저 악마에 대한 생각을 그만두고 싶을 때 저 혼자 하는 말이죠. 하루 종일 악마에 대한 생각이 떠오르거든요. 그런데 '하늘을 봐, 하늘을 보라고'라고 말하면서 마음속으로 파란 하늘을 떠올리면 악마에 대한 생각이 사라져요."

나는 데니스에게 얼마나 자주 악마에 대해 생각하며 그가 고안해낸 이 말을 얼마나 자주 반복하는지 물었다. 그는 하루에도 수백 번 이 말을 반복한다고 했다. 학교에서도 그러느냐고 묻자 학교에서 이 말을 하면 다른 아이들이 자신을 미쳤다고 생각할까 봐 말로는 표현하지 않고 머릿속으로 되뇐다고 했다.

데니스의 증상은 강박 장애 또는 OCD$^{\text{Obsessive Compulsive Disorder}}$라는 뇌 기능 부전이었다. 특이하기는 했지만 데니스는 이 병과 관련하여 두 가지 증후를 보이고 있었다. 즉 외부에서 침입한 듯한 생각과 이를 처리하고자 하는 의식 행동이었다. 나는 그간 강박 장애로 고통 받고 있는 청소년을 많이 만났다. 강박 장애를 앓는 대부분의 10대들은 재해나 세균에 대해 걷잡을 수 없는 공포를 느끼고 이에 대처하기 위해 강박적인 반복 행동을 보이는 식이었다. 예를 들어 세균에 대해 공포를 가진 아이는 하루에도 수십 번 피부가 벗겨질 정도로 손을 씻었고, 불을 두려워하는 또 다른 OCD 환자는 매일 수십 번씩 난로를 점검했다. 결국 공포와 강박 행동은 정상적인 행동에서 벗어나고 정상적인 삶을 침해했다.

나는 데니스에게 주의집중 전환을 담당하는 그의 뇌의 일부분인 대상회가 어떤 이유로 제대로 기능을 하지 못하고 있다고 설명했다. 이러한 설명이 데니스에게 큰 위안이 되었다. 그동안 그는 다른 많은 OCD 환자와 마찬가지로 자신이 미쳐가고 있는 것이 아닐지 두려워하고 있었던 것이다. 데니스의 부모와 청소년 전문 정신과 의사와 함께 우리는 데니스의 문제를 상의했다. 의사는 세로토닌 수준을 바꾸는 약물을 처방했고 나는 강박 행동을 인정하고 극복할 수 있는 방법에 대해 그와 대화를 나눴다.

"데니스, 갑자기 무엇인가에 사로잡힌 것 같은 기분이 들기 시작할 때 해야 할 것이 있단다. 그건 바로 긴장을 푸는 거야. 너의 뇌 중 일부분에 문제가 생겼는데 긴장을 푸는 것이 문제를 해결할 수 있는 가장 좋은 방법이거든. 악마에 대한 걱정을 거두렴. 목사님과 부모님을 신뢰해야 한다. 지금 너의 뇌 속 전환 장치에 이상이 있는데 네가 악마에 대해서 생각할 때 그 문제가 일어나는 거란다."

데니스는 처방받은 약을 먹고 일주일의 한 번씩 상담을 받으면서 극적으로 호전되었다. 그리고 지금은 행복하고 건강한 삶을 살아가고 있다.

해야 할 일과 하지 말아야 할 일

해야 할 일

- 자녀의 정신 건강에 문제가 있는 것 같아 걱정된다면 몇 달 동안 자녀에게 어떤 증후가 반복적으로 나타나는지 패턴을 살펴보라.
- 걱정이 되면 교사나 학교 상담가 등 자녀를 잘 알고 있는 이들에게 조언을 구하라.

- 당신이 신뢰할만한 자격을 갖춘 전문가나 프로그램이 있는지 사람들에게 추천을 부탁하라.
- 약물 치료나 병원 치료에 대해서 열린 마음을 가져라. 단 부작용에 대해서도 미리 알아두라.
- 당신을 위해서도 도움을 얻으라. 정신적 장애를 가진 10대들의 부모나 가족 등과 만남을 가지고 대화하라. 그들은 당신이 힘든 시간을 극복하는 데 많은 정보를 제공하고 정서적 지지를 해줄 수 있다.

하지 말아야 할 일
- 자녀에게서 보이는 심각한 정신질환의 증후와 신호를 무시하지 말라. 신체적 질병과 마찬가지로 뇌의 질병은 모든 가족들에게 충격이 될 수 있다.
- 자녀가 겪고 있는 문제를 전문가와 상의하는 것을 주저하지 말라.
- 청소년을 전문적으로 다뤄본 경험이 없거나 자격이 없는 사람에게 자녀의 치료를 맡기지 말라.
- 자녀가 앓고 있는 정신질환에 대해 이해가 부족하거나 가족으로서 우려할 수 있는 부분에 대해 충분히 설명하지 못하는 전문가에게 치료를 받지 않도록 하라.
- 부작용이나 효과에 대해 잘 모르면서 무조건 약물 처방부터 받지 않도록 하라.
- 약물 치료와 상담을 병행하도록 하라. 약물 치료는 뇌의 화학물질의 불균형을 바로 잡는 데는 도움이 되지만 적절한 행동으로 개선되기 위해 뇌를 발달시키는 효과는 없다.
- 정신질환을 앓고 있는 10대 자녀에게 희망을 가지고 결코 포기하지 말라.

자신의 양육 방식 중 계속해서 유지하고 싶은 것은 무엇인가?

바꾸고 싶은 것은 무엇인가?

12장
멀어지는 10대들

Why do they act that way?

"행복한 삶의 비밀은 올바른 관계를 형성하고
그것에 올바른 가치를 매기는 것이다."
– 노먼 토머스 Norman Thomas

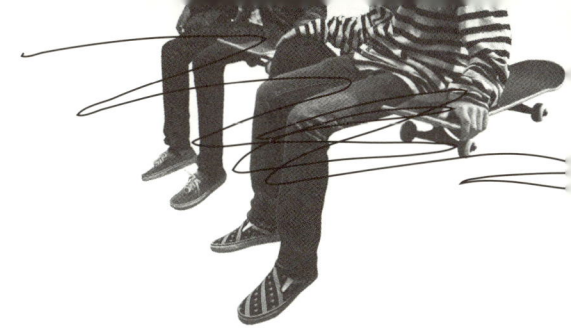

에보니는 하나밖에 없는 딸 열세 살 조디 때문에 걱정이 많았다. 조디가 청소년기에 접어들자 혼란스럽고 두렵기까지 했다. 에보니에게는 형제나 자매가 없었고 조디 또래의 자녀를 둔 친구도 없었기에 닥쳐올 모든 변화에 대한 아무런 준비도 갖추지 못한 것이 그녀를 불안하게 만든 것이다.

"나는 편모인데다가 10대에 대해서는 무지해요. 또 조디가 정상인지 어떤 문제가 있는 건지도 잘 모르겠어요."

에보니는 스무 살이던 대학교 2학년 때 조디를 낳았다. 남자친구였던 조디의 아버지가 부양의 책임을 지겠다고는 했지만 그와 결혼하지 않았다. 부모님이 경제적으로 도움을 주면서 아이의 양육을 맡아준 덕분에 간호 대학을 마쳤고 간호사로 지내면서 조디를 키웠다.

"병원에 근무하면서 조디를 키우는 게 쉽지는 않았지만 조디는 정말 좋은 아이였지요. 그 애는 너무 유순하고 착해서 걱정할만한 문제를 일으킨 적도 없어요. 우리는 함께 많은 시간을 보냈고 뭐든지 함께 이야기했어요. 조디는 학교생활도 잘 하고 친구도 많았어요. 언제나 사랑스럽고 행복한 아이였지요."

나는 그녀에게 지금도 조디가 여전히 같은 상태인지 물었다.

"네, 교사 간담회에서 조디 선생님을 만났는데 선생님은 조디가 성적도 좋고 또래들에게 인기도 많다며 칭찬하더군요. 책임감도 있고 좋은 애라고요. 그런데 무슨 걱정이냐고 묻고 싶으시죠? 문제는 조디가 저와 멀어지고 있다는 겁니다. 그 애는 예전에 비해 너무 우울해졌고 제가 하루를 어떻게 보냈는지 물어보면 그냥 그랬다고 한 마디로만 대답한답니다. 게다가 이제는 저와 시간을 보내는 것보다 친구들과 지내고 싶어 해서 같이 외출한 지도 너무 오래되었어요. 무슨 일이 생기면 늘 제게 조언을 구했는데 이젠 제가 무슨 제안을 해도 귀찮다며 자리를 피할 뿐이에요."

에보니는 그저 전형적인 10대 청소년들의 행동에 대해 설명하고 있었다. 그녀의 말이 끝나자 나는 조디는 큰 문제가 없어 보이며 그러한 변화는 조디의 뇌 속에서 일어나고 있는 물리적인 변화 탓이라고 말했다. 또 이것은 10대 청소년들에게는 매우 정상적인 일이라고 그녀를 안심시켰다. 그러나 에보니는 여전히 우려 섞인 표정을 지으며 말했다.

"조디의 뇌 속에서 무슨 일이 일어난 것이 딸애가 저와 이야기하고 싶어 하지 않는 것과 상관이 있다고요? 납득이 되지 않네요. 조디는 지난주에 저 때문에 너무 창피하다고 말했어요. 그것도 그 애의 뇌 때문인가요?"

어느새 에보니의 눈에는 눈물이 가득 맺혔다.

에보니의 반응은 당연하다. 10대 청소년기 동안 뇌 속에서 일어나는 많은 변화들에 대해 아무리 설명을 해준다고 해도 어른들은 10대의 모든 행동을 납득할 수는 없을 것이다. 10대들의 행동을 뉴런과 호르몬, 신경전달물질 이상의 관점에서만 설명하는 것은 마치 화학반응과 열핵반응의 견지에서만 태양을 설명하는 것과 같다. 즉 정확하기는 하지만 불충분한 것이다. 10대를 보다 잘 이해하고 싶다면 이제까지의 신경과학의 관점에서 벗어나 청소년기의 심리적·사회적 차원에서도 생각해보자.

부모 체크 포인트
10대들의 심리적·사회적 차원

뇌 발달만으로 10대의 모든 행동의 이유를 완벽하게 설명할 수는 없다. 부모들은 보다 큰 맥락에서 10대의 행동에 영향을 주는 요인들에 대해 인식할 필요가 있다. 이 체크 포인트는 10대들이 어른이 되기 위해서 뛰어넘어야 할 심리적·사회적 장애들에 대해 부모가 관심을 가지고 있는지 알아보기 위한 사항이다.

예	아니오	
☐	☐	1. 나는 10대 시절에 자의식이 강한 사람이었다.
☐	☐	2. 나는 우리 아이가 아닌 다른 어른으로부터 정서적인 지지를 받고 그를 의지한다.
☐	☐	3. 내 아들이나 딸은 친한 친구들 무리가 있다.
☐	☐	4. 나는 내 아이들이 어떻게 자신을 형성하고 만들어가는지 잘 알고 있으므로 자녀들이 나에게 질문하고 도전하도록 내버려둔다.
☐	☐	5. 나는 10대 자녀가 가까이하는 친구들이 누구인지 잘 알고 있다.
☐	☐	6. 나는 10대 자녀에게 또래 압력에 대해 설명하고 자신을 위한 결정은 스스로 내릴 줄 알아야 한다고 가르친다.
☐	☐	7. 우리 가족들은 10대 자녀가 자신의 의사를 표현할 수 있도록 격려한다.
☐	☐	8. 나는 다른 모든 아이들이 어떤 일을 하고 있다고 해도 가치 없다고 여겨질 때는 우리 아이에게 중요하지 않다고 말할 수 있다.
☐	☐	9. 나는 10대 자녀가 나 때문에 창피하다고 말해도 그것이 나에 대한 공격이라고 생각하지 않는다.

만약 이 체크 포인트의 항목들에 '예'라는 대답을 했다면 당신은 10대 자녀가 살고 있는 복잡한 심리적·사회적 세상에서 그들이 제대로 처신할 수 있도록 도울 수 있는 준비가 되어 있다고 볼 수 있다.

네 가지의 중요한 변화

10대 청소년기에 일어나는 극적인 네 가지 변화가 있다.

첫째는 급격한 성장, 목소리의 변화, 모발의 변화, 여드름 등의 피부 문제, 성기나 유방의 발달과 같은 급격한 신체 변화이다.

둘째는 정서의 강도가 강렬해지고 감정과 기분의 기복이 심해지는 것이다.

셋째는 그들에게 영향력을 행사하는 대상이 부모에서 또래로 변화되는 것이다.

마지막 넷째는 '나는 누구인가?'와 '나는 무엇이 되고 싶은가?'와 같은 질문에 대답을 얻기 위해 자신의 정체성을 찾는 것이다.

뇌 과학을 통해 청소년의 특이 행동의 원인에 대해서 많은 부분이 밝혀졌지만 청소년기 변화의 당사자인 소년과 소녀들이 실제로 이러한 변화에 어떻게 반응하고 있는지 고려할 필요가 있다. 이번 장에서는 이 네 가지 변화에 대해 그들의 정상적인 심리 반응을 살펴보고자 한다.

외모에 몰두하는 10대

고등학교 교사로 재직하던 시절, 언제나 방학이 끝나고 나면 그 몇 달 사이 어린 학생들에게 일어난 놀라운 변화들에 깜짝 놀라곤 했다. 방학 동안 키가 12센티미터나 자란 소년도 있었는데 내가 어떻게 그렇게 키가 많이 컸는지 묻자 그는 매우 우쭐해하며 키가 너무 크는 바람에 옷을 전부 새로 사야 했으며 태어나서 처음으로 엄마 머리를 위에서 내려다보게 되었다며 허풍을 떨기도 했다. 급격한 성장이 10대의 지위에 미치는 영향력은 실로 대단하다. 10대들은 그러한 변화에 대해 자랑스럽게 느끼기도 하지만 때로는 부끄러워하며 당황하기도 한다. 빠른 신체 변화는 청소년의 일반적인 심리 특성 중인 하나, 즉 자신이 사람들에게 어떻게 보이는지 매우 의식하게 만든다. 청소년기의 10대들은 외모를 대단히 중요하게 생각한다. 어릴 때는 머리도 빗지 않고 무엇을 입을지 전혀 신경도 쓰지 않던 아이가 사춘기가 되면 사람들에게 어떻게 보일지 걱정하면서 몇 시간 동안 거울에 앉아 있거나 옷을 고른다. 아마 전형적인 청소년이라면 여드름이 몇 개나 났는지 물어볼 때 바로 몇 개라고 대답할 수 있을 것이다.

교사로 부임한 지 얼마 되지 않았을 때, 나는 고등학교 2학년 아이들에게 8시 아침 조회를 하고 있었다. 미네소타에 갑작스러운 추위가 다가와 수은주가 바닥으로 떨어졌는데 학생들 몇 명이 얼음장 같은 헬멧을 쓰고 교실로 들어오는 것이 보였다. 나는 놀라서 입이 쩍 벌어졌다. 그들은 아침에 일어나 샤워를 하고 머리도 말리지 않은 상태에서 영하 12도의 날씨 속에 학교를 걸어온 것이다. 그들에게 물었다.

"애들아, 이 추운 날 머리는 왜 안 말리고 왔어?"

그들은 나를 외계에서 온 사람처럼 바라보았다.

"예? 선생님 농담하세요? 춥긴 뭐가 추워요 하나도 안 추워요!"

그들에게 가장 중요한 것은 그들이 얼마나 멋지게 보이는가 였다. 외모에 대한 청소년들의 관심은 그들이 서로 불러대는 별명에서도 알 수 있다. 내가 기억하는 하나의 일화를 들려주겠다.

어느 날 아침 책상에서 책을 읽고 있는데 학생들이 줄을 지어 교실로 들어왔다. 한 명이 들어오면서 교실 창가 쪽을 향하여 친구를 불렀다.

"야, 고슴도치 머리!"

도대체 고슴도치 머리가 누구지 하며 교실에 앉은 아이들을 둘러봤는데 나는 단번에 그 아이가 찾는 고슴도치 머리가 누군지 알 수 있었다. 확실히 그랬다. 창가 앞쪽에는 머리카락 끝 부분이 뾰족뾰족 솟은 소년이 앉아 있었던 것이다. 선생인 나는 그동안 그 아이의 머리 모양에 대해서 전혀 눈치채지 못했던 것을 반 아이들은 알고 있었던 것이다. 같은 반의 또 다른 아이의 별명은 '펄럭이'였다. 왜 그런 별명을 갖게 된 걸까? 그 아이의 귀가 유난히 크고 돌출되어 있었기 때문이다.

이처럼 10대들이 신체적인 모습에 몰두하게 되면서 심각하게 뚱뚱하거나 여드름이 많은 10대들, 또 또래보다 일찍 사춘기에 들어서서 조숙하거나 반대로 성장이 느린 아이들은 외모로 인해 많은 놀림을 받게 되어 고통을 겪는다. 외모에 주목하는 것을 넘어서 친구들에게 모욕을 받거나 괴롭힘을 당하게 되면 부모나 교사들의 도움이 필요하다.

로버트는 내가 상담교사로 있었던 고등학교에서 만난 학생이었다. 그는 또래에 비해 신체 발달이 더딘 편이었다. 그의 반 친구들은 1학

년 말만 되도 모두 급성장을 해 대부분 성인 남자처럼 보였지만 로버트는 아직도 어린 중학생처럼 보였다. 친구들은 그를 키 작은 꼬마라며 발육 상태가 늦은 것을 빗대어 놀려댔고 로버트는 이에 큰 상처를 받아 체육시간 이후에도 친구들과 샤워를 하지 않는 등 예민한 태도를 보였다. 또래들과 신체적인 차이가 벌어질수록 그는 더욱 민감해졌다. 친구들이 농담으로 던지는 말에도 로버트는 창피해하고 모욕감을 느꼈다. 결국 그는 친구들이 놀려댈 때마다 욕을 퍼붓고 기분 나쁜 반응을 보였지만 이는 오히려 상대들로부터 그를 더 놀리게 만드는 상황만 가져왔다. 로버트를 조롱하고 놀리는 여섯 명의 패거리들에겐 그러한 일이 잔인한 놀이가 되어버렸다.

"오, 세상에 저것 좀 봐! 난쟁이 로버트가 화가 나서 미치려고 하는데? 다들 몸조심하는 게 좋겠어."

그들은 로버트를 사물함으로 밀어붙이면서 앵앵거리는 목소리로 놀려댔다. 급기야 로버트는 학교에 가는 것조차 두려워하며 건강이 좋지 않다는 핑계로 등교를 거부하기도 했다. 그의 부모님이 마침내 로버트에게 무슨 일이 있었는지 모든 것을 알게 되었을 때, 그는 학교생활을 더 이상 견딜 수 없으며 자신을 놀리는 아이들을 증오할 뿐만 아니라 자신의 몸이 너무 싫어 죽고 싶다고 고백했다. 그의 부모가 담임선생님에게 연락하게 되면서 나와 로버트 가족은 마주 앉게 되었다. 로버트는 그동안 무슨 일이 있었는지 내게 차분하게 설명했다. 몇 분 동안 로버트는 흐느꼈고 그의 부모는 아들이 괴롭힘을 당한 사실에 격노하면서 몸을 부들부들 떨었다. 나는 로버트를 안심시키고 부모님을 진정시키기 위해 노력했다.

"이 상황에서 화를 내시는 것은 충분히 이해합니다. 친구들에게 그런 이유로 괴롭힘을 당한다는 것 자체가 부당하고 잘못된 일이지요. 제 생각에는 로버트에게 몇 가지 도움을 줄 수 있을 것 같은데 저의 제안을 들어보시겠습니까?"

나는 로버트에게 반에 친구가 있느냐고 물었다. 그는 그렇다고 말했다. 그리고 나서 다시 그를 놀린 아이들이 몇 명이나 되는지 물었다.

"아마 대여섯 명 정도 될 거에요."

"로버트, 나는 네가 이렇게 했으면 좋겠구나. 너를 놀리는 아이들을 무시하는 거야. 때때로 나는 사람들에게 타인의 감정을 함께 느껴보라고 추천하지만 이번 경우는 그렇지 않구나. 이런 아이들은 그저 너의 감정에 상처를 입히고 싶어 하지. 그래서 네가 화를 내면 자신들이 이겼다고 생각하는 거란다. 다음부터 그들이 똑같이 놀리고 모욕감을 줄 때는 아무렇지도 않은 것처럼 행동해라. 네가 울고 싶고 소리 지르고 싶으면 여기에 와서 그렇게 하렴. 그렇지만 그 애들 앞에서는 절대 그런 모습을 보이지 마라. 반응을 보이지 않는 사람을 괴롭히는 일은 별로 재미가 없는 법이거든. 네가 교실에 있지 않을 때에는 친구들과 같이 다니렴. 함께 점심을 먹거나 운동을 하고 되도록이면 혼자 다니지 마라."

로버트는 이러한 전략이 제대로 효과가 있을지 의심했다.

"그 애들은 절대로 멈추지 않을 거예요."

"로버트, 그 애들이 그만둘지 아닐지는 잘 모르겠다만 노력하는 것은 가치 있는 일이란다. 다음 몇 주 동안 무슨 일이 일어나는지 일주일에 두 번씩 나에게 이야기해주렴."

로버트는 정기적으로 상담실에 들러서 내가 제안한 일들을 하고 있는지 보고했지만 별로 나아진 것이 없었다.

"그 멍청이들은 그만둘 생각을 하지 않아요."

"그래? 그럼 이제 '플랜 B'를 실행할 시점이 되었구나!"

"플랜 B요? 그게 뭔데요?"

로버트는 눈빛을 반짝이며 대답을 재촉했다.

"로버트, 누가 너를 가장 괴롭히는지 나에게 그 애들의 이름을 알려 줄 수 있겠니? 네가 나를 신뢰해줬으면 좋겠구나. 이 일을 결코 악화시키지는 않을 것을 약속하마. 나는 네가 이번 일을 겪으면서 결코 혼자가 아니라는 것을 알았으면 좋겠어."

로버트는 나를 믿고 자신을 괴롭히는 아이들의 이름을 알려주었다. 그날 밤 나는 명단에 있는 여섯 명의 아이들 집에 전화를 걸어서 그들의 부모들과 대화를 나눴다.

"안녕하세요. 저는 학교 상담교사입니다. 앞으로 문제가 더 커지는 것을 사전에 막기 위해서 댁의 아드님에 관해 이야기를 나누었으면 좋겠습니다. 지금 아드님이 로버트라는 학생을 괴롭히고 놀리고 있습니다. 상세하게는 말씀드릴 수 없지만 저는 그동안 무슨 일이 있었는지 알고 있고 더 이상은 이런 일이 없었으면 좋겠습니다. 댁의 아드님이 더 이상 로버트를 괴롭히지 않도록 해주십시오. 그렇지 않으면 저는 이 일과 관련하여 행정적인 조치를 취할 것이고 그렇게 되면 일이 커질 겁니다."

반응은 참으로 다양했다. 어떤 부모는 이러한 사전 요청에 대해 감사히 여겼지만, 어떤 부모는 대단히 방어적으로 반응하며 자신의 아들이 로버트를 괴롭혔다는 증거가 있느냐고 물었다. 후자의 반응을 보인 부모들에게는 다음과 같이 대답했다.

"저는 이 일을 담당하고 있는 교감선생님을 동원할 수도 있지만 문제가 더 심각해지는 것을 막기 위해 먼저 전화를 드린 겁니다. 만약 이번 일과 관련해 이의를 제기하시겠다면 약속시간을 잡으시지요. 그러면 교감선생님께 이 일을 위임하겠습니다. 하지만 제 생각엔 그렇게 하는 것보다는 저의 이야기를 믿고 아드님을 훈계하시는 것이 더 현명해 보입니다. 아드님이 더 이상 로버트를 괴롭히지만 않는다면 더 큰 문제가 생길 일도 없겠죠. 다만 만약 또 이러한 일이 생긴다면 분명한 조치를 취하겠습니다."

그날 밤 부모들과 통화한 내용을 세세하게 기억하진 못하지만 교감선생님을 대동한 간담회의 약속시간을 잡을 필요는 없었다. 그리고 분명한 것은 그날 이후로 로버트를 괴롭히던 여섯 명의 악동들도 조용해졌다는 것이다. 로버트와 나는 몇 주 동안 더 만나긴 했지만 그는 곧 제자리를 찾았고 고통스러운 기억도 하나의 추억으로만 남게 되었다.

10대들은 신체적인 외모에만 민감하게 구는 것이 아니라 자신의 행동이 남에게 어떻게 보일지에 대해서도 매우 예민한 태도를 보인다. 그들은 아주 작은 실수에도 고통스러워한다. 어느 날 발을 헛디디는 바람에 점심 식판을 떨어뜨린 학생은 당장이라도 쥐구멍에 숨고 싶을 정도로 부끄러워할 것이며 식당 전체는 고함소리와 웃음소리로 들썩이게 될 것이다. 다른 사람들에게 자신이 어떻게 보일지 극단적으로 의식하게 되면서 10대들은 또래에게 주목받는 일을 응징의 고통으로 여기게 되는 것이다. 어쩌다 수업시간에 교사가 질문이라도 하면 학생들의 머릿속엔 두 가지 생각이 튀어 오른다. 하나는 '내가 이 질문에 대한 대답을 알고 있는가?'이고, 다른 하나는 '다른 아이들이 나를 어떻게 생각할까?'이다. 당연히 두 번째 생각이 그들에겐 더욱 중요하다. 때때로 교사들은 너무나 쉬운 질문에도 아무 대답도 하지 않는 학생들 때문에 곤란을 겪는다. 많은 아이들이 이미 질문의 답을 알고 있음에도 불구하고 손을 들지 않기 때문이다. 10대들은 자칫하면 다른 학생들 앞에서 창피를 당할지도 모른다는 두려움 때문에 손을 들지 않는 것이다.

10대들의 두 마음

극적인 정서 변화가 청소년기에만 일어나는 것은 아니다. 아동들 역시 다양한 정서를 경험하지만 아직은 미성숙하다. 반면 10대들의 뇌에서 일어나는 변화는 성적 충동, 질투, 세력 의식과 같은 새로운 정서를 불러일으킨다. 분노와 슬픔과 같은 감정들도 이전보다 훨씬 강렬해진다. 그 결과 정서의 급격한 변화와 함께 애매 모호성이 나타난다.

애매 모호성이란 다음과 같이 청소년에게서 반대의 감정이 동시에 느껴지는 것을 말한다. 그들은 종종 이렇게 말한다.

"엄마, 나는 엄마가 나를 애 취급하는 것을 그만두었으면 좋겠어요. 하지만 언제나 제 편을 들어주고 감싸주는 것은 잊지 마세요!"

"내 인생을 내버려두세요. 하지만 제가 친구들과 영화 보러 갈 수 있게 돈 좀 주실래요?"

– – –

조안과 게리는 열여덟 살짜리 딸 때문에 괴로워하고 있었다. 딸은 대학에 들어간 뒤 처음으로 추수감사절을 맞아 집에 돌아온 날 저녁, 부모에게 그동안의 불만을 털어놓았다. 그 아이는 대학에서 많은 자유를 누린 후 부모님이 자신을 너무 감싸서 보수적으로 키웠다며 불평을 했다. 그리고 더 이상 예전으로 돌아올 수 없다며 자신의 인생에 간섭하지 말라고 분명히 말했다. 그런데 대화를 마치고 자기 방으로 들어간 딸아이는 엄마가 자기 방에 재봉틀을 옮겨놓은 것을 발견하고는 부모님이 자신을 잊어버린 것 같다며 울음을 터뜨렸다. 그녀는 제정신이 아닌 것처럼 보였다.

나는 조안과 게리에게 자녀가 대학생이 되었다고 해서 아이들의 정서적 상태가 안정적이고 일관성을 갖게 될 것이라고 기대해서는 안 된다고 조언했다.

정서의 애매 모호성으로 인해 발생한 혼란은 종종 극적인 감정의 동요를 이끌어낸다. 10대들의 경우 아침 9시에는 세상을 모두 가진듯한 기분을 느끼다가 9시 30분에는 모두에게 버림받은 것 같은 기분이 들 수 있고, 다시 10시에는 행복하다고 느꼈다가 10시 30분에는 미래에 대한 불안으로 두려움을 느낄 수도 있다. 이러한 정서들은 청소년들에게 있어 종종 혼란스러운 것이다.

고등학교 상담교사 시절 만난 그랙을 나는 '불타는 아이'라고 불렀다. 그는 모든 일에 매우 빠르고 강하게 반응했다. 그는 언제나 자신의 기분을 다른 사람들이 알 수 있게 해줬다. 그랙이 고등학교 2학년이 되었을 때 그러한 경향은 더욱 악화되었다. 그랙은 친구들 앞에서는 슬픔이나 기쁨을 잘 표현하지 않았지만 가족이나 동생들에게는 자유자재로 분노를 표출시켰다. 별것도 아닌 일에 격노하고 거칠게 반응했기 때문에 다른 가족들 모두 그랙이 주변에 있을 때는 조마조마했다. 그의 어머니는 그랙에게 상담이 필요하다며 나를 찾아왔다.

처음에는 그랙과 부모님을 함께 상담하다가 나중에는 그랙과 단둘이 이야기를 나눴다. 몇 번의 상담 이후 나는 그에게 '청소년 초기병'이라는 진단을 내렸다. 그랙과 부모님 사이에는 전혀 문제가 없었다. 다만 그랙은 한창 사춘기에 있는 불타는 반응기에 속했다. 그에게 그의 부모님에 대하여 어떻게 생각하느냐고 물었을 때 그는 이렇게 말했다.

"좋은 분들이지요. 나를 괴롭혀서 문제지만요."

내가 왜 그런지 물었더니 그는 잘 모르겠다고 대답했다.

"왜 그런지는 잘 모르겠지만 부모님은 원래 그래요."

나는 그랙과 부모님에게 10대 청소년들에게 일어나는 뇌의 변화에 대해 설명했다. 특히 소년의 뇌에서 너무도 활동적으로 변하는 편도체에 관해 설명했다. 그랙은 이러한 설명을 들으니 자신에 대해 좀 더 잘 이해할 수 있게 되었다고 말했다.

"전 왜 자꾸 기분이 나빠지는지 또 왜 그렇게 기분이 빨리 변하는지

조차 알 수 없었거든요. 그리고 때때로는 엄마가 내게 잔소리하기 시작하면 그냥 조용히 하라고 소리치고 싶었어요."

그랙의 엄마는 아들의 이야기에 상처를 받은 것 같았다.

"왜? 왜 그런 마음이 드는데?"

그녀가 물었다. 내가 그랙을 대신하여 대답했다.

"그랙은 왜 그런 마음이 들었는지 그 이유를 알지 못합니다. 부모님에게 무슨 문제가 있어서 그런 것은 아니에요. 그건 말 안 듣는 편도체 때문입니다. 분명한 것은 그랙이 나쁜 아이가 아니라는 겁니다. 그랙은 다만 성장하고 있는 과정에 있을 뿐이지요."

그러고 나서 이를 어떻게 극복해나갈 것인지에 대해 이야기를 나눴다. 나는 그랙의 부모님에게 말했다.

"긴장을 풀고 아이에 대한 기대 수준을 조정하실 필요가 있습니다. 그랙에게 고삐를 늦추고 아이가 가족들과 있을 때 언제나 행복할 것이라는 기대를 버리시는 게 좋습니다. 그저 지금은 아이가 성질을 내는 시기라고 생각하십시오. 그렇다고 그랙이 불손하게 행동하는 것까지 허용하라는 의미는 아닙니다."

그랙의 부모님은 고개를 끄덕였다. 이번엔 그랙을 향해 말했다.

"그랙, 심술을 부리는 것이 당연한 나이라고 해서 부모님이나 여동생에게 욕설을 내뱉는 것도 허용될 수는 없어. 변명거리로 삼아서는 안 된다는 것을 명심하길 바란다."

이후로도 우리는 종종 식료품 가게에서 마주치면서 인사를 나누었다. 얼마 전 계산대에 줄을 서서 기다리는데 그랙과 부모님이 내 뒷줄에 따라 섰다. 그랙은 부모님과 기분 좋게 농담을 하고 있었다. 나는 그들이 청소년 초기에 나타나는 정서의 격발 속에서 무사히 살아남았다는 것을 알 수 있었다.

부모보다는 친구

청소년은 자신들이 더 이상 어린아이가 아니라고 인식하고 있으며 아이 취급을 받고 싶어 하지 않는다. 10대들은 한 발자국씩 어른이 되어가고 있으면서도 마치 이미 어른이라도 된 것처럼 행동한다. 이러한 변화 중 일반적으로 나타나는 두 가지 반응이 있다. 하나는 부모로부터 멀어지는 것이며 나머지 하나는 또래가 중요해지는 것이다.

10대 청소년들 중 대부분은 부모를 창피해한다. 내가 교사로 근무해온 고등학교에서는 종종 부모님과 학생들이 함께 참석하는 부모 간담회를 주관했다. 부모들은 자녀와 함께 교실을 둘러본 후에 교사를 만났다. 부모들이 복도를 돌아다니는 동안 학생들의 반응은 대개 비슷했다. 그들은 자신의 부모에게서 몇 미터 뒤로 떨어져 걷든지 앞서 걸었다. 그들은 몸으로 이렇게 외치는 듯 보였다.

"나는 이 사람들이 누군지 몰라요. 그냥 같이 걸어 다닐 뿐이에요!"

내 딸 에린이 고등학교에 다니던 어느 날 나는 에린과 그의 친구들을 집까지 차로 데려다준 적이 있었다. 차 안에서 그들은 즐겁게 대화를 나누고 있었고 아이들과 친해지기에 적절하다고 생각되는 순간 나

는 그들의 대화에 살짝 끼어들었다. 에린은 마지막 친구를 집 앞에서 내려줄 때까지 말없이 우두커니 앉아 있었다. 그리고 마침내 에린은 나를 돌아보며 말했다.

"아빠, 부탁 하나 해도 되나요?"

"뭔데?"

"제발 조용히 계셔주세요."

"왜 그러니, 에린?"

"왜냐하면 아빠가 말하는 건 너무 바보같아요!"

딸아이의 말에 감정이 상했지만 일어난 상황에 대해 마음속으로 되새겨보려고 노력했다. 전형적인 청소년기를 보내고 있던 에린은 부모 때문에 창피해하고 있었던 것이다. 내가 아무리 정중하고 친절하며 근사하게 행동했다고 생각하더라도 우리 딸애는 내가 입을 열 때마다 계속해서 감정을 꾹꾹 눌러 참았을 것이다.

10대들은 대개 부모와 함께 어디에 가거나 무엇을 같이 하는 것 자체를 싫어한다. 어릴 때는 부모가 그들을 위해 많은 일들을 결정해주었다. 그들이 살 집, 다닐 학교, 잠자리에 들 시간, 저녁식사 메뉴 등 모든 것을 부모가 결정한 것이다. 그러나 아동기를 벗어난 10대들이 자신과 부모 사이에 거리를 두고자 하는 것은 놀랄 일이 아니다. 스스로 결정을 내리고 싶어 한다는 것이 바로 성장의 증거이기 때문이다. 부모로부터 멀어지는 일은 그들이 스스로 판단을 내리기 시작하는 과정일 뿐이다.

청소년들이 부모들에게서 멀어지기 시작하면서 또래는 좀 더 중요한 존재가 된다. 이런 식으로 유추해보자. 만약 당신이 어떤 마술에 걸려서 눈 깜짝할 사이에 당신이 속해 있던 문화나 관습과는 전혀 다른 외국의 외딴 마을로 순간 이동을 했다면 어떨까? 당신은 그 마을의 관습을 전혀 모른다. 어떻게 행동해야 할지, 무엇이 중요한지, 무엇이 이상하지 않은 것인지 등 모든 것이 혼란스럽다. 그렇다면 당신은 일단 주변의 마을 사람들이 어떻게 행동하는지를 관찰하면서 단서를 얻어야 할 것이다. 10대에게도 그들이 어떻게 행동할지를 결정하는 데 필수적인 단서가 되는 것이 바로 또래 아이들이다. 사춘기에 들어서면 그들 역시 새로운 세상으로 옮겨져 자신들이 그 세상에 적합한지 알아보게 된다. 그들은 또래들과 함께 아동기의 세상에서 떠나왔다. 친숙하지 않은 세상에서 그들은 정확하게 어떻게 행동해야 할지 잘 모르므로 또래들과 함께 이 새로운 영역에서 다른 사람들을 바라본다.

물론 여기에는 역설적인 현상도 있다. 청소년들은 독립하고 싶은 욕구를 강력하게 말로 표현하지만 입는 옷, 사용하는 언어, 관습과 관련해서는 또래 집단들의 기준에 따라 매우 강력하게 통제를 받기도 한다. 10대들에게 같이 어울린다는 것은 어마어마하게 중요한 일이 된다. 또래 압력을 피할 수 없지만 새로운 현실의 딜레마가 생길 수도 있다.

최근 한 부모와 대화를 나눴는데 그들은 열여섯 살짜리 킴벌리 때문에 고민을 하고 있었다. 킴벌리는 어른의 동행 없이 친구들끼리 봄방학 동안 멕시코로 여행을 가겠다고 말했다.

"킴벌리가 여행을 보내달라고 떼를 쓰고 있어요. 믿으실지 모르겠지만 그게 바로 킴벌리가 다니는 학교의 전통이라네요. 그 애의 친구 모두가 갈 거라고 하더군요."

"전혀 놀라운 일이 아닌데요. 봄방학 동안 고등학교 학생들이 떼를 지어 여행을 가는 건 일반적인 일이긴 합니다. 부모님들은 어떠세요, 킴벌리가 여행을 가는 데 동의하시나요?"

내가 물었다. 그들은 아니라고 했다. 나 역시 그 대답에 동감을 표했다.

"그런데 왜 고민하고 계십니까?"

"다른 애들이 그렇게 하니까요. 우리가 킴벌리를 못 가게 하면 우리 딸만 멕시코에 안 가서 따돌림을 받게 되진 않을까 걱정이 됩니다. 킴벌리가 올해 열심히 공부했기 때문에 이번만큼은 믿고 맡겨볼까 하는 생각도 들고요."

나는 보호자 없이 고등학생들이 여행을 가는 것에 대한 나의 솔직한 생각을 이야기했다.

"저는 10대들끼리 여행을 가는 것을 반대합니다. 이러한 여행에서 아이들은 술과 약물, 성 관계 등을 처음 경험하게 됩니다. 그렇지 않을 거라고 생각하는 부모들은 명백한 위험을 무시하는 것이나 마찬가지입니다. 아이들끼리의 여행을 허락하는 부모들도 있지만 그들 역시 기분 좋게 허락한다고 보지는 않습니다. 저도 아이가 있기 때문에 이러한 문제가 있을 때 부모로서 어떤 결정을 내리는 것이 참 힘든 일이라는 것을 알고 있습니다. 물론 우려하신 것처럼 이런 여행에서 혼자 빠지게 되면 킴벌리가 또래 압력을 받을 수도 있습니다. 그런데 정작 중요한 문제는 부모 역시 10대 자녀들과 마찬가지로 또래 압력에 굴복한다는 것입니다."

"그렇다면, 정말 어떻게 해야 할까요?"

"우선 묻겠습니다. 제가 말씀드린 것에는 동의하십니까?"

킴벌리의 엄마가 먼저 대답했다.

"네. 저는 지난해에 2학년생들이 자기네끼리 멕시코로 여행을 간다는 이야기를 들었을 때부터 계속 걱정이 되었어요. 킴벌리가 가고 싶어 하지 않기를 바랐는데 추수감사절 전부터 딸애가 계속 여행에 대해서 이야기를 하더군요. 저는 그냥 이 모든 일들이 빨리 지나가기만을 바랄 뿐입니다."

"부모로서 어떻게 해야 한다고 생각하세요?"

"안 된다고 말해야겠지요."

결심을 굳힌 듯 킴벌리의 엄마가 대답했다. 나는 한 가지 제안을 했다.

"그럼, 제가 이야기하는 대로 한 번 해보세요. 먼저 다른 부모님들에게 전화를 거세요. 보장하건대 이미 이 여행을 허락한 부모라고 하더라도 그들 역시 이번 여행계획에 대해 마음이 편치는 않을 것입니다. 대화를 하다 보면 분명 여러분과 입장이 같은 부모님들을 만날 수 있을 거예요. 그렇다면 아마 어른들이 동반하는 다른 멋진 여행을 계획할 수도 있겠죠. 그리고 나서 킴벌리에게 바로 이야기를 하세요. 만약 주저하면서 마지막 순간까지 결정을 미룬다면 일이 더 어려워질 수도 있습니다."

"저는 그저 두려울 뿐입니다. 킴벌리가 점점 더 이상해지는 것 같아요."

킴벌리의 아빠는 머리를 천천히 저으며 말했다.

"맞습니다. 이 일은 10대를 키우는 데 있어서 가장 힘든 부분이기도 합니다. 이렇게 이야기하는 건 어떨까요? '킴벌리, 네가 엄마 아빠의 결정에 실망할 것을 알지만 우리는 봄방학 동안 너를 멕시코에 보내지 않기로 결정했어. 우리는 이 일에 대해 정말 많이 생각해봤다. 그동안 네가 열심히 공부했기 때문에 어떤 보상을 해주고 싶은 것도 사실이야. 그렇지만 멕시코 여행을 허락할 수는 없어. 다만 엄마 아빠가 생각하기에 너에게 유익하고 더 바람직한 다른 무언가로 보답해주고 싶구나' 라고 말입니다."

2주 후에 킴벌리의 엄마로부터 전화가 걸려왔다. 그녀는 다른 부모들이 자신과 같은 생각일 것이라는 내 이야기가 옳았다고 말했다. 그들은 모두 자신의 자녀가 어른의 보호 없이 멕시코에 가는 것에 대해 불안해했다는 것이다. 그날 밤 킴벌리에게 멕시코에 갈 수 없다고 이야기하는 것은 정말 힘들었다고 했다.

"킴벌리는 정말 많이 울면서 화를 냈어요. 그렇지만 생각보다는 빨리 화가 가라앉았지요. 곧 다른 친구들도 못 가게 되었다는 소식을 듣게 되었거든요."

10대들에게 있어 또래 압력은 피할 수 없는 일이며 이를 이겨내는 것 역시 쉽지 않다. 따라서 부모들은 자녀들이 또래 압력의 희생자가 되지 않도록 힘이 되어주어야 한다.

내가 누구인지, 무엇을 좋아하는지

발달 심리학 분야의 선구자인 에릭 에릭슨은 청소년의 주된 심리적 과업이 바로 '정체감 형성'이라고 말했다. 청소년기에 10대들은 그들이 어떤 사람이 되고 싶은지 스스로 결정하게 된다.

아이가 어릴 때는 부모의 가치관과 의견을 앵무새처럼 따른다. 그러나 아이가 청소년이 되면 자신의 가치와 부모의 가치를 구분하기 시작하는데 이는 자신 가족의 가치에 도전하고 의문을 가지며 재평가하려는 것을 의미한다. 아빠가 어떤 음악에 대해 불만을 털어놓을 때 그의 10대 딸은 혼자 이렇게 생각할 수도 있다. '좋아, 그럼 이 음악을 내가 가장 좋아하는 음악으로 삼아야지!'

청소년들은 종종 헤어스타일이나 피어싱, 문신 등으로 자신의 몸을 실험하곤 한다. 어느 여름 저녁 아내와 나는 응접실 소파에 앉아 책을 읽고 있었는데 열세 살의 브라이언이 뒷문으로 들어왔다. 응접실로 들어선 브라이언의 오렌지색 머리를 보며 우리 둘은 깜짝 놀랐다. 그냥 오렌지색이 아니었다. 아주 샛노란 오렌지였다. 다행스럽게도 우리는 아무 말도 떠오르지 않았다. 우리는 서로를 바라보고 같은 마음이라는 것을 알 수 있었다. 이런 상황에는 매우 근사하고 격의 없이 행동할 필요가 있다. 브라이언이 방으로 들어왔을 때 우리는 그의 헤어스타일에 대해 일부러 아무런 반응도 보이지 않았다. 그저 다른 일에 관해 수다를 떨었다. 그리고 몇 분쯤 지났을 때 나는 무심코 생각난 것처럼 말을 걸었다.

"아, 브라이언! 머리 색깔을 바꾸었구나. 마음에 드니?"

"그냥 시험해보는 중이에요."

"그래? 내가 보기에는 멋진데!"

24시간 만에 브라이언의 머리색은 원래대로 돌아왔다. 만약 나와 아내가 이 일로 아들과 언쟁을 벌였다면 그는 몇 년간 오렌지색 머리로 지냈을 것이 분명하다.

청소년이 자신의 정체감을 형성하는 또 다른 방법은 다양한 역할과 다양한 행동으로 자신을 실험해보는 것이다. 어떤 경우에는 음주, 마약, 섹스 등을 시험하므로 부모들에게 두려운 일이 될 수도 있다.

― ― ―

제시카는 열다섯 살 때 처음 친구들과 가게 좀도둑질을 시작했다. 아동기에서 청소년기를 거치는 내내 그녀는 집안의 규칙을 따르려고 노력했다. 그러나 제시카의 친구들은 좀도둑질에 그녀가 동참하게끔 계속 부추겼다. 그녀는 이 일이 내키진 않았지만 어쩔 수 없이 끌려가고 있었다. 어느 날 제시카를 포함한 다섯 명의 아이들은 사전에 역할을 분담하고 가게로 들어갔다. 세 명이 가게를 정신없이 옮겨 다니며 물건을 살폈고 한 아이가 망을 보는 동안 나머지 한 아이는 물건을 슬쩍 훔치게 되어 있었다. 액세서리 가게로 들어섰을 때 제시카의 역할을 물건을 훔치는 것이었다. 점원이 딴 곳을 볼 때 그녀는 반짝이는 보석이 박힌 반지를 주머니 속에 재빨리 쑤셔 넣고 출입구로 뛰어나갔다. 몇 분 후 친구들은 의심받게 행동했다며 그녀를 비난했다.

"너 때문에 우리 모두 잡힐 뻔했어. 좀 더 자연스럽게 했어야지!"

'어떻게 자연스럽게 행동할 수 있지? 애초에 이런 짓은 하지 말았어야 했어.' 제시카는 속으로 생각했다. 집으로 돌아온 제시카는 방문을 잠근 채 그녀가 저지른 일에 대해 생각하고 또 생각했다. 엄마가 저녁 식사를 하러 내려오라고 불렀지만 그녀는 몸이 좋지 않다며 그냥 침대에 누웠다. 그녀에겐 생각할 시간이 더 필요했다. 제시카는 자신이 물건을 훔치는 것을 좋아하지 않는다는 것을 알면서도 그렇게 행동한 것이 부끄러웠다. 다른 친구들은 물건을 훔치는 것에 재미를 느끼고 있는 것 같았다. 심사숙고 끝에 그녀는 다시는 좀도둑질을 하지 않겠다고 결심했다. 그녀는 손님이 없었던 그 작은 가게를 떠올리며 만약 그 가게가 파산하면 모두 자기 탓이라는 생각도 들었다. 그리고 더 이상 친구들과 공범이 될 수 없다고 결심을 굳혔다. 상담을 하면서 제시카가 처음 이 이야기를 내게 털어놓았을 때 나는 많은 것을 느꼈다.

"그래서 다시는 좀도둑질을 하지 않았니?"

"네, 다시는 안 했지요. 저는 제가 그렇게 노력했다는 것이 정말 기뻐요. 그렇게 한 번 도둑질을 하고 얼마나 고민을 했는지……. 정말 그것은 제가 아니었어요!"

"친구들은 어떠니?"

"네, 그 애들은 여전해요. 결국 친구들은 목걸이보다 더 큰 물건을 훔쳤고 방과 후에 훔친 보석을 팔다가 경찰에 잡히고 말았어요. 그건 정말 큰 사건이었죠. 걔네들은 지역사회 기관에서 봉사를 해야 할 거예요. 그 애들은 자신들이 무슨 짓을 하고 있는지 생각해봤어도 멈추지 않았을 거예요. 물건을 훔치는 일이 멋지다고 생각했거든요. 저는 그저 제가 그 일에서 빨리 마음을 고쳐먹었다는 게 기쁠 뿐이에요!"

"이 일에 대해서 부모님께 말씀드렸니?"

"우리 부모님한테요? 아니요, 저는 부모님한테 말씀드릴 생각이 없어요. 저 스스로 이 일에서 벗어난 것이 중요한 것 같거든요. 물론 몇 달 동안 훔친 반지를 제 방 선반에 두고 있었어요. 결국 그것을 가지고 있다는 것 자체가 부끄러운 일이라는 생각이 들어서 사촌 여동생에게 반지를 주었답니다. 그 애는 그것을 받고서는 너무 행복해했지요. 그리고 지금은 모든 일들이 좋은 결말로 끝난 것 같아 다행이에요."

앞에서 소개한 아이들은 모두 정상적인 10대들이다. 그러나 이러한 아이들조차 어릴 때와는 달리 청소년기에 접어들면서 부모들과 멀어지므로 부모들은 힘들어진다. 그러나 이때 부모는 10대들과 거리를 둘 필요가 있다. 자녀가 자신만의 길을 찾도록 내버려두는 것이 두려울 수도 있지만 그들이 어떤 사람이 되고 싶은지 정체감을 찾는 데에 시간이 필요하다는 것을 기억하라. 그것이 자녀와의 관계를 유지하는 새로운 방법을 찾아야 하는 이유이기도 하다. 10대 모두가 청소년기를 거치는 동안 경범죄를 저지르는 것도 아니다. 그러나 모든 10대들은 아동기를 벗어나 자신의 길을 가면서 정서적 변화를 경험할 것이다. 어떤 아이는 부모 혹은 친구와 함께 미미한 요령만을 가지고 항해를 하게 될 것이고 어떤 아이는 스스로 여러 갈등과 부딪히며 자신을 완성해나갈 것이다. 이들이 성인이 되기까지 어른들은 그들에게 가장 도움이 되는 방법으로 반응하고 양육해야 할 필요가 있다.

해야 할 일과 하지 말아야 할 일

해야 할 일
- 10대 자녀가 다른 사람들에게 자신이 어떻게 보이는지에 대해 예민하다는 점을 예상하라.
- 자녀에게 친구의 중요성에 대해 이해시키라.
- 10대 자녀가 당신에게 질문을 하고 반대 의견을 제시해도 가치를 논의하는 것에 대하여 마음을 열어라. 그러한 도전은 자녀들이 자신에 대하여 생각하기 시작했다는 것을 의미하며 당신의 생각을 거부하는 것이 아니다.
- 또래 압력과 이를 어떻게 다루어야 하는지에 대해서 대화하라. 당신의 자녀가 독립적인 결정을 내리도록 격려하라.

하지 말아야 할 일
- 10대 자녀의 외모에 대해 비난하거나 놀리지 말라.
- 10대 자녀가 당신 때문에 창피하다고 말해도 놀라지 말라. 이는 말 그대로 당신을 겨냥한 것이 아니며 10대들의 일반적인 반응이기도 하다.
- 자녀의 친구를 무시하지 말라. 아마도 자녀가 오히려 친구를 방어할 것이다. 만약 당신이 또래 친구들에 대해 걱정이 된다면 침착하게 대화를 나눠라.
- 다른 10대들이 하는 행동에 끌려서 당신의 양육 기준을 변경하지 말라. 당신이 생각하고 있는 대로 결정하는 것이 최상이다.
- 사소한 일에 화를 내지 않도록 하라. 중요한 문제를 위해서 미리 자녀와의 관계에서 두터운 신뢰를 쌓아두는 것이 좋다.

자신의 양육 방식 중 계속해서 유지하고 싶은 것은 무엇인가?

바꾸고 싶은 것은 무엇인가?

13장

10대들과 가까워지는 법

Why do they act that way?

"부모는 자녀에게 한없는 사랑을 주지만
자녀도 그만한 선물로 보답하고 있다.
사랑할 기회를 준다는 것은 그 자체가 너무나도 소중한 선물이며
만약 그 기회조차 주어지지 않는다면
인생이 너무 비참할 것이기 때문이다."

— 벤 자이언 Ben Zion

"우리가 우리 자녀에게 줄 수 있는 영구불변의 유산은 두 가지다. 하나는 뿌리이고, 다른 하나는 날개이다."

위의 글은 우리 첫째가 태어났을 때 친구로부터 선물 받은 액자에 적힌 글이다. 아이들을 키우면서 나와 아내는 이 글을 여러 번 떠올렸다. 아이가 몇 살이건 간에 자녀를 키우는 부모라면 되새겨야 할 말이지만 특히 10대 자녀를 둔 부모에게 더욱 강조하고 싶다.

10대 자녀를 둔 부모라면 어떻게 하는 것이 자녀들에게 가장 도움이 될 것인지를 고민해야 한다. 10대들은 아동기를 벗어났으므로 곧 날개를 펼쳐서 둥지를 떠날 날갯짓을 시작할 것이다. 그렇지만 그들은 아직 어른이 아니므로 그들의 뿌리는 여전히 성장하는 데 필요한 도움을 받아야 한다. 땅에 뿌리를 깊게 박지 않으면 인생에서 불어올 풍파에 이리저리 흔들릴 수밖에 없기 때문이다.

청소년들의 날개와 뿌리가 성장할 수 있도록 균형을 유지하는 것은 과학이라기보다는 예술에 가깝다. 모든 아이들이 제각각이고 모든 가정이 제각각이며 모든 상황이 제각각이기 때문이다. 아흔아홉 가정에 적용되는 것이라도 백 번째 가정에는 적용되지 않을 수 있다.

우리는 청소년기 동안 아이들의 머릿속에서 무슨 일이 일어나는지 해를 거듭해갈수록 점점 더 많이 알게 되겠지만 우리가 무엇을 해야 하는지에 대한 정답을 구하기는 힘들다. 지식이 유일한 힘은 아니기 때문이다. 청소년의 뇌를 연구하면서 얻은 가장 큰 이점은 우리 어른들이 10대들을 새로운 관점으로 보게 되었다는 것이다. 청소년의 우울증이나 분노 폭발, 반항적인 태도, 정신없이 어지러운 방, 급변하는 감정 등이 그저 뇌 발달로 인한 모습일 뿐 정상적이라는 것을 깨닫게 되었을 때 이제까지 10대들에게 가졌던 시선이 달라질 것이다. 그렇다고 해서 그들이 그저 청소년기를 지나 성인이 되어 자연스럽게 성장할 때까지 부모가 가만히 앉아 기다려야 한다는 것은 아니다. 오히려 부모들은 그동안 해왔던 것보다 훨씬 많이 자녀의 삶에 관여해야 한다.

부모 체크 포인트

관계 맺기와 지도하기

부모는 10대 자녀가 책임감 있게 성장하면서 늘 건전한 선택을 할 수 있도록 지도해야 한다. 동시에 부모로서의 권위를 잃지 않으면서 자녀와 좋은 관계를 유지하는 것도 중요하다. 마치 외줄을 타는 것처럼 균형 잡기가 어렵게 느껴지겠지만 당장 눈앞에 놓인 당면 과제이므로 피할 수만은 없다. 이번 부모 체크 포인트는 당신이 이러한 부분에서 균형을 제대로 잘 잡고 있는지 알아볼 수 있는 질문들을 모았다.

예 아니오
- ☐ ☐ 1. 나는 10대 자녀의 담임선생님이 누구인지 알고 있다.
- ☐ ☐ 2. 우리 가족은 함께 지내면서 이런 저런 일을 함께하는 편이다.
- ☐ ☐ 3. 나는 자녀들과 매일 시간을 같이 보내며 그들의 생활에서 일어나고 있는 일들에 대해서 이야기를 나눈다.
- ☐ ☐ 4. 나는 적절하다고 여겨지는 선에서 자녀들의 숙제를 도와주는 편이다.
- ☐ ☐ 5. 10대 자녀들은 집안일을 분담하여 책임을 맡고 있다.
- ☐ ☐ 6. 나는 가족의 중요한 전통을 고수하고 있다.
- ☐ ☐ 7. 우리는 가족여행과 휴가를 함께 즐긴다.
- ☐ ☐ 8. 우리 아이들은 부모 외에 자신을 돌보아주는 다른 어른들과 관계를 형성하고 있다.
- ☐ ☐ 9. 우리는 야간 외출시간을 정해서 자녀가 잘 지키도록 하고 있다.
- ☐ ☐ 10. 우리는 10대 자녀에게 일관되게 행사하는 합당한 규칙을 가지고 있다.

만약 당신이 이 항목들에 '예'라고 대답했다면 당신은 이미 10대 자녀에게 필요한 중요한 관계 맺기와 지도를 할 수 있는 준비를 마친 상태라고 볼 수 있다. 반면 '아니오'라는 대답이 많았다면 자녀의 삶 속에 관여할 수 있는 다른 방법을 찾아보고 당신의 우선순위에 대해 점검해보도록 하라.

10대와 친밀한 관계 맺기

교사로 처음 부임했을 당시, 나의 영어수업에는 다루기 힘든 열다섯 살짜리 한 무리의 소년들이 있었다. 어느 날 토론수업을 시작했는데 매트라는 한 학생이 자꾸 나의 권위에 도전해오자 토론이 제대로 진행되지 않았다. 나를 시험하며 계속해서 비웃는 태도로 앉아 있는 그에게 슬슬 화가 나기 시작했다. 그가 옆에 앉은 친구에게 수군거리며 무엇인가를 말할 때 나는 폭발하고 말았다.

"뭐냐, 매트?"

"아무 것도 아니에요!"

"아무 것도 아니라고 말하지 마!"

내 목소리의 톤과 크기는 이미 높아질 대로 높아졌다.

"네가 뭐라고 말했는지 알아야겠다!"

나는 그의 책상 옆에 다가가 섰다.

"이 수업이 형편없다고 말했어요!"

매트는 이렇게 말하며 나를 올려다 보았다. 싸움이 시작되었다. 나는 이 열다섯 살짜리 소년에게 본때를 보여주려고 했다.

"그러면 교실에서 나가지 왜 이러고 있니?"

나는 거의 소리를 지르고 있었다. 그러나 매트는 움직이지 않았다.
"지금 당장 나가!"
나는 소리쳤다. 그는 여전히 미동하지 않았고 반 아이들은 모두 숨죽이고 앉아 이 힘겨루기에서 누가 이길지 지켜보고 있었다. 마침내 매트가 일어나서 천천히 어슬렁거리며 교실 밖으로 나갈 때 나는 마지막 작별인사를 날렸다.
"네가 사과하기 전까진 이 수업에 다시는 들어올 수 없다는 걸 알아둬!"

이것이 바로 10대들에게 절대 해서는 안 되는 행동의 완벽한 사례이다. 그때의 일에 대해 평가를 받는다면 아마도 나는 F학점을 받을 것이 분명하다. 반항적인 청소년에게 이성을 잃고 말았던 것이다. 상황을 진정시킨 것이 아니라 더 악화시켰다. 힘겨루기에 빠져들었고 모든 사람이 다 보고 있는 싸움터에서 이기려고 애를 썼다. 매트와 또래 친구들 앞에서 도전을 받은 것에 당황해서 어쩔 줄을 몰랐던 것이다. 몇 년이 지난 후였더라면 매트를 그런 식으로 다루진 않았을 테지만 그때는 매트와 같은 아이의 반항을 재깍 제지하는 것이 최선이라고 생각했다. 나는 교실 밖에서 매트와 친하게 지냈어야 했다. 복도에서나 방과 후 짧은 대화를 통해 개인적인 관계를 맺을 수도 있었다. 장애가 많은 교실에서는 주의집중이 분산되어 관계 맺기가 어렵기 때문이다. 매트를 내 편으로 만들었더라면 교실에서 고의로 수업을 방해하는 일도 없었을 것이고 그가 공공연하게 나의 권위에 반항하지 않았을 게 분명하다. 그럼에도 여전히 매트가 수업을 방해한다면 방과 후에 그와 이야기를 해서 유머로 그의 마음을 풀어주었어야 했다. 경험상 일단 그런 아이들과 웃고 나면 진짜 메시지를 전달하기가 훨씬 쉬워지기 때문이다.

"매트, 내가 교실의 기강을 바로 잡으려고 하는데 내일 너와 네 친구들이 토론을 맡아서 진행해주면 좋겠다. 만약 토론이 재미가 없다면 수업이 끝난 후 내게 말해줄래? 그렇지만 수업 시간 동안은 재미있는 척이라도 해주렴. 그럴 수 있지?"

땅에 단단하게 뿌리를 박고서 날아오르는 것을 배우려는 10대를 돕고자 한다면 지식 이상의 것이 필요하다. 즉 전략이 필요하다. 만약 청소년이 살아남아 발전하려고 한다면 어른들은 세 가지를 그들에게 제공해야 한다. 관계 맺기, 지도하기 그리고 사랑하기이다.

관계 맺기를 시작해보자. 10대들이 가족으로부터 분리되고 싶어 하는 것은 정상적인 일이다. 그들은 가족들과 함께 외출하거나 무엇을 같이 하는 것을 싫어한다. 때때로 그들은 친구들과 충분한 시간을 보내지 못한다며 불평한다. 그러나 그들이 가족들과 떨어지고 싶어서 그것을 요구한다고 해도 심지어 소리까지 지르며 원한다고 해도 절대로 허락해선 안 된다. 부모로서 우리는 자녀와 관계를 형성하고 유지할 수 있는 전략을 세워야 한다. 그 이유는 우리의 자녀들이 더 이상 부모가 필요 없다고 생각하더라도 그들에겐 여전히 우리가 필요하기 때문이다. 여러 연구를 통해 10대들에게 가장 중요한 보호 요소는 바로 부모와의 관계와 관여라는 사실이 계속해서 밝혀지고 있다. 자녀들이 어디에 있고, 누구와 있고, 무엇을 하고 있으며, 학교생활을 어떻게 하고 있는지, 친구들이 누구이며, 무엇을 좋아하는지에 대해서 아는 부모는 자녀의 삶의 큰 부분을 차지하면서 그들이 문제를 일으키지 않도록 도울 수 있다.

가족만의 전통의식을 가지거나 여행을 하는 일은 자녀와 관계를 유지하는 데 좋은 방법이다. 아이가 자라면서 용돈을 주고 그들이 필요로 하고 원하는 자유를 주는 것도 좋지만, 가족 여행과 전통이 그러한 자유에 방해가 된다는 이유로 포기해서는 안 된다. 10대들은 그들이 가족 구성원 중 한 명이라는 사실을 알아야 한다. 당시에는 이 사실을 좋아하지 않을지 몰라도 가족이 함께 특별한 무언가를 한다는 것이 소중한 것임을 잊지 말자.

관계를 유지하는 데 중요한 또 다른 요소는 자녀에게 영향을 미치는 다른 어른들을 만드는 것이다. 때때로 10대들은 부모들과 이야기하고 싶어 하지 않거나 그렇게 하지 못할 수 있다. 부모는 너무 가깝기 때문이다. 따라서 이때는 그들이 신뢰할 수 있는 다른 어른을 알고 지내는 것이 중요하다. 선생님도 좋고 친척이나 부모의 친구라도 좋다. 중요한 것은 자녀가 어렸을 적부터 그들과 알고 지내 청소년이 되었을 때까지 관계가 이어진 어른이어야 한다는 것이다. 우리 부부는 가장 친한 친구들에게 우리 세 아이들의 멘토가 되어 달라고 부탁했다. 나의 친구들은 아이들이 청소년기를 거칠 때 아이들의 삶 속에 초대되는 가까운 어른들이 되었다.

관계를 잘 유지한다는 것은 당신의 10대 자녀가 가족과 상호작용하고 싶어 하지 않더라도 가족의 한 부분임을 기억하도록 하는 것을 의미한다. 결코 인격적인 모독은 하지 말아야 한다. 10대들은 호르몬으로 가득 차 있고 이성적인 추론을 담당하는 전전두엽 영역이 잠자고 있으므로 자칫하면 폭발한다. 분노는 성난 대화를 만들고 이러한 대화가 어른들로 하여금 욕설이나 모욕, 가시 돋친 비난을 하게 만들어 상황을 더 악화시킬 수 있기 때문이다. 인신공격은 결코 생산적인 일이 아니며 당신의 모든 중요한 인간관계를 끊는 지름길이 될 수 있다.

- - -

고등학교의 상담교사로 일하던 시절 한 번은 열일곱 살짜리 남학생이 젊은 여선생님에 관한 성적인 농담을 쪽지에 쓰다가 걸려 상담실로 불려왔다. 여선생님은 그 쪽지를 읽고는 수치심에 몸을 부들부들 떨면서 곧바로 그를 내 상담실로 끌고 온 것이다. 상담실로 들어온 선생님은 내게 그 쪽지를 건네주면서 참았던 울음을 터뜨렸다. 위로의 말을 건넬 틈도 없이 그녀는 상담실을 나가버렸다. 나 역시 쪽지를 읽고 여선생님이 받을 상처를 생각하니 너무도 화가 나 그 남학생을 향해 소리를 지르고 말았다.

"정말 이건 구역질나는 짓이야!"

벌써 30년 전의 일이지만 바로 어제 일인 것처럼 나는 이 상황을 생생하게 기억한다. 내가 그 남학생을 인격적으로 공격한 그 순간, 그 남학생 역시 큰 상처를 받아 무너졌고 그를 도울 수 있는 기회를 놓쳐버린 것이다. 내가 만약 다른 방식을 썼다면 어땠을까? 그 남학생과 여선생님 모두에게 도움이 될만한 방법은 없었을까? "정말 이건 구역질나는 짓이야"라는 말을 내뱉는 것은 상대를 적으로 만드는 어리석은 행동이다. 대신에 그 남학생이 나를 자기편으로 생각하게끔 그와 충분한 신뢰를 쌓으려고 노력했어야 했다. 여선생님이 나간 후에 내가 이런 식으로 말하고 행동했다면 어땠을까?

"네가 장난으로 한 짓이 이렇게 큰일이 될 줄 몰랐지?"

만약 이렇게 말하면서 부드러운 눈빛으로 그를 바라봐주었다면 의심할 여지도 없이 남학생은 그렇다고 대답했을 것이다. 그러면 다시 이렇게 말하는 것이다.

"맞아. 그런데 정말 큰일로 번지고 말았구나. 내가 이 일이 잘 마무리되도록 도와주었으면 좋겠니?"

이런 말들과 함께 그 학생과 관계를 맺었다면 큰일을 저지르고 당황한 이 학생이 내게 도움을 청했을 것이 분명하다. 그러면 다음과 같이 진행할 수 있었을 것이다.

"이제 네가 해야 할 일이 뭘까? 먼저 선생님께 가서 사과하고 다시는 그런 행동을 하지 않겠다고 말하렴. 그러고 나서 선생님과 교감선생님이 결정하여 내리는 어떤 벌이라고 받겠다고 말하는 것이 좋겠다. 만약 네가 잘못을 인정하지 않고 오히려 반발한다면 네가 잘못을 뉘우치도록 대가를 치러야 한다고 그분들이 생각하게 만들 뿐이야. 그것이 너에게 더 안 좋지 않겠니?"

물론 그 남학생이 자기가 얼마나 비인간적이고 남에게 불쾌감을 주는 행동을 했는지 스스로 인정하지 않는다면 혼내야 했다. 그런데 그 남학생이 나를 신뢰하고 공손하게 행동하도록 만들지도 못했다는 게 문제다. 내가 만약 위와 같이 차분하게 행동했더라면 그 남학생의 태도와 행동을 변화시켜 그와 이런 토론을 했을 수도 있다.

"너는 왜 그 여선생님이 그렇게 화를 냈다고 생각하니? 만약 누군가가 너의 엄마에게 그렇게 모욕적이고 상처를 주는 말을 했다면 너는 어떤 기분이 들겠니?"

그러고 나서 그에게 사과 편지를 쓰도록 격려했을 것이다. 이제야 깨달아 안타깝지만 이런 식의 글을 쓰는 것은 학생의 책임감과 자아삼을 증대시키는 데 큰 도움이 되기 때문이다.

10대들이 이성적으로 행동할 수 없을 때조차도 어른들은 무조건적으로 그들을 적대시하지 말고 관계를 잘 유지할 필요가 있다. 문제를 확대시키지 말라. 오히려 청소년들로 하여금 성급하고 감정적으로 대응하게 만든다. 상황이란 얼마든지 호전될 수도 있고 악화될 수도 있다. 상황이 악화되는 것을 막는 것이 바로 어른들의 역할이다. 청소년의 뇌는 폭탄과 같아 사태를 처리할 능력이 없다. 오히려 그들은 사태를 진정시키기보다는 일을 크게 만들 수 있다.

관계를 잘 유지한다는 것은 다양한 가능성을 열어두는 것을 의미한다. 우리 모두를 위한 최고의 규칙은 10대 자녀와 함께 보낼 때 돈은 절반만 쓰더라도 두 배의 시간을 함께 보내는 여유를 갖는 것이다. 부모가 10대 자녀와 일대일로 함께 보내는 시간이 얼마나 적은지에 대한 통계는 정말 놀라울 정도다. 현재 미국의 10대들은 아버지와 일대일의 대화를 나누는 시간보다 평균 70배나 넘는 시간을 게임기와 TV, 컴퓨터와 함께 보낸다. 엄마도 다르지 않다. 다소 대화의 주제가 술이나 담배, 마약, 혹은 성과 관련되어 다루기 곤란한 것일지라도 부모들이 자녀들과 대화를 나누면 그들이 옳은 선택을 하도록 도울 수 있다. 뿐만 아니라 그들을 보다 건강하고 행복하게 만들며 그들이 성장한 후에도 당신과 친밀한 관계를 유지하는 데도 도움이 된다.

청소년 자녀와 함께 보낼 수 있는 새로운 방법을 찾되 새롭게 만들어진 기회를 잘 이용하라. 자녀와 친밀한 관계를 유지하는 방법은 다양하다. 점심 도시락에 쪽지를 넣어두거나 자녀들이 좋아하는 스타들의 콘서트장에 함께 가고, 보고 싶어 하는 영화를 보여주며 함께 여행을 떠나는 등 지금부터 자녀의 관심사를 잘 살펴보자.

똑똑하게 지도하기

10대 자녀가 당신에게 무슨 말을 하든 그들에겐 여전히 부모의 지도가 필요하다. 청소년의 이성적인 전전두엽 피질은 여전히 발달하고 있는 상태이므로 우리 부모나 교사 혹은 주위 어른들이 그들의 전전두엽 피질의 역할을 대신해주어야 한다.

댄이 열다섯 살이 되던 해에 그는 나와 아내에게 주말의 야간 귀가시간을 더 이상 지키지 않겠다고 선언했다. 도대체 왜 그러는지 물었을 때 그는 차분하게 설명했다.

"들어보세요, 저는 이제 정말 다 컸어요. 더 이상 문제를 일으키는 어린아이가 아니에요. 그리고 좋은 성적을 받기도 했구요. 제 주변의 친구 중에 귀가시간을 지키는 애는 단 한 명도 없어요. 그런데도 아빠가 제게 자유를 주지 않는다면 제가 어떻게 좋은 판단을 내리는 법을 배울 수 있겠어요? 저를 애 취급하는 것은 그만두셔야 할 때가 된 거에요."

우리는 그날 밤 댄에게 "일단 엄마 아빠가 정해놓은 규칙이니 너는 귀가시간을 지켜야 해"라고 말했다. 그런데 지금 다시 그런 일이 생긴다면 보다 자세히 설명했을 것이다.

"자, 댄, 너는 네가 완전히 다 컸다고 생각하겠지만 최근의 연구에 따르면 그렇지 않다는구나. 너의 머릿속에는 아직 더 발달해야 하는 중요한 회로가 있어. 아직 발달이 끝나지 않았기 때문에 부모의 도움이 필요하단다. 따라서 너는 귀가시간을 지켜야 해. 나를 비난하지 말고, 과학을 비난하렴."

귀가시간과 같은 제한은 훌륭한 의사결정을 하기 위한 구조적인 지지가 된다. 물론 아이들이 구체적인 시간에 대해 문제를 제기할 수 있지만 오히려 제한이 없을 때는 책임감을 느끼지 못하고 길거리에서 밤을 보낼 수도 있다.

자녀들에게 제한선을 둘 경우 신뢰의 문제로 반격을 할 수 있다. 일반적인 10대들은 다음과 같이 불평한다.

"도대체 뭐가 문제예요? 저를 못 믿으세요?"

아이들은 종종 '신뢰'라는 단어가 마치 한 가지 뜻만 가지고 있는 것처럼 말한다. 신뢰는 하나의 측면만 있는 것이 아니다. 즉 나는 여러 가지 면에서 우리 아이들을 신뢰하지만 그들이 저항할 수 없는 압력에 버틸 수 있는 능력을 가지고 있다고는 신뢰하지 않는다. 청소년들의 뇌 발달 단계에서 끊임없이 일어나는 문제가 바로 유혹이기 때문이다. 유혹은 무엇인가를 하라는 압력이 저항하고 싶은 심리적인 힘과 팽팽하게 긴장관계를 이룰 때 일어난다. 따라서 아직 성숙하지 못한 청소년들은 그들이 저항하지 못하는 상황에서 저항할 힘을 발휘할 수 없으므로 유혹에 쉽게 빠진다.

부모는 여러 가지 방법으로 자녀들을 지도할 수 있다. 아이와 함께 존중, 협동, 정직, 봉사, 열정과 같은 가치관과 태도에 대하여 이야기 나누는 것은 중요하다. 가치를 반영하는 행동을 모델링하는 것도 좋다. 10대들은 설교를 싫어하므로 가치에 관한 대화는 담화가 되도록 하자. 영화나 TV 프로그램, 뉴스를 보다가 연관되는 주제에 관해 토론을 나누는 것 역시 훌륭한 방법이다. 오늘날 10대들의 상황 속에 새로운 셰익스피어의 작품을 재연해보는 것도 괜찮은 방법이다. 많은 아이들이 이러한 가상 인물에 대해 많은 생각을 해볼 수 있기 때문이다. 10대 자녀와 함께 등장인물 이야기를 하면서 새로운 가치관에 대해 담화를 나눌 수 있는 좋은 기회를 가져보자.

자녀를 지도하면서 그들의 행동에 대해 명확한 기대를 설정하는 것도 중요하다. 자녀가 청소년기를 거치는 동안 어쩔 수 없이 부모는 그들과 많은 전쟁을 치르게 될 것이다. 따라서 자녀를 지도할 때도 당신의 정력과 정서적 힘을 비축해두는 것이 현명하다. 자녀가 자기 물건이 어디에 있는지 찾을 수 있을 정도라면 정신없이 어질러진 방에 대해 잔소리하지 말자. 다른 중요한 문제가 산재해 있는데 헤어스타일에 대해 언쟁을 벌일 필요도 없다. 당신에겐 한정된 힘과 주의력이 주어졌다는 것을 기억하라. 그리고 당신의 주의력과 힘은 정말로 중요한 순간에만 쏟아 붓자. 다만 자녀에게 제한선과 초래되는 결과에 대해서는 분명하게 일러둘 필요가 있다. 앞서 말한 대로 제한선을 설정하고 어길 경우 감당해야 할 결과를 알려주면 나중에 맞닥뜨리게 되는 여러 난관과 전쟁을 피할 수 있다.

동료 그웬과 그녀의 남편 존에게는 두 명의 10대 딸이 있다. 그들은 집안일에 관한 끝없는 언쟁을 피하기 위해 명확한 방법을 찾아냈다. 그웬이 그 방법에 대해 설명해주었다.

"우리는 두 아이에게 자신이 책임지고 해야 할 일의 목록이 적힌 카드를 인쇄해줘요. 애들이 일을 마칠 때마다 우리가 검사를 해서 통과가 되면 카드에 바로 서명을 해줍니다. 그렇게 카드에 적힌 일을 모두 마치면 애들은 용돈을 받게 되지요."

해야 할 일 중 일부만 할 경우엔 일부만 받는지 물었다.

"아니요, 일을 전부 해서 받든가 전혀 못 받든가 해야지요. 명확하게 해야 합니다. 이건 존의 생각이었는데 마치 주문을 걸어 놓은 것처럼 아이들이 잘해내고 있어요. 집안일 좀 하라고 잔소리하는 일도 사라졌죠. 이 카드는 나쁜 말 항아리만큼이나 효과가 있더군요."

"나쁜 말 항아리요? 그게 뭔가요?"

자연스럽게 이어진 나의 질문에 그웬이 대답했다.

"몇 년 전부터 우리 애들이 학교나 TV에서 들은 욕설을 하기 시작하더군요. 아이들에게 욕을 하지 말라고 아무리 말을 해도 소용이 없었어요. 싸우다가 지쳐버렸죠. 그래서 나쁜 말 항아리를 만들었어요. 아이들이 욕을 할 때마다 항아리 속에 25센트씩 넣어야 하는데 매달

말엔 모아진 돈으로 가족의 간식을 사든가 기부금으로 냅니다. 항아리 역시 효과가 아주 좋았어요. 지난주에 마흔여섯 살의 제 동생이 집에 놀러왔다가 욕을 했는데 딸아이가 항아리를 가져와서 25센트를 넣으라고 내밀더군요."

― ― ―

앞에서 잠깐 말했지만 아내와 나는 열여섯 살 댄과 귀가시간 때문에 언쟁을 시작했다. 어느 토요일 저녁 댄이 밖으로 나갈 때 나는 11시까지 꼭 들어오라고 규칙을 상기시켰다. 댄은 화가 나서 귀간시간이 밤 11시라는 것은 너무 비상식적이라고 주장했다. 그리곤 이러한 난국을 헤처나갈 핑계거리라도 찾았는지 이렇게 말했다.

"11시엔 절대 집에 들어올 수 없어요. 영화가 11시 반에나 끝난다고요. 그러니까 귀가시간은 지킬 수 없어요!"

당장에라도 댄에게 소리치고 싶었다. 속에서 화가 부글부글 끓어오르는 것이 느껴졌지만 혀를 깨물며 침착하게 말했다.

"만약 네가 11시까지 들어오지 않는다면 1분 늦을 때마다 다음 주 외출 가능 시간에서 4배씩 빼도록 하겠다!"

댄은 정말 나를 시험해볼 생각이었는지 이렇게 말했다.

"그래요? 큰일이네요. 그럼 오늘은 마음대로 들어올게요."

걱정과 불안을 애써 감추며 나는 비장의 마지막 카드를 던졌다.

"댄, 네가 귀가시간을 지킬 수 없다면 오랫동안 자동차에게 작별 인사를 해야 할 거다!"

"그렇게 하시든지요."

그는 집밖으로 나가며 마지막 말을 내뱉었다. 나와 아내가 그날 밤 걱정을 했을까? 물론 그랬다. 우리는 댄이 시간을 지켜 집으로 들어와 줄지 확신할 수가 없었다. 그날 밤 10시 55분, 자동차가 차고로 들어오는 소리를 듣고 나서야 우리는 댄이 귀가시간을 지키기로 결심했다는 것을 알 수 있었다. 댄은 그 순간에는 도망을 갔지만 초래되는 결과에 대해 생각해보고 시간을 지키기로 한 것이다. 자동차가 없는 인생은 그에게 너무도 끔찍했던 모양이다.

교사로 일하던 시절 청소년들에게 민감한 주제인 귀가시간과 규칙에 대해 토론을 벌인 적이 있었다. 우선 나는 학생들을 두 집단으로 나누었다. 한 집단에게는 청소년 자신들인 10대 또래집단의 역할을 맡기고, 다른 집단에게는 부모의 역할을 맡겼다. 그렇게 토론을 하고 나서는 다시 서로의 역할을 바꾸게도 했다. 토론의 방법은 여러 가지였다. 그중 하나는 한 학생이 이에 대한 자신의 생각을 적어서 상대편에게 건네면 그것을 받은 학생이 다시 그에 대한 응답을 적는 식이었다. 그렇게 모든 학생이 한 번씩 토론을 하고 10대들에게 부모의 역할을 맡겼을 때 그들의 이야기를 들으며 나는 깜짝 놀랐다. 그들은 부모들이 청소년 자녀에게 가지고 있는 우려와 관심에 대해 너무나 잘 이해하고 있었기 때문이다.

이 토론은 두 가지 면에서 꽤 유용했다. 첫 번째는 10대들이 부모의 역할을 해봄으로써 학생들 자신이 반성적으로 이 문제에 대하여 생각해보게 된다는 점이다. 또 두 번째는 그들의 반응을 글로 적게 하면 감정적으로 반응하기보다 자신들의 응답을 곰곰이 생각해보게 돼 신중하게 반응할 수 있다는 점이다. 이러한 토론이 청소년들에게 뇌의 CEO인 전전두엽 피질을 사용하도록 만드는 것이다. 그들이 전전두엽 피질을 사용하게 될 때 자신들의 부모를 보다 잘 이해할 수 있으며 부모가 보여준 관심과 배려에 대해 감사한 마음을 갖게 된 것이다.

청소년 자녀와 지속적인 관계를 맺는 것이나 그들을 현명하게 지도하는 일은 10대 자녀를 둔 부모에게 있어 너무나 중요한 과제다. 10대들에겐 이런 것이 필요 없어 보일 수도 있다. 그러나 그들이 정말로 원하는 것은 그것이 아니다. 10대들은 날고 싶어 하므로 자신들의 날개를 시험해보도록 내버려둘 필요도 있다. 그러나 부모로서 그들이 발을 딛고 있는 뿌리만큼은 확실하게 잡아주어야 한다.

이렇게 지속적인 관계를 유지하며 지도하기는 여간 어려운 게 아니다. 균형을 맞추기 위해서 반드시 세 번째 요소가 필요하다. 바로 사랑하기이다. 때때로 자녀의 머리통을 한 대 쥐어박고 싶은 것도 사실이지만 부모들은 여전히 아이들을 사랑한다. 10대 자녀가 부모와 인연을 끊고 싶은 것처럼 행동하더라도 부모의 무한한 사랑을 자녀에게 끊임없이 표현하는 것이 중요하다. 당신이 자녀와 관계를 맺고 제한선을 설정하고 그들을 지도하는 이유가 바로 그들을 사랑하기 때문이라는 것을 이야기해줄 필요가 있다. 그들이 당신의 말을 듣고 있지 않거나 듣고 싶어 하지 않는 것처럼 보여도 전전두엽 피질이 완성되는 순간 부모들이 했던 말에 대해 곰곰이 생각하게 될 것이고 그때 부모가 자신을 얼마나 사랑하는지 깨닫게 될 것이 분명하다. 다시 한 번 강조하지만 부모의 역할은

10대 자녀에게 날개와 뿌리를 제공하는 것이다.

해야 할 일과 하지 말아야 할 일

해야 할 일
- 10대 자녀와 관계를 맺을 수 있는 방법을 알아보자.
- 10대 자녀와 함께 가족만의 시간을 보내라.
- 10대 자녀의 삶에서 다른 어른들과의 관계를 구축하라.
- 10대 자녀가 불평하더라도 가족의 전통을 고수하라.
- 야간 외출시간을 정하고 자녀가 반드시 지키게 하라.
- 10대 자녀가 집안일을 나누어 하게 하고 책임감을 강조하라.

하지 말아야 할 일
- 설교하지 말라. 만약 자녀가 부모의 이야기를 제대로 받아들였다면 또다시 반복적으로 자녀들에게 강조해선 안 된다.
- 10대 자녀가 가족과 떨어지고 싶어 해도 이를 용인하지 말라.
- 학교활동을 그만두거나 소극적으로 행동하려는 것을 막아라.

자신의 양육 방식 중 계속해서 유지하고 싶은 것은 무엇인가?

바꾸고 싶은 것은 무엇인가?

맺음말

사랑이
답이다

"지금 너의 앞에는 가야 할 길이 놓여 있다. 거기에는 네가 해야 할 재미 있는 일들이 있다. 거기에는 네가 받아야 할 점수도 있다. 거기에는 네가 이겨야 할 게임도 있다."
―수스 박사 $^{Dr.Seuss}$

오늘날 10대들은 끊임없이 변화하는 다양하고 빠른 세상 속에서 살고 있다. 그들의 뇌는 모든 청소년들이 겪고 있는 발달적 도전에 함께 직면해 있다.

그럼에도 10대 자녀를 둔 부모들은 뮤지컬 〈바이 바이 버디$^{Bye\ Bye\ Birdie}$〉에 나오는 대사와 같은 질문을 반복하고 있는 것 같다.

"대체 요즘 아이들은 뭐가 문제인 거야?"

오늘날 아이들의 문제는 하나도 없다. 사실 문제는 청소년의 뇌에서 일어나는 격변이다. 바로 그들의 혼란스러운 뇌가 겁 없는 도전적인 행동을 일으키는 것이다. 10대들의 예측할 수 없는 행동으로 종종 우리 어른들을 깜짝 놀라거나 분노하고 두려움을 느낀다.

스물여덟 살의 젊은 여성이 내게 자신은 결코 아이를 갖지 않겠다고 이야기한 적이 있다. 그녀가 아이를 좋아하지 않아서거나 그녀가 아이를 키울만한 책임감이 없어서가 아니었다.

"전 내 아이가 10대가 되었을 때 그들을 다룰 자신이 없어요!"

불과 9년 전에 치열한 10대를 몸소 겪어온 여성의 말이다. 10대들은 격동의 청소년기를 지나면서 끊임없이 어른들에게 간섭하지 말고 자신을 그냥 내버려두라고 말하지만 그들이 진정 원하는 것은 그런 게 아니다. 앞서 여러 연구를 살펴봤던 것처럼 그들은 자신들의 삶 속에서 그들을 걱정하고 관심과 주의를 기울이면서 무한한 사랑을 베풀어주는 어른의 도움을 간절히 원한다. 10대들의 뇌가 발달 과정을 마칠 때까지 자신을 돌보는 어른들과 관계를 맺고 지도를 받아야 하는 이유에 대해서도 충분히 설명했다. 그리고 가장 중요한 것은 바로 사랑이다.

비틀즈처럼 사랑이 해답이라고 말하기는 쉽다. 그러나 때로는 당신을 다가오지도 못하게 하는 10대들에게도 사랑을 표현해야 하는 것이 쉽지 않은 과제이다. 자신의 인생을 망치고 있는 것이 바로 당신이며 우리 가족을 도저히 견뎌낼 수가 없다며 소리치는 10대 자녀, 당신의 말 하나하나를 꼬투리 잡아 비난하며 때로는 아주 사소한 문제로 언쟁을 시도하고 도전하는 10대, 모든 질문에 '예' 아니면, '아니오'로만 대답하며 무뚝뚝하기 짝이 없는 그들을 무조건적으로 사랑하는 것은 정말 어려운 일이다.

최근 앨리스라는 열세 살짜리 딸을 둔 엄마와 이야기를 나눴다.

"앨리스는 내가 말하는 모든 것에 대해서 비난해요. 거기에 내가 아무 대꾸도 안 하면 내가 자신을 무시한다고 또 미친 듯이 화를 내요. 나는 도무지 그 애를 감당할 수가 없어요."

10대 소년과 소녀를 사랑으로 대하는 것이 쉬운 일은 아니지만 길고 긴 역사 속에서 많은 세대를 걸쳐 수많은 어른들이 그렇게 해 온 것도 사실이다. 무엇보다 우리는 예상을 잘해야 한다. 뇌 과학자들은 10대들이 왜 충동적으로 행동하는지, 왜 그들이 우리의 말을 잘못 해석하고 위험천만하게 살아가는지에 대해 매일 새로운 정보를 제공하고 있다. 이것은 결코 개인적인 문제가 아닌 것이다.

사랑의 마음으로 도전에 직면하고 싶다면 방법은 하나이다. 그들의 긍정적인 면을 자꾸 되새기면서 부정적으로 반응하게 되는 함정에 빠지지 않도록 주의하는 것이다. 우리는 우리의 10대들이 바르고 건강하게 자라도록 잡아주어야 한다. 다만 청소년들은 더 이상 어린아이가 아니고 충분히 똑똑하므로 당신의 이러한 인식이 도를 넘지 않도록 주의하라. 우리가 도를 넘어 행동하면 그들이 우리의 행동을 가짜라고 생각하기 시작할 것이다. 자녀가 집안일을 도와줄 때 뛸 듯이 기뻐하면서 칭찬하기보다는 일관되게 "고맙다"라고 말하거나 충분히 알아들을 수 있는 정도로 감사의 신호를 보내는 것이 좋다. 이러한 메시지를 분명하게 표현함으로써 우리가 그들에게 관심을 갖고 있음을 전달할 수 있는 것이다.

10대들에게 사랑을 표현하는 또 다른 방법은 우리가 잘못을 저질렀을 때 그것을 바로 인정하는 것이다. 우리가 저지른 실수에 대해서는 반드시 사과를 해야 한다. 오히려 완벽한 것처럼 보이려고 한다면 일을 망칠 수도 있다. 감추려고 하다가 과도하게 반응하거나 생각지도 않은 말을 내뱉을 수도 있다. 사과가 필요할 땐 바로 실천으로 옮기자. 중요한 것은 사과하는 것이 손상된 애정관계를 복구시킬 수 있는 열쇠라는 것이다. 또한 10대들에게 좋은 본보기가 될 수도 있다.

아이들이 반응을 하지 않는다고 해도 우리는 그들을 사랑하고 있다는 것을 표현해야 한다. 우리가 어떻게 느끼고 있는지 그들이 알고 있으리라고 가정해서는 안 된다. 우리의 감정을 솔직히 표현하는 것에 대해서 그들 역시 감사하게 생각할 것이다. 우리 큰 아들 브라이언이 10대였을 때 아내와 나는 늘 그에게 사랑한다고 표현했지만 브라이언은 아무 대꾸도 없었다. 우리의 말을 무시하는 것 같기도 하고 우리의 말을 듣고 있지 않은 것 같아 속상할 때도 있었다. 그러나 성인이 된 지금의 브라이언은 통화하고 전화를 끊을 때마다 "아버지, 사랑해요!"라고 말한다.

하루를 마무리할 때 정서적인 친밀감을 갖도록 노력하라. 아내와 나는 아이들이 잠들기 전에 그들 각각과 '잡담'을 하려고 노력한다. 때로는 그 잡담이 매우 짧을 수도 있고 어떨 때는 길어질 수도 있다. 그런 대화가 어떤 결과를 초래했는지는 잘 모르겠지만 평소에 이런 기회를 가지지 않았더라면 중요한 순간 그들과 대화하기가 매우 껄끄러웠을 것이다.

부모가 말을 많이 하기보다는 그들의 말을 많이 들어주는 것이 좋다. 10대 자녀들의 말에 진정으로 귀 기울이는 것이야말로 우리가 그들에게 관심을 갖고 있으며 그들의 생각과 의견을 존중하고 있음을 알려주는 방법이기도 하다. 그들의 말에 모두 찬성할 필요는 없지만 우리가 진심으로 경청한다면 결국 반대 의견도 생산적인 것이 될 수 있다. 10대 청소년들이 바른 가치관을 가지고 성장하는 데에도 큰 도움이 될 것이다.

유머감각 또한 사랑의 관계를 유지하는 데 효과적이다. 적절한 타이밍에 맞춰 10대 자녀와 함께 웃는 것은 부모와 10대 자녀 관계에 훌륭한 윤활유가 될 수 있다. 극단적으로 심각하게 세상을 바라보고 있는 청소년들도 때때로 좋은 웃음을 통해 긴장을 풀 필요가 있다.

몇 년 전, 지인이 어미 독수리와 새끼 독수리의 일화를 들려주었다. 그 일화는 청소년 자녀를 양육하는 것에 대해 다시 한 번 생각해보게 만들었다.

― ― ―

머나 먼 북쪽 나라에 어미 독수리와 새끼 독수리 세 마리가 함께 살고 있었다. 어미 독수리는 우뚝 솟은 울창한 나무 둥지에서 새끼 독수리들을 안전하게 돌보고 있었지만 조만간 자신의 곁을 떠날 아이들이 자신의 힘으로 살아갈 수 있도록 훈련시켜야겠다고 생각했다. 그녀는 첫 번째 새끼 독수리를 발톱으로 그러안고 창공을 향해 날아올랐다. 어미 독수리가 새끼 독수리를 공중에서 떨어뜨리기 전 한 가지 질문을 했다.

"아가야, 대답해보렴. 너는 크면 나에게 어떻게 대할 거니?"

새끼 독수리는 자기가 어른이 되면 정념을 다해 엄마를 잘 돌보겠노라고 즉시 대답했다.

"나는 매일 너를 잘 돌볼 거야. 너는 정말 친절하고 착한 마음을 가졌구나. 그러나 아직 둥지를 떠나기엔 너무 어리다."

어미 독수리가 첫 번째 새끼 독수리를 안고 슬픈 표정으로 둥지로 돌아왔다. 어미 독수리는 이번엔 두 번째 새끼 독수리를 강력한 발톱으로 그러안고 하늘로 높이 날아올랐다. 그러고는 같은 질문을 던졌다.

"아가야, 말해보렴. 너는 크면 나에게 어떻게 대할 거니?"

두 번째 새끼 독수리는 자기가 어른이 되면 엄마에게 온전히 순종하겠노라고 대답했다.

"나는 네가 하라는 대로 다 할 거란다. 너는 결코 말썽을 부리지는 않을 거야. 하지만 너는 인생에 대해 배워야 할 것이 많이 남았다. 아직 날아갈 준비가 되어 있지 않은 것 같구나."

어미 독수리가 두 번째 새끼 독수리를 다시 둥지로 데려왔다. 그녀의 얼굴은 역시 슬퍼보였다. 어미는 세 번째 마지막 새끼 독수리를 쥐고 드넓게 펼쳐진 숲 위로 날아올랐다. 어미 독수리는 물었다.

"아가야, 말해보렴. 너는 자라서 나에게 어떻게 대할 거니?"

세 번째 새끼 독수리는 어미를 올려다보며 말했다.

"내가 어른이 되면 엄마를 어떻게 대해야 할지는 잘 모르겠어요. 내가 아는 것은 단지 엄마가 나에게 했던 것처럼 내 아이들을 돌보고 사랑하겠다는 것뿐이에요."

새끼 독수리의 대답에 어미 독수리는 빙그레 미소를 지었다.

"너는 사랑에 대해 가장 중요한 것을 배웠구나. 너는 이제 날아갈 준비가 되었다!"

그러고는 세 번째 새끼 독수리를 쥐고 있던 발톱을 펴 높은 하늘 위에서 그를 떨어뜨렸다. 새끼 독수리는 마치 작은 돌멩이처럼 공중에서 거꾸로 추락했다. 그러다 작은 날개를 활짝 펴고 비틀거리며 날기 시작했다. 어미 독수리는 멀리서 새끼 독수리를 보며 웃었다. 어미는 그녀의 어린 새끼가 스스로 살아갈 준비가 되었다는 것을 알았던 것이다.

10대들의 사생활

초판 1쇄 발행일 2011년 11월 5일
초판 10쇄 발행일 2022년 8월 1일

지은이 데이비드 월시
옮긴이 곽윤정

발행인 윤호권
사업총괄 정유한

디자인 홍지연 **마케팅** 명인수
발행처 ㈜시공사 **주소** 서울시 성동구 상원1길 22, 6-8층(우편번호 04779)
대표전화 02-3486-6877 **팩스(주문)** 02-585-1755
홈페이지 www.sigongsa.com / www.sigongjunior.com

글 ⓒ 데이비드 월시, 2011

이 책의 출판권은 ㈜시공사에 있습니다. 저작권법에 의해
한국 내에서 보호받는 저작물이므로 무단 전재와 무단 복제를 금합니다.

ISBN 978-89-527-6320-4 13590

*시공사는 시공간을 넘는 무한한 콘텐츠 세상을 만듭니다.
*시공사는 더 나은 내일을 함께 만들 여러분의 소중한 의견을 기다립니다.
*잘못 만들어진 책은 구입하신 곳에서 바꾸어 드립니다.